国家示范性高等职业院校重点建设专业教材

汽车行驶、转向与制动系统检测维修

Qiche Xingshi Zhuanxiang yu Zhidong Xitong Jiance Weixiu

主　编　陈文均
副主编　何会福
主　审　周　勇

人民交通出版社

内 容 提 要

本书是国家示范性高等职业院校重点建设专业教材，主要包括汽车行驶时方向跑偏故障检修、汽车前轮轮胎异常磨损检修、转向不灵敏操纵不稳定的检修、汽车转向沉重故障检修、汽车行驶中制动力不足故障诊断与修复、ABS防抱死系统不工作及故障灯常亮的故障诊断与修复等6个学习情境。每个学习情境均由课程内容讲解和对应的学生任务工单两部分组成。

本书可供高等职业技术院校汽车运用技术专业教学使用，同时也可作为汽车维修企业的岗位培训教材或自学用书。

图书在版编目（CIP）数据

汽车行驶、转向与制动系统检测维修/陈文均主编.
—北京：人民交通出版社，2010.4
ISBN 978-7-114-08346-4

Ⅰ.①汽… Ⅱ.①陈… Ⅲ.①汽车-转向装置-故障检测-高等学校：技术学校-教材②汽车-转向装置-车辆修理-高等学校：技术学校-教材③汽车-制动装置-故障检测-高等学校：技术学校-教材④汽车-制动装置-车辆修理-高等学校：技术学校-教材 Ⅳ.①U472.41

中国版本图书馆CIP数据核字（2010）第064846号

书　　名：国家示范性高等职业院校重点建设专业教材
汽车行驶、转向与制动系统检测维修
著 作 者：陈文均
责任编辑：戴慧莉
出版发行：人民交通出版社
地　　址：(100011) 北京市朝阳区安定门外外馆斜街3号
网　　址：http://www.ccpress.com.cn
销售电话：(010)59757973
总 经 销：人民交通出版社发行部
经　　销：各地新华书店
印　　刷：北京鑫正大印刷有限公司
开　　本：787×1092　1/16
印　　张：13.75
字　　数：331千
版　　次：2010年4月　第1版
印　　次：2014年1月　第3次印刷
书　　号：ISBN 978-7-114-08346-4
定　　价：32.00元

贵州交通职业技术学院教材编写委员会

序

《教育部关于全面提高高等职业教育教学质量的若干意见》(教高[2006]16 号)明确指出:“高等职业教育作为高等教育发展中的一个类型,肩负着培养面向生产、建设、服务和管理第一线需要的高技能人才的使命”。探索类型发展道路、构建高技能人才培养模式、开发特色教学资源,是高职院校的历史责任。

2007 年,贵州交通职业技术学院被列为国家示范性高等职业院校建设单位。国家示范性院校建设的核心是专业建设,而课程和教材又是专业建设的重要内容之一。如何通过课程的建构来推动人才培养模式的改革和创新?教材编写工作又如何与学校人才培养模式和课程体系改革相结合?如何实现课程内容适合高素质技能型人才的培养?这均是学院示范性建设中的重要命题。

令人欣慰的是学院教师历经 3 年的不断探索和实践,为学院示范建设作出了功不可没的成绩。其中教材建设就是部分成果的体现,也是全体专业教师、一线工程技术人员共同的智慧结晶和劳动成果。在这些教材中,既有工学结合的核心课程教材,也有专业基础课程教材。无论是哪种类型的教材,在编写中,学院都强调对教材内容的改革与创新,强调示范性院校专业建设成果在教材中的固化,强调教材为高素质技能型人才培养服务,强调教材的职业适应性。因为新教材的使用,必须根植于教学改革的成果之上,反过来又促进教学改革目标的实现,推进高职教育人才培养模式改革。

本教材与传统教材相比有如下三个方面的特点:

第一,该教材由原来传统知识体系的章节结构形式,改为工作过程的项目、模块结构形式;教材中的项目来源于岗位工作任务分析确定的工作项目所设计的教学项目,教材中的模块来源于完成工作项目的工作过程。

第二,教材的内容不再依据相关学科的理论知识体系,而来源于相应岗位的工作内容。教学内容的选取依据完成岗位工作任务对知识和技能的要求,建立在行业专家对相应岗位工作任务分析结果和专业教师深入行业进行岗位调研结果的基础上。注重学生实践训练、培养学生完成工作的能力。

第三,教材不再停留在对课程内容的直接描述,而是十分注重对教学过程的设计,注重学生对教学过程的参与。在教材的各个项目之前,一般都提出了该项目应该完成的工作任务,该任务可能是学习性的工作任务,也可能是真实的工作任务。

在这些教材的编写过程中，也倾注了相关企业有关专家的大量心血和辛勤劳动，在此谨向他们表示衷心的感谢！由于开发时间短，教学检验尚不充分，错误和不当之处难免，敬请专家、同行指教。

贵州交通职业技术学院教材编写委员会

2009.11.20

前　言

为贯彻《国务院关于大力推进职业教育改革与发展的决定》，全面实施“职业教育和培训创新工程”，为职业教学和培训提供更加丰富、形式多样和实用的教材，积极推进课程改革和教材建设，更好地满足职业教育改革与发展的需要，贵州交通职业技术学院根据当前职业教育最新发展理念，紧密结合目前汽车维修行业的实际需要，积极采用“理实一体”的教学手段，为教师和学生编写了“理实一体”教学模式的教材。

《汽车行驶、转向与制动系统检测维修》教材正是在这一背景下，由贵州交通职业技术学院汽车工程系组织了一批具有丰富理论和实践经验的专业教师编写而成。在编写该书过程中，为更好地贯彻“理实一体”的教学手段，围绕职业技能和岗位需求安排教材内容，避免晦涩难懂的枯燥论述，注重知识的实用性，编者将《汽车行驶、转向与制动系统检测维修》课程所需的基础理论知识的旧体系打散，重新提炼出新的知识结构。

《汽车行驶、转向与制动系统检测维修》教材由课程内容讲解和对应的学生任务工单两部分组成，同时将学习内容划分成6个学习情境，即汽车行驶时方向跑偏故障检修、汽车前轮轮胎异常磨损检修、转向不灵敏操纵不稳定的检修、汽车转向沉重故障检修、汽车行驶中制动力不足故障诊断与修复、ABS防抱死系统不工作及故障灯常亮的故障诊断与修复。每个学习情境内容的编写，严格按照汽车维修岗位的工作流程，从简单到复杂，从单一到综合的步骤进行，遵照“六步法”进行教学组织，旨在使学生通过学习掌握汽车维修的基本原理和方法，具备汽车维修实际操作的基本能力。

本书由贵州交通职业技术学院陈文均担任主编，何会福担任副主编，周勇担任主审，参加编写的人员有田佩先、何承春、朱可、曾广燚等老师及来自汽车维修相关行业、企业的技术专家曾朝辉、杨子健等。在此，对他们的辛勤劳动表示衷心的感谢。

本书编写过程中，参考了大量文献资料，借鉴和吸纳了国内外众多专家、学者的研究成果，在此，对他们的辛勤劳动表示衷心的感谢。

由于教材改革力度大，编者理论水平与实践经验有限，编写时间紧迫，书中难免有不妥和错误之处，希望专家、读者批评指正，以便编者进一步完善该教材，使其更好地为高职汽车运用技术专业教学改革服务。

编　者
2010年3月

目　　录

学习情境1　汽车行驶时方向跑偏故障检修

学习目标

1. 了解车架的功用、类型、结构；
2. 了解车架的检修方法；
3. 掌握各种减振器的结构和原理；
4. 掌握悬架的基本组成和功用；
5. 掌握各种弹性元件的结构和原理；
6. 掌握各种常见悬架系统的基本结构和工作原理；
7. 掌握悬架系统的拆装、检修程序；
8. 掌握悬架系统的维护内容和方法；
9. 掌握悬架系统常见故障的现象、原因；
10. 掌握电控悬架的基本组成和工作原理；
11. 掌握电控悬架的电路图；
12. 掌握电控悬架初步检查的内容与方法；
13. 掌握读取、清除故障码的方法；
14. 了解如何使用故障码表。

学习重点与难点

1. 车架的检修方法；
2. 车架的功用、类型、结构；
3. 车架的功用、类型；
4. 悬架的功用、组成和原理；
5. 悬架系统的基本结构；
6. 悬架系统的正确拆装、检修程序；
7. 故障种类、现象和原因；
8. 结合悬架的检修应能排除故障；
9. 电控悬架的功用、组成和原理；
10. 能够读懂电路图；
11. 能够排除电控悬架的具体故障。

1.1　车　　架

1.1.1　车架的功用和结构

1.1.1.1　车架的功用

车架俗称“大梁”,它是汽车的装配基体,汽车绝大多数的零部件、总成都要安装在车架上。另外，车架不仅承受各零部件、总成以及所载运物体的载荷，还要承受汽车行驶时来自路面各种复杂载荷的作用，如汽车加速、制动时的纵向力，汽车转弯、侧坡行驶时的侧向力和不良路面传来的冲击等。所以，车架的功用可以概括为两点：一是支承、连接汽车各零部件、总成，二是承受车内、外各种载荷。

1.1.1.2 车架的类型和构造

汽车上采用的车架有4种类型：边梁式车架、中梁式车架、综合式车架和无梁式车架。目前汽车上多采用边梁式车架和无梁式车架。

1）边梁式车架

边梁式车架如图1-1所示，它由两根纵梁和若干根横梁构成。纵梁和横梁之间通过铆接或焊接的方法连接起来。这种车架结构简单、便于整车的布置，所以在各种类型的汽车上都广泛应用。

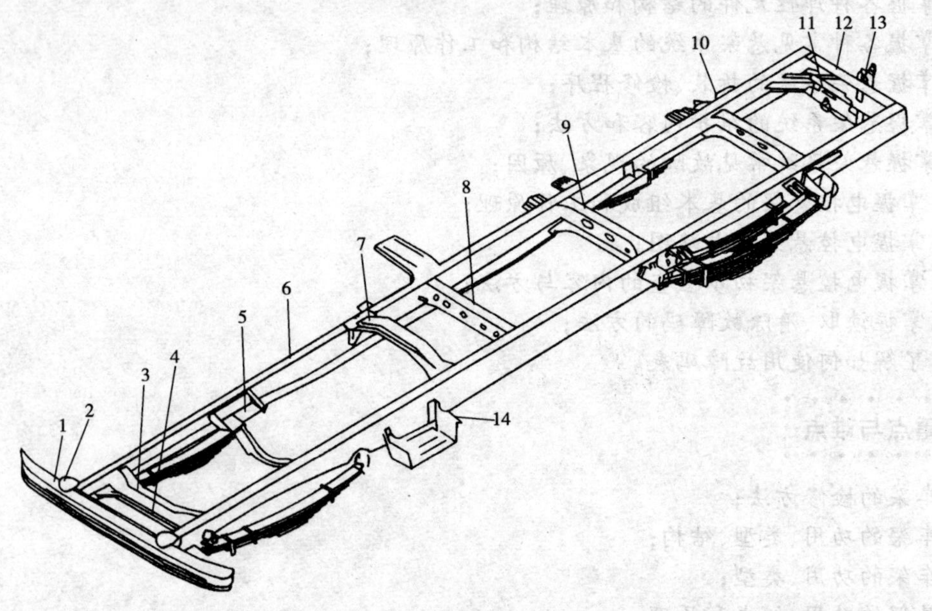

图1-1 边梁式车架

1-保险杠；2-挂钩；3-前横梁；4-发动机前悬置横梁；5-发动机后悬置横梁；6-纵梁；7-驾驶室后悬置横梁；8-第四横梁；9-后钢板弹簧前支架横梁；10-后钢板弹簧后支架横梁；11-角撑横梁组件；12-后横梁；13-拖钩；14-蓄电池托架

纵梁的结构具有以下特点：一是从宽度上看有前窄后宽、前宽后窄和前后等宽3种形式，前窄使前轮具有足够的偏转角度，提高了车辆的机动性能；后窄用于重型车辆，便于布置双轮胎。二是从平面角度上看，有水平的和弯曲的两种形式，水平的纵梁便于零部件、总成的安装和布置；弯曲的纵梁可以降低车辆质心。三是从断面形状上看有槽形、Z字形、工字形和箱形几种，这些形状主要为了满足质量小的前提下，车架具有足够的强度和刚度，以承受各种载荷。横梁多为槽形。

2）无梁式车架

无梁式车架是用车身兼做车架，汽车的所有零部件、总成都安装在车身上，车身要承受各种载荷的作用，因而这种车身又称为承载式车身，广泛用于轿车和客车，如图1-2所示。

3）中梁式车架和综合式车架

中梁式车架和综合式车架分别如图1-3、图1-4所示，由于这两种车架结构复杂，加工、制

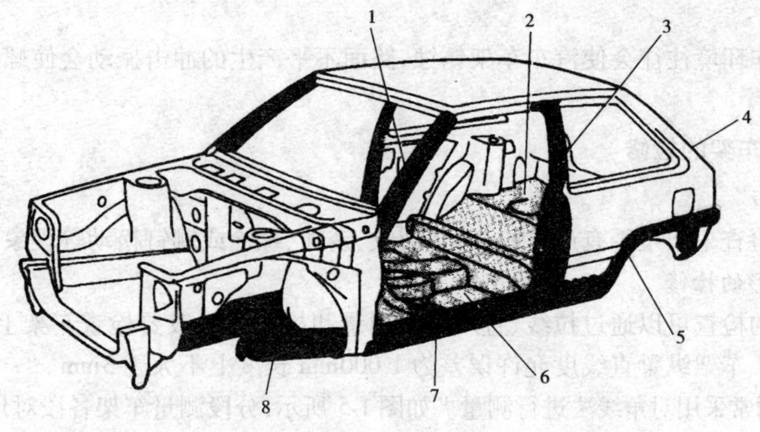

图 1-2　承载式车身

1-A 柱;2-行李舱底板;3-B 柱;4-后围侧板;5-后纵梁;6-底板;7-车门栏板;8-前纵梁

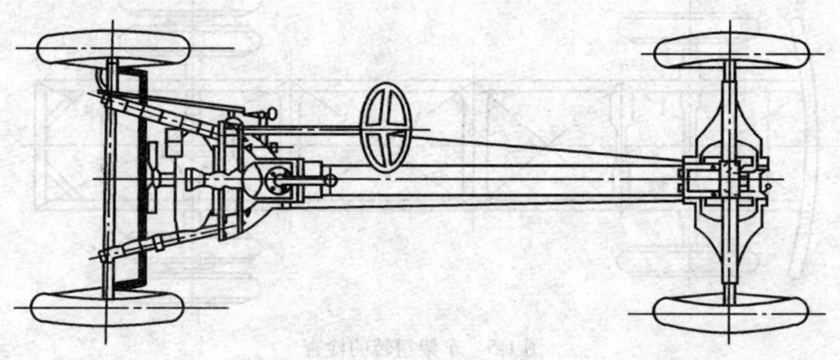

图 1-3　中梁式车架

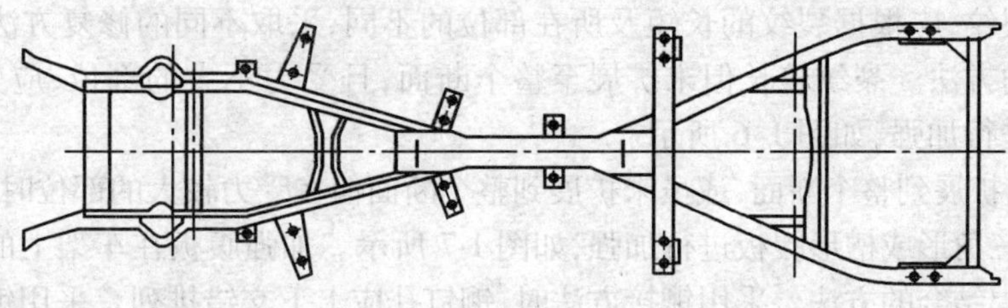

图 1-4　综合式车架

造及维修困难,所以目前很少应用。

1.1.2　车架的检修

1.1.2.1　车架的失效形式

车架在使用过程中往往会出现变形(包括弯曲变形、扭转变形)、裂纹、锈蚀、螺栓和铆钉松动等失效形式。

由于车架是汽车的装配基体,并承受各种载荷的作用,在某些情况下有可能出现车架的弯曲和扭转变形。车架的变形会导致汽车各总成之间的装配、连接位置发生变化,使得各系统出现故障。

为了满足汽车整体布局、安装的需要,车架常要制成各种形状,在形状急剧变化的地方往往会由于应力集中而导致出现裂纹、断裂。所以,早期发现车架的裂纹对于保证汽车的行驶安全十分重要。

恶劣的工作环境往往会使汽车车架锈蚀,路面不平产生的冲击振动会使螺栓、铆钉等连接松动。

1.1.2.2 车架的检修

1)外观检查

从外观上检查车架是否有严重的变形、裂纹、锈蚀、螺栓或铆钉松动等现象。

2)车架变形的检修

车架弯曲的检查可以通过拉线、直尺等来测量和检查。一般要检查车架上平面和侧平面的直线度误差。车架纵梁直线度允许误差为 1 000mm 长度上不大于 3mm。

车架扭转通常采用对角线法进行测量。如图 1-5 所示,分段测量车架各段对角线 1—1、2—2、3—3、4—4 的长度差,不应超过 5mm。如果车架的各项形位误差超过标准值,则应进行校正。

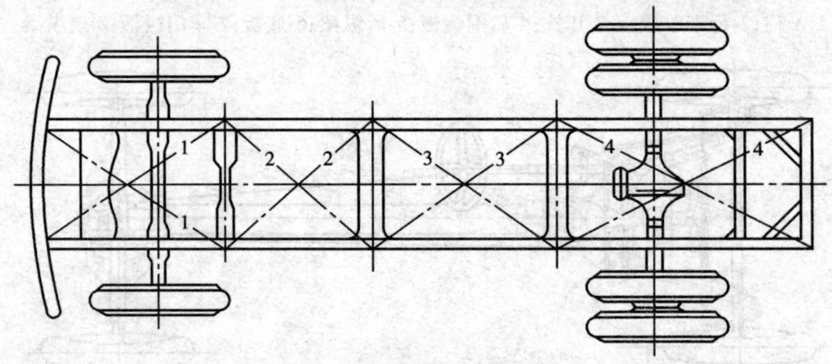

图 1-5 车架扭转的检查

3)裂纹的检修

车架出现裂纹,应根据裂纹的长短及所在部位的不同,采取不同的修复方法。微小的裂纹可以采用焊修的方法。裂纹较长但未扩展至整个断面,且受力不大的部位,应先进行焊修,再用三角形腹板进行加强,如图 1-6 所示。

如果裂纹已扩展到整个断面,或虽未扩展到整个断面但在受力较大的部位时,应先对裂纹进行焊修,然后用三角形或槽形腹板进行加强,如图 1-7 所示。加强腹板在车架上的固定可以采用铆接、焊接或铆焊结合的方法。采用铆接方法时,铆钉孔应上下交错排列。采用铆焊结合的方法时,应先铆后焊,以免降低铆接质量。采用焊接方法时,应尽量减少焊接部位的应力集中。

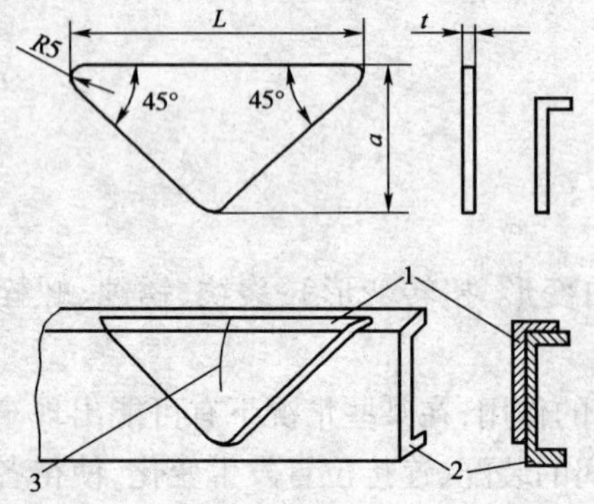

图 1-6 用三角形腹板加强

1-三角形腹板;2-纵梁;3-裂纹

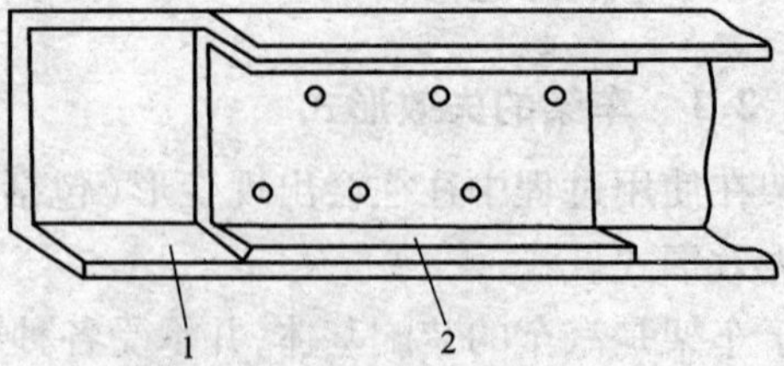

图 1-7 用槽形腹板加强

1-纵梁;2-槽形腹板

测试题:简述车架的检修方法。

1.2 悬　架

1.2.1　悬架的组成

悬架是车架(或车身)与车桥(或车轮)之间一切传力连接装置的总称。现代汽车的悬架虽然有不同的结构形式,但一般都由弹性元件、减振器、导向机构等组成,轿车一般还有横向稳定器。悬架的组成如图1-8所示。

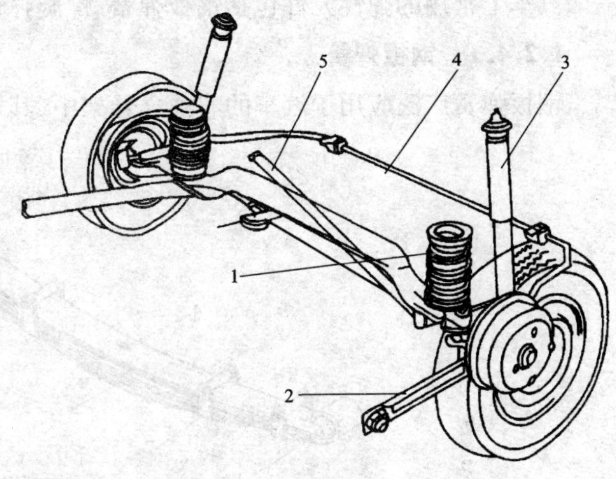

图1-8　悬架的组成

1-弹性元件(螺旋弹簧);2-纵向推力杆;3-减振器;4-横向稳定器;5-横向推力杆

弹性元件使车架(或车身)与车桥(或车轮)之间做弹性连接,可以缓和由于不平路面带来的冲击,并承受和传递垂直载荷。减振器可以衰减由于路面冲击产生的振动,使振动的振幅迅速减小。

导向机构包括纵向推力杆和横向推力杆,用于传递纵向载荷和横向载荷,并保证车轮相对于车架(或车身)的运动关系。

横向稳定器可以防止车身在转向等情况下发生过大的横向倾斜。

1.2.2　悬架的功用

根据悬架的组成,可以总结出悬架具有如下的功用。

(1)连接车架(或车身)与车桥(或车轮),把路面作用到车轮的各种力传给车架(或车身)。

(2)缓和冲击、衰减振动,使乘坐舒适,具有良好的平顺性。

(3)保证汽车具有良好的操纵稳定性。

后两项功用与弹性元件和减振器的性能有关,具体来说是与弹性元件的刚度和减振器的阻尼力有关。只有悬架系统的软硬合适才能使车辆乘坐舒适、操纵稳定。

1.2.3　悬架的分类

如图1-9所示,汽车悬架有非独立悬架和独立悬架两种类型。

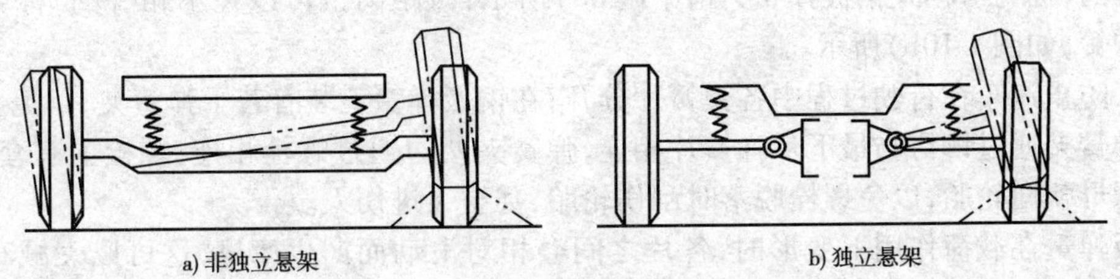

a) 非独立悬架　　b) 独立悬架

图1-9　非独立悬架与独立悬架的示意图

非独立悬架的结构特点是两侧车轮安装在一根整体式车桥上，车轮和车桥一起通过弹性悬架悬挂在车架（或车身）下面，所以一侧车轮发生位置变化后会导致另一侧车轮的位置也发生变化。独立悬架的结构特点是两侧车轮分别独立地与车架（或车身）弹性相连，与其配用的车桥为断开式车桥，所以两侧车轮的运动是相对独立、互不影响的。

1.2.4 弹性元件

汽车上常用的弹性元件包括钢板弹簧、螺旋弹簧、扭杆弹簧和气体弹簧等。

1.2.4.1 钢板弹簧

钢板弹簧广泛应用于汽车的非独立悬架中，其构造如图 1-10 所示。

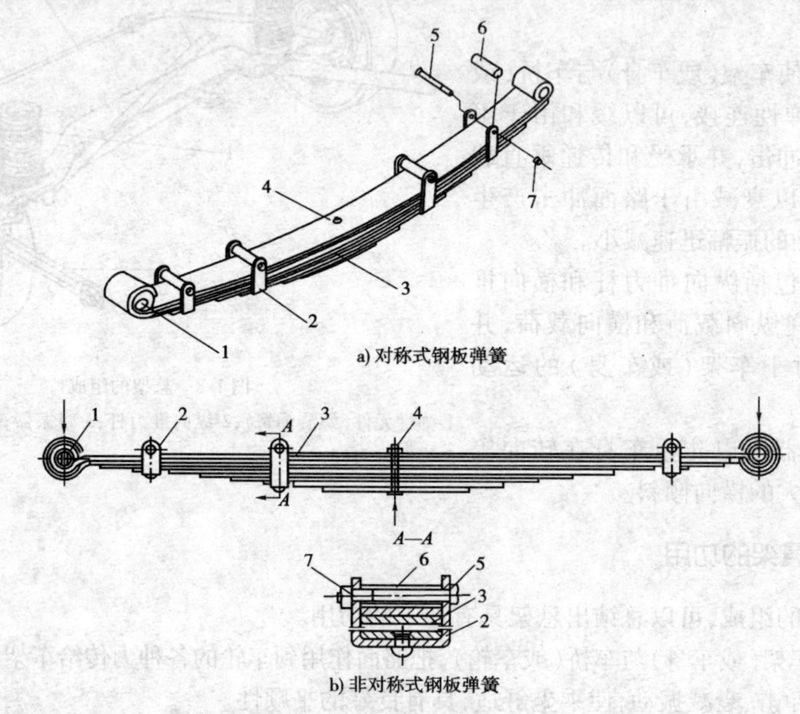

图 1-10 钢板弹簧

1-卷耳；2-弹簧夹；3-钢板弹簧；4-中心螺栓；5-螺栓；6-套管；7-螺母

钢板弹簧由若干片长度不等的合金弹簧钢片叠加而成，构成一根近似等强度的弹性梁。最长的一片称为主片，其两端卷成卷耳，内装衬套，以便用弹簧销与固定在车架上的支架或吊耳做铰链连接。

各弹簧片用中心螺栓连接，并保证各片的相对位置。中心螺栓距两端卷耳中心的距离可以是相等的，称为对称式钢板弹簧，如图 1-10a）所示；该距离也可以是不相等的，称为非对称式钢板弹簧，如图 1-10b）所示。

为了防止汽车在行驶过程中各弹簧片分开，在钢板弹簧上装有若干弹簧夹，以免主片独自承重。弹簧夹通过铆钉与最下片弹簧片相连，弹簧夹两边通过螺栓相连，螺栓上有套管，装配时要求螺母朝向轮胎，以免螺栓脱落时刮伤轮胎，甚至飞迸伤人。

钢板弹簧在载荷作用下变形时，各片之间会相对滑动而产生摩擦，这可以衰减车架的振动。但摩擦会加速弹簧片的磨损，所以在装配钢板弹簧时，各片之间要涂抹石墨润滑脂或装有塑料垫片以减少钢板弹簧之间的磨损。

想一想：钢板弹簧的功用是什么？

总结：如果你仅是简单地回答，钢板弹簧是悬架中的弹性元件，它的功用是缓和冲击、承受垂直载荷，说明你还没有完全掌握钢板弹簧。钢板弹簧除了起到弹性元件的功用，它还起到了减振器和导向机构的功用。上面已经提到，钢板弹簧各片之间的相对滑动、产生摩擦，可以衰减车架的振动，即起到减振器的功用。另外，钢板弹簧还可以承受纵向、横向载荷，所以又起到了导向机构的功用。在轻、中型货车中你会发现，它的后悬架只有钢板弹簧，而没有减振器和导向机构，其道理即在于此。

1.2.4.2 螺旋弹簧

螺旋弹簧（图 1-11）广泛应用于独立悬架，有些轿车的后轮非独立悬架也采用螺旋弹簧作弹性元件。由于螺旋弹簧只能承受垂直载荷，且变形时不产生摩擦力，所以悬架中必须装有减振器和导向机构。螺旋弹簧由特殊的弹簧钢棒卷制而成，可以制成圆柱形或圆锥形的，也可以制成等螺距或不等螺距的。圆柱形等螺距螺旋弹簧的刚度是不变的，圆锥形或不等螺距螺旋弹簧的刚度是可变的。

1.2.4.3 扭杆弹簧

扭杆弹簧是由弹簧钢制成的杆件，如图 1-12 所示。扭杆的断面通常为圆形，少数为矩形或管形，其两端制成花键、方形、六角形等形状，以便一端固定在车架上，另一端固定在悬架的摆臂上。摆臂与车轮相连，当车轮跳动时，摆臂绕扭杆轴线摆动，使扭杆产生扭转弹性变形，以保证车轮与车架的弹性联系。

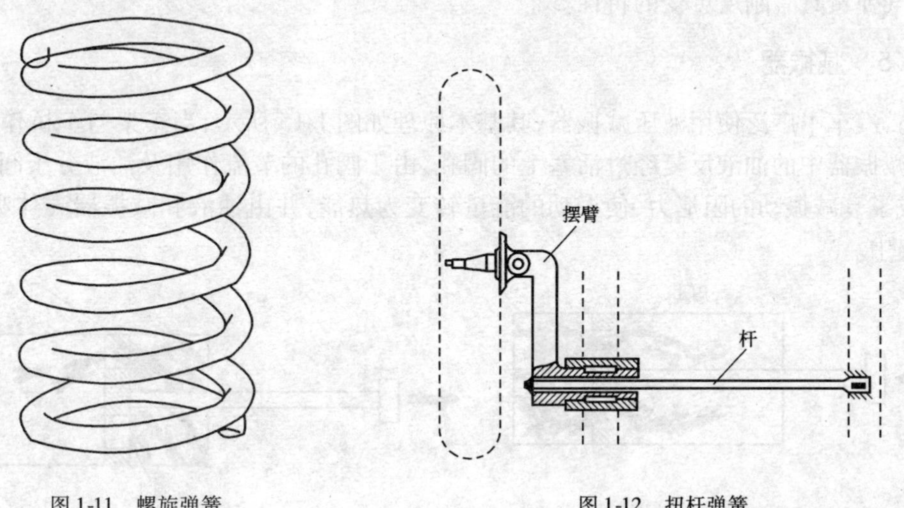

图 1-11 螺旋弹簧　　图 1-12 扭杆弹簧

注意：由于扭杆弹簧在制造时使之具有一定的预应力，且左、右扭杆弹簧预应力方向是不同的，所以左、右扭杆弹簧不能互换或装错。为此，左、右扭杆弹簧上标有不同的标记。

1.2.4.4 气体弹簧

气体弹簧分为空气弹簧（图 1-13）和油气弹簧（图 1-14）两种。空气弹簧又有囊式（图 1-13a））和膜式（图 1-13b））两种形式。

空气弹簧的结构、原理都很简单，下面仅介绍油气弹簧的结构、原理，油气弹簧的结构如图 1-14所示。油气弹簧的球形室固定在工作缸上，室的内腔用橡胶油气隔膜隔开，充入高压氮气的一侧为气室，与工作缸相通并充满油液的一侧为油室。工作缸内装有活塞、阻尼阀及其阀座。

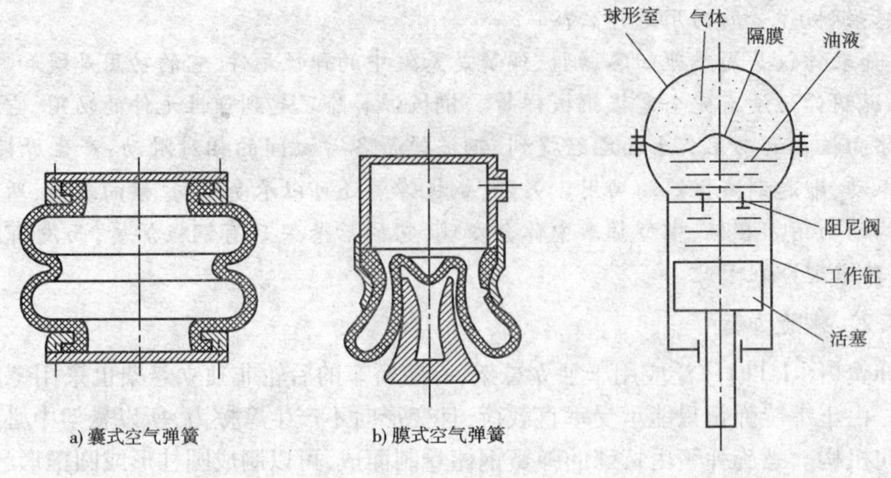

图 1-13　空气弹簧　　　　图 1-14　油气弹簧

当载荷增加且车架与车桥相互靠近时,活塞上移,使工作缸内容积减小,油压升高,油液顶开阻尼阀进入球形室,推动隔膜向气室方向移动,使气室容积减少,氮气压力升高,油气弹簧的刚度增大。当载荷减小时,在高压氮气的作用下,隔膜向油室方向移动,球形室内油液经阻尼阀流回工作缸,推动活塞下移,这时气室容积增大,氮气压力下降,油气弹簧刚度减小。当氮气压力(载荷)通过油液传递作用在活塞上的力与车桥向上的支承力平衡时,活塞便停止移动。随着载荷的变化,气室内氮气的体积(压力)也随之变化,相应地活塞处于工作缸中不同位置。可见,油气弹簧具有刚度可变的特性。

1.2.5　减振器

目前,汽车中广泛使用液压减振器,其基本原理如图 1-15 所示,当车架与车桥作往复相对运动时,减振器中的油液反复经过活塞上的阀孔,由于阀孔的节流作用及油液分子间的内摩擦力便形成了衰减振动的阻尼力,使振动的能量转变为热能,并由油液和减振器壳体吸收,然后散到大气中。

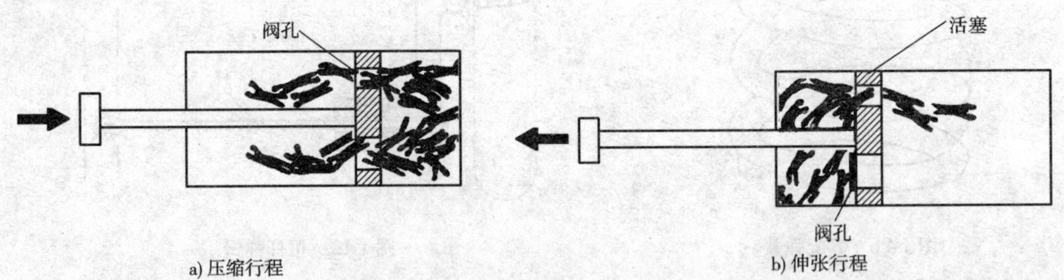

图 1-15　液压减振器的基本原理

阀孔越大,阻尼力越小,反之亦然。相对运动速度越大,阻尼力越大,反之亦然。

阻尼力越大,振动的衰减越快,但悬架弹性元件的缓冲效果不能发挥,乘坐也不舒适。因此,弹性元件的刚度与减振器的阻尼力要合理搭配,才能保证乘坐舒适性和操纵稳定性的要求。

目前,汽车上应用最广泛的是双向作用筒式减振器。近年来,在高级轿车上有的采用充气式减振器。

1.2.5.1　双向作用筒式减振器

双向作用筒式减振器的基本组成如图 1-16 所示,它有 3 个同心钢筒,外面的钢筒是防尘罩,其上部的吊耳与车架相连。中间是储油缸筒,内装有一定量的油液,其下端的吊耳与车桥相连。里面是工作缸筒,其内装满油液。它还有4个阀,即压缩阀、伸张阀、流通阀和补偿阀。流通阀和补偿阀是一般的止回阀,其弹簧弹力很弱,当阀上的油压作用力与弹簧弹力同向时,阀处于关闭状态,完全不通油液;而当油压作用力与弹簧弹力反向时,只要很小的油压,阀便能开启。压缩阀和伸张阀是卸载阀,其弹簧刚度较大,预紧力较大,只有当油压增高到一定程度时,阀才能开启;而当油压减低到一定程度时,阀即自行关闭。

双向作用筒式减振器的工作原理可用压缩和伸张两个行程加以说明。

1)压缩行程

当车桥移近车架(或车身)时,减振器受压缩,活塞下移,使其下方腔室容积减小,油压升高。具有一定压力的油液顶开流通阀进入活塞上方腔室。由于活塞杆占去上腔室的部分容积,使上腔室增加的容积小于下腔室减小的容积,因此还有一部分油液不能进入上腔室而只能压开压缩阀,流回储油缸筒。油液流经上述阀孔时,受到一定的节流阻力,为克服这种阻力而消耗了振动能量,使振动衰减。

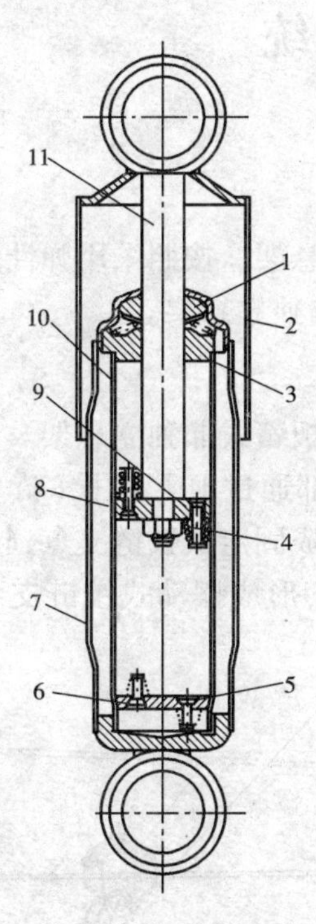

图1-16　双向作用筒式减振器的基本组成

1-油封;2-防尘罩;3-导向座;4-流通阀;5-补偿阀;6-压缩阀;7-储油缸筒;8-伸张阀;9-活塞;10-工作缸筒;11-活塞杆

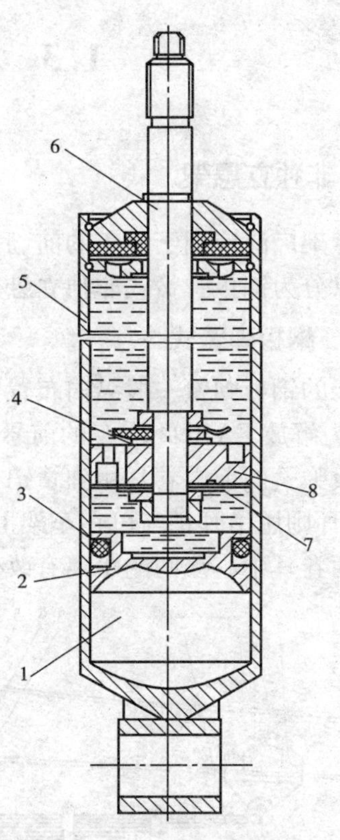

图1-17　充气式减振器的基本组成

1-密封气室;2-浮动活塞;3-O形密封圈;4-压缩阀;5-工作缸;6-活塞杆;7-伸张阀;8-工作活塞

2)伸张行程

当车桥相对远离车架(或车身)时,减振器受拉伸,活塞上移,使其上腔室油压升高。上腔室的油液便推开伸张阀流入下腔室。同样由于活塞杆的存在,上腔室减小的容积小于下腔室增加的容积,因而从上腔室流出来的油液不足以充满下腔室所增加的容积,使下腔室产生一定的真空度,这时储油缸筒中的油液在真空度作用下推开补偿阀流进下腔室进行补充。

从上面的原理可以得知,这种减振器在压缩、伸张两个行程都能起减振作用,因此称为双向作用减振器。

1.2.5.2 充气式减振器

充气式减振器如图 1-17 所示,其结构特点是在缸筒的下部装有一个浮动活塞,高压的氮气充在浮动活塞与缸筒一端形成的密闭气室里。在浮动活塞的上面是减振器油液。O 形密封圈把油和气完全分开,因此活塞也叫封气活塞。在工作活塞上装有压缩阀和伸张阀。这两个阀都是由一组厚度相同、直径不等、由大到小而排列的弹簧钢片所组成。

当车轮上下跳动时,工作活塞在油液中作往复运动,使工作活塞的上、下腔之间产生油压差,压力油便推开压缩阀或伸张阀而来回流动。由于阀孔对压力油产生较大的阻尼力,使振动衰减。

1.3 典型悬架系统

1.3.1 非独立悬架

非独立悬架广泛应用于货车的前、后悬架和轿车的后悬架。按照采用弹性元件的不同,非独立悬架可以分为钢板弹簧式非独立悬架和螺旋弹簧式非独立悬架。

1.3.1.1 钢板弹簧式

这种悬架的钢板弹簧一般纵向布置,所以也称为纵置板簧式非独立悬架。

图 1-18 为解放 CA1092 汽车的前悬架。钢板弹簧中部通过 U 形螺栓(骑马螺栓)固定在前桥上。钢板弹簧的前端卷耳用弹簧销与前支架相连,形成固定式铰链支点,起传力和导向作用;而后端卷耳则用吊耳销与可在车架上摆动的吊耳相连,形成摆动式铰链支点,从而保证了弹簧变形时两卷耳中心线间的距离有改变的可能。

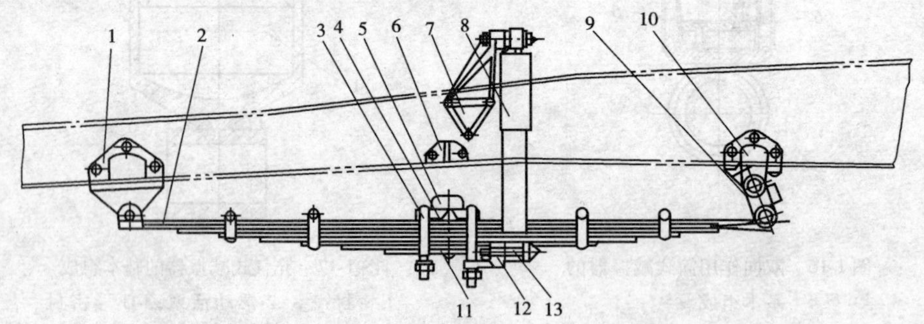

图 1-18 解放 CA1092 汽车的前悬架

1-钢板弹簧前支架;2-前钢板弹簧 3-U 形螺栓(骑马螺栓);4-盖板;5-缓冲块;6-限位块;7-减振器上支架;8-减振器;9-吊耳;10-吊耳支架;11-中心螺栓;12-减振器下支架;13-减振器连接销

减振器的上、下两个吊环通过橡胶衬套和连接销分别与车架上的上支架和车桥上的下支架相连接。盖板上装有橡胶缓冲块,以限制弹簧的最大变形,并防止弹簧直接碰撞车架。

图 1-19 为某中型货车后悬架,由主、副钢板弹簧叠合而成,其刚度是可变的,以适应装载

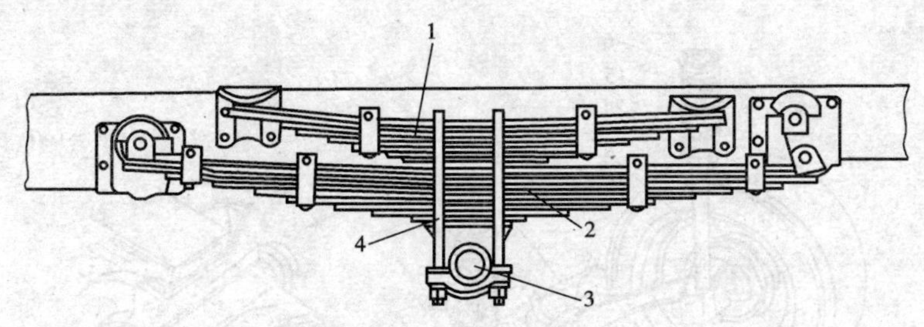

图 1-19　变刚度钢板弹簧悬架

1-副钢板弹簧;2-主钢板弹簧;3-车桥;4-U 形螺栓

质量的不同。

当汽车空载或实际装载质量不大时,副钢板弹簧不承受载荷而由主钢板弹簧单独工作。在重载或满载情况下,车架相对车桥下移,使车架上副钢板弹簧滑板式支座与副钢板弹簧接触,主、副钢板弹簧共同参加工作,一起承受载荷而使悬架刚度增大,以保证车身振动频率不致因载荷增大而变化过大。

南京依维柯轻型货车的后悬架采用渐变刚度的钢板弹簧,如图 1-20 所示。主簧由 5 片较薄钢板弹簧片组成,副簧由 5 片较厚的钢板弹簧片组成,它们用中心螺栓固定在一起,主簧在上,副簧在下。

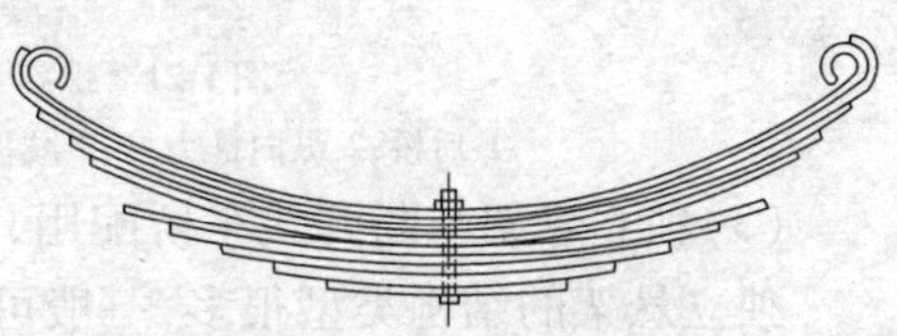

图 1-20　渐变刚度钢板弹簧悬架

在小载荷时,仅主簧起作用,而当载荷增加到一定值时,副簧开始与主簧接触,悬架刚度随之相应提高,弹簧特性变为非线性。当副簧全部接触后,弹簧特性又变为线性的。这种渐变刚度钢板弹簧的特点是副簧逐渐地起作用,因此悬架刚度的变化比较平稳,从而改善了汽车行驶平顺性。

1.3.1.2　螺旋弹簧非独立悬架

螺旋弹簧非独立悬架一般只用于轿车的后悬架。图 1-21 为上海桑塔纳 2000 的后悬架。两根纵向推力杆的中部与后桥焊接为一体,前端通过带橡胶的支承座与车身做铰链连接,后端与轮毂相连接。纵向推力杆用以传递纵向力及其力矩。整个后桥、纵向推力杆及车轮可以绕支承座的铰支点连线相对于车身作上、下纵向摆动。螺旋弹簧的上端装在弹簧上座中,下端则支承在减振器外壳上的弹簧下座上,它只承受垂直力。减振器的上端与弹簧上座一起装在车身底部的悬架支座中,下端则与纵向推力杆相连接。

1.3.2　独立悬架

现代汽车,特别是轿车上广泛采用独立悬架。由于独立悬架能使两侧车轮各自独立地与车架或车身弹性连接,具有以下优点:

(1)由于左右车轮的运动相对独立、互不影响,可以减少行驶时车架或车身的振动,同时可以减弱转向轮的偏摆。

(2)独立悬架的非簧载质量小,可以减小来自路面的冲击和振动,提高了行驶的平顺性。簧载质量是指汽车上由弹性元件支承的质量;而非簧载质量是指弹性元件下吊挂的质量。对于非独立悬架,整个车桥和车轮都属于非簧载质量,而对于独立悬架,只有部分车桥是非簧载质量,而主减速器、差速器、壳体等都装在车架或车身上,成了簧载质量,所以独立悬架的非簧载质量要比非独立悬架的小。

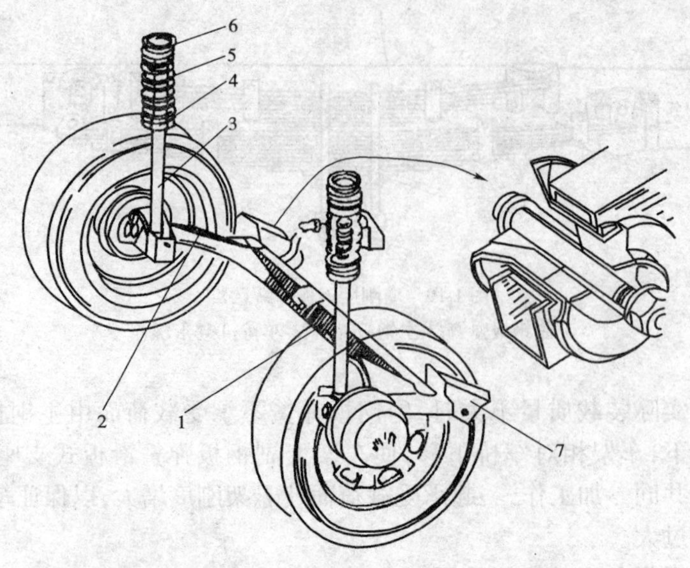

图 1-21　螺旋弹簧非独立悬架(桑塔纳 2000 后悬架)

1-后桥;2-纵向推力杆;3-减振器;4-弹簧下座;5-螺旋弹簧;6-弹簧上座;7-支承座

(3)独立悬架与断开式车桥配用,可以降低汽车的质心位置,提高汽车行驶的平顺性。

独立悬架的结构类型很多,一般可按车轮的运动方式分为 3 类,如图 1-22 所示。

(1)横臂式独立悬架:车轮在汽车横向平面内摆动的悬架,如图 1-22a)所示。

(2)纵臂式独立悬架:车轮在汽车纵向平面内摆动的悬架,如图 1-22b)所示。

(3)车轮沿主销移动的独立悬架:包括烛式悬架和麦弗逊式悬架,分别如图 1-22c)和图 1-22d)所示。

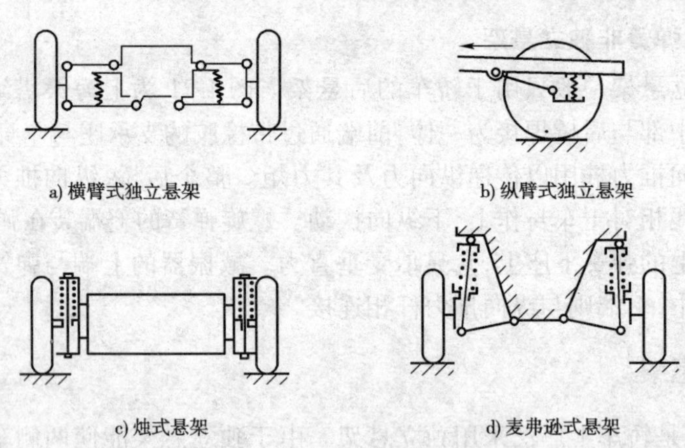

图 1-22　独立悬架的类型示意图

1.3.2.1　横臂式独立悬架

横臂式独立悬架分为单横臂式(图 1-9b))和双横臂式两种。目前单横臂式独立悬架应用较少,下面仅介绍双横臂式独立悬架。

双横臂式独立悬架如图 1-23 所示,其两个横摆臂有等长的(图 1-23a))和不等长的(图 1-23b))两种。摆臂等长的独立悬架当车轮上下跳动时,虽然车轮平面不倾斜、主销轴线的方向也不发生变化,但轮距发生较大的变化,这将引起车轮的侧滑和轮胎的磨损。而摆臂不等长的独立悬架当车轮上下跳动时,虽然车轮平面、主销轴线、轮距都发生变化,但都可以控制在允许范围内，所以这种形式的双横臂式独立悬架应用较多，红旗 CA7560、雷克萨斯 LS400 等轿车的前桥都采用这种不等长双横臂式独立悬架。

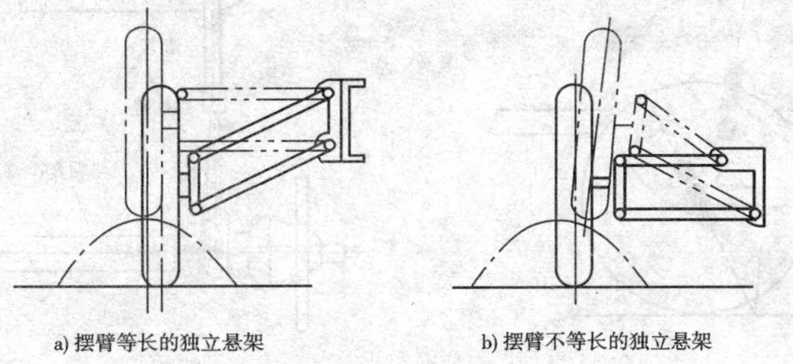

图 1-23　双横臂式独立悬架示意图

图 1-24 为雷克萨斯 LS400 的前悬架，其车轮外倾角和主销后倾角是可以调整的。如图 1-25所示，上摆臂内端通过上摆臂轴用螺栓与车架相连，上摆臂轴与车架之间夹有前、后调整垫片。同时增加或减少调整垫片的厚度可以调整车轮外倾角；前、后垫片厚度一处增加、另一处减少，可以调整主销后倾角。

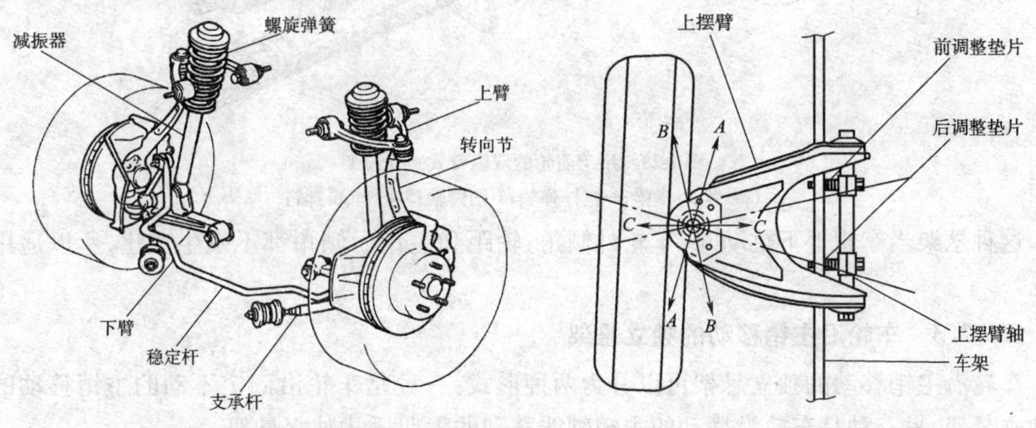

图 1-24　雷克萨斯 LS400 的前悬架

图 1-25　车轮外倾角和主销后倾角的调整

1.3.2.2　纵臂式独立悬架

纵臂式独立悬架也分为单纵臂式和双纵臂式两种。

1) 单纵臂式独立悬架

单纵臂式独立悬架如果用于前轮，车轮上下跳动时会使主销后倾角变化很大，如图 1-26所示。所以单纵臂式独立悬架都用于后轮，如图 1-27 所示。纵摆臂是一片宽而薄的钢板，一端与半轴套管铰接，另一端带有套筒，套筒通过花键与扭杆弹簧的外端相连，扭杆的内端固定在车架上。

2) 双纵臂式独立悬架

图 1-28 为用于前轮的双纵臂式独立悬架。转向节和两个纵摆臂做铰链连接，在车架的两根管式横梁的内部装有由若干层矩形端面的薄弹簧钢片叠成的扭杆弹簧。两根扭杆弹簧的内端用螺栓固定在横梁中部，而外端则插入摆臂轴的矩形孔中。摆臂轴用衬套支承在管式横梁内，轴和纵臂刚性地连接。

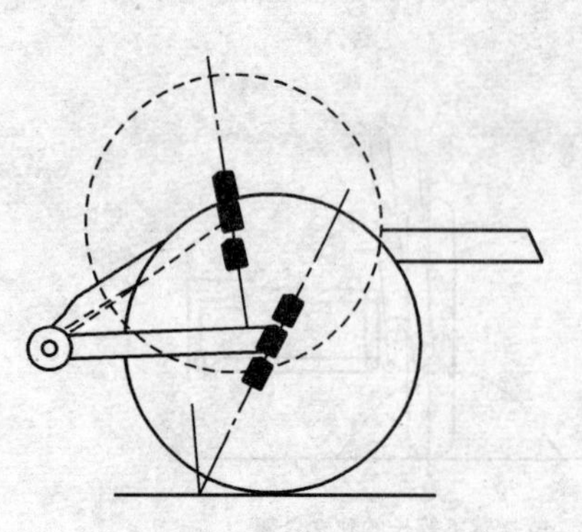

图 1-26 单纵臂式独立悬架示意图

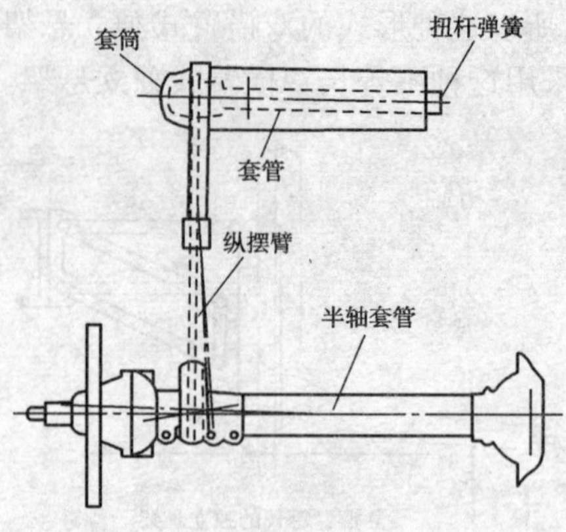

图 1-27 用于后轮的单纵臂式独立悬架

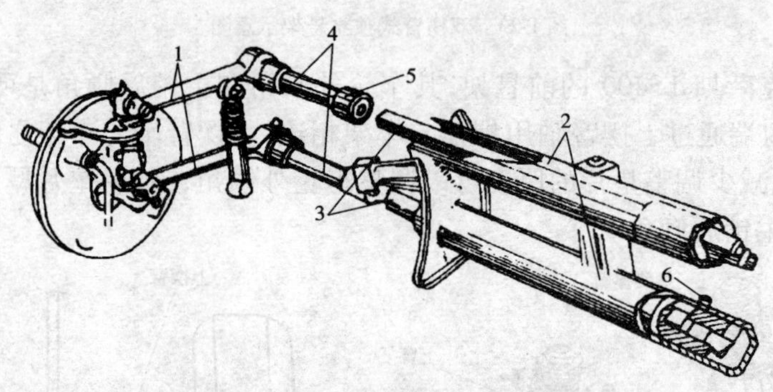

图 1-28 用于前轮的双纵臂式独立悬架

1-纵臂;2-横梁;3-扭杆弹簧;4-摆臂轴;5-衬套;6-螺钉

这种悬架当车轮上下跳动时,车轮外倾角、轮距和主销后倾角都不发生变化,所以适用于前轮。

1.3.2.3 车轮沿主销移动的独立悬架

车轮沿主销移动的独立悬架可以分为两种形式:一种是车轮沿固定不动的主销移动的烛式独立悬架,另一种是车轮沿摆动的主销轴线移动的麦弗逊式独立悬架。

1)烛式独立悬架

图 1-29 为烛式独立悬架,其主销的上下两端刚性地固定在车架上。套在主销上的套管固定在转向节上。套管的中部固定装着螺旋弹簧的下支座。筒式减振器的下端与转向节相连,上端与车架相连。悬架的摩擦部分套着防尘罩。通气管与防尘罩内腔相通,以免防尘罩中空气被密封而影响悬架的弹性。

汽车在不平路面上行驶时,车轮、转向节一起沿主销的轴线移动。螺旋弹簧只承受垂直载荷,而车轮上所受的纵向力、侧向力及其力矩则由转向节、套筒经主销传给车架,使得套筒与主销之间的磨损严重。

2)麦弗逊式独立悬架

麦弗逊式独立悬架目前在轿车中应用很广泛,其结构如图 1-30 所示。由减振器、螺旋弹簧、横摆臂、横向稳定杆(图中未画出)等组成。减振器与套在它外面的螺旋弹簧合为一体,构成悬架的弹性支柱,支柱上端与车身挠性连接,支柱的下端与转向节刚性连接。横摆臂的外端通过球头销 B 与转向节的下部连接,内端与车身铰接。

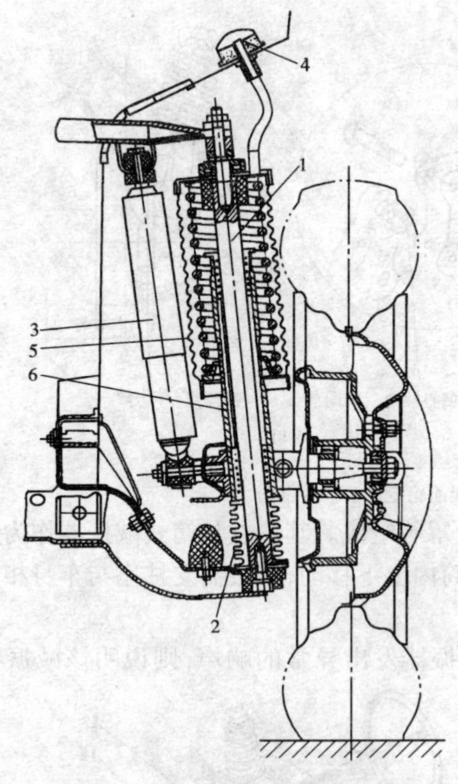

图 1-29　烛式独立悬架

1-主销;2、4-防尘罩;3-套筒;5-减振器;6-通气管

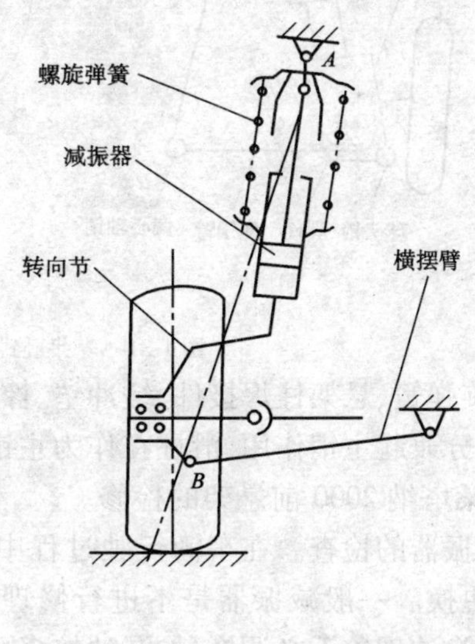

图 1-30　麦弗逊式独立悬架的结构示意图

麦弗逊式独立悬架没有传统的主销实体,转向轴线为上下铰接中心的连线 AB(一般与弹性支柱的轴线重合)。当车轮上下跳动时,B 点随横摆臂摆动,因而主销轴线 AB 随之摆动(弹性支柱也摆动)。这说明车轮沿着摆动的主销轴线而运动。

麦弗逊式独立悬架结构较简单,布置紧凑,用于前悬架时能增大两前轮内侧的空间,故多用于发动机前置前轮驱动的轿车上。

前轮采用麦弗逊式独立悬架时,前轮定位各参数的变化较小,除前束可调整外,其他参数有的车型规定不可调整,有的车型则规定可以调整。常见的调整部位及调整方法如下:

(1)改变转向节与横摆臂外端的位置。如图 1-31a)所示,松开转向节球头销与横摆臂的连接螺栓,左右横向移动球头销及转向节,可以改变车轮外倾角。上海桑塔纳轿车即采用这种结构形式。

(2)改变弹性支柱上支座的位置。如图 1-31a)所示,悬架的弹性支柱上支座用螺栓固定在车身上,松开螺栓,左右横向移动上支座,可以调整车轮外倾角。一汽奥迪 100 型轿车即采用这种结构形式。

(3)改变转向节上端的位置。如图 1-31b)所示,由减振器和螺旋弹簧组成的弹性支柱下端通过上、下两个螺栓与转向节上端固定,其中上螺栓经偏心凸轮将两者连接在一起。转动上螺栓可使偏心凸轮转动,从而带动转向节上端左右横向(A 向)移动,进而改变车轮外倾角。丰田花冠轿车即采用这种结构形式。

下面以上海桑塔纳 2000 的前悬架为例介绍麦弗逊式独立悬架的组成和检修。

(1)桑塔纳 2000 前悬架的组成。桑塔纳 2000 前悬架如图 1-32 所示,由双向作用筒式减

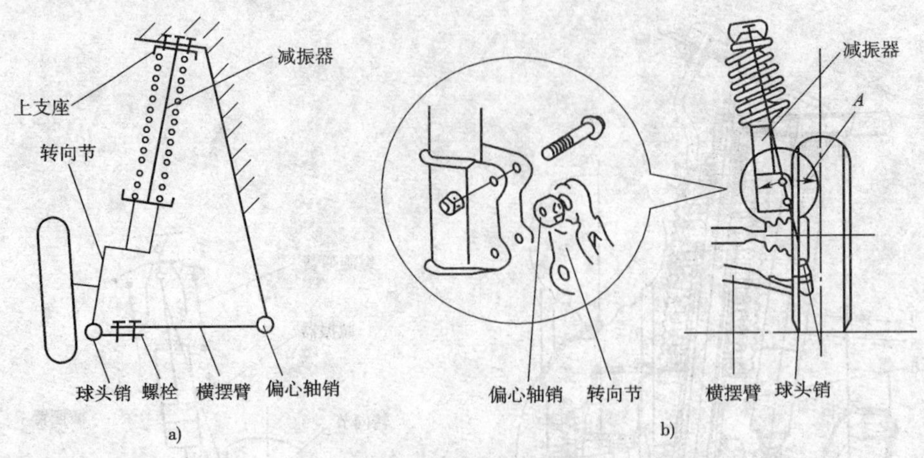

图 1-31　麦弗逊式独立悬架前轮定位调整示意图

振器、螺旋弹簧、悬架柱焊接件、缓冲垫、橡胶防尘罩等组成。其特点是筒式减振器作为悬架杆系的一部分兼起主销作用,滑柱在作为主销的圆筒内上下移动,减振器支柱座与车身相连。

(2)桑塔纳 2000 前悬架的检修。

①减振器的检查。在车辆行驶过程中,如减振器发出异常的响声,则说明该减振器已损坏,必须更换。一般减振器是不进行修理的,如有很小的渗油现象不必调换;如漏油较多可通过拉伸和压缩减振器来检查渗油现象。从减振器漏出的油不能再加入减振器内重新使用,漏油的减振器不能再使用。

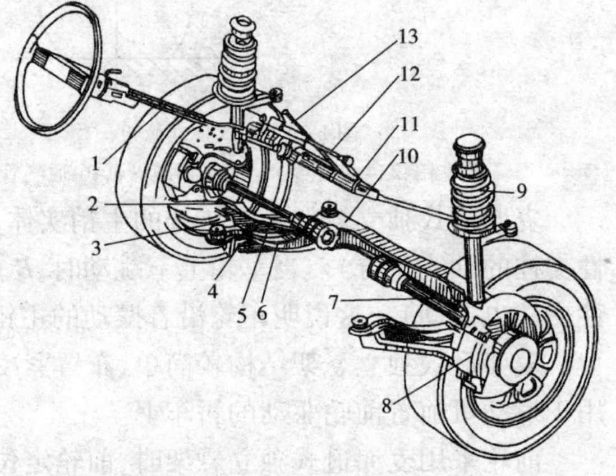

图 1-32　桑塔纳 2000 前悬架

1-安全转向柱;2-车轮与下摆臂的连接螺栓;3-下摆臂;4-下摆臂橡胶轴承;5-横向稳定器;6-副车架;7-传动轴;8-前轮制动钳;9-减振器支柱;10-副车架前橡胶支承;11-动力转向装置;12-转向减振器;13-转向横拉杆

②前悬架支柱总成的检修。在零件全部解体后,应进行清洗、检查,必要时测量。如有下列情况,必须更换新件。

a. 制动盘工作面严重磨损,超出规定,或表面出现裂纹。

b. 挡泥板严重扭曲变形。

c. 轮毂花键松旷,磨损严重。

d. 弹簧挡圈失效。

e. 车轮轴承损坏(注意:需要更换整套轴承)。

f. 前悬架支柱件任何一条焊缝出现裂纹或严重变形。

1.4　悬架系统的维护和故障诊断

1.4.1　悬架系统的维护

1.4.1.1　车辆升起前的检查

1)减振器减振力检查

在车前、车后通过上下晃动车身确定减振器的减振力大小,并且检查车身停止晃动的时间长短。

2)车辆倾斜检查

目视观察车辆是否倾斜。如果车辆倾斜,还需检查轮胎气压、左右车轮的尺寸及车辆装载是否均匀。

1.4.1.2 车辆升起后的检查

1)减振器

检查减振器是否有凹痕、是否漏油,检查防尘套是否有裂纹或损坏。

2)弹性元件

检查钢板弹簧或螺旋弹簧、扭杆弹簧等是否损坏。

3)其他部位

检查悬架的其他部位,如摆臂、稳定杆、推力杆等是否损坏。

4)检查连接情况

用手晃动悬架的主要元件,检查是否磨损或松动。最后用扭力扳手将螺母或螺栓按规定力矩紧固。

1.4.2 非独立悬架的常见故障

1.4.2.1 钢板弹簧折断

钢板弹簧折断,尤其是钢板弹簧主片折断,会因弹力不足等原因,使车身歪斜。前钢板弹簧一侧主片折断时,车身在横向平面内倾斜;后钢板弹簧一侧主片折断时,车身在纵向平面内倾斜。

1.4.2.2 钢板弹簧弹力过小或刚度不一致

当某一侧的钢板弹簧由于疲劳导致弹力下降,或者更换的钢板弹簧与原弹簧刚度不一致时,会使车身倾斜。

1.4.2.3 钢板弹簧销、衬套和吊耳磨损过量

此时,会出现以下故障现象:

(1)车身倾斜(不严重)。

(2)行驶中方向跑偏。

(3)汽车行驶摆振。

(4)行驶中发出异响。

1.4.2.4 U形螺栓松动或折断

此时,会由于车辆移位倾斜,导致汽车跑偏。

1.4.3 独立悬架和减振器的常见故障

1.4.3.1 独立悬架总成常见故障

独立悬架总成主要由螺旋弹簧、上下摆臂、横向稳定杆及减振器等组成,总成铰接点多,总成常见的故障有如下几项:

1)现象

(1)异响,尤其在不平路面上转弯时。

(2)车身倾斜,汽车在转弯时车身过度倾斜等。

(3)前轮定位参数改变。

(4)轮胎异常磨损。

(5)车辆摆振及行驶不稳。

2)原因

(1)螺旋弹簧弹力不足。

(2)稳定杆变形。

(3)上、下摆臂变形。

(4)各铰接点磨损、松旷。

当汽车产生上述现象时,应对悬架系统进行仔细检查,即可发现故障部位及原因。

1.4.3.2 减振器的常见故障

减振器的常见故障为衬套磨损和减振油液泄漏。衬套磨损后,因松旷易产生响声。减振器轻微的油液泄漏是允许的,但泄漏过多会使减振器失去减振作用。

1.5 电子控制悬架系统基本结构与工作原理

传统的悬架系统一般具有固定的弹簧刚度和减振器阻尼,不能同时满足汽车行驶平顺性和操纵稳定性的要求。例如,降低弹簧刚度,平顺性会变好,使乘坐舒适,但由于悬架偏软会使操纵稳定性变差;而增加弹簧刚度会提高操纵稳定性,但较硬的钢板弹簧又使车辆对路面的平面度很敏感,使平顺性降低。因此,理想的悬架系统应在不同的使用条件下具有不同的弹簧刚度和减振器阻尼力,这样,既能满足平顺性的要求又能满足操纵稳定性的要求。电子控制悬架系统就是这种理想的悬架系统。

电子控制悬架系统主要有半主动悬架和主动悬架两种。半主动悬架是指悬架元件中的弹簧刚度和减振器阻尼力之一可以根据需要进行调节。而主动悬架能根据需要自动调节弹簧刚度和减振器的阻尼力,从而能够同时满足汽车行驶平顺性和操纵稳定性等各方面的要求。主动悬架按照弹簧的类型,又可以分为空气弹簧主动悬架和油气弹簧主动悬架。

本部分以丰田雷克萨斯 LS400 为例介绍电控悬架系统。

1.5.1 概述

丰田雷克萨斯 LS400 的电控悬架系统为空气弹簧主动悬架,可以根据行驶条件自动控制弹簧刚度、减振器阻尼力及车身高度,以抑制加速时后坐、制动时点头、转向时侧倾等汽车行驶状态的变化,明显改善乘坐舒适性和操纵稳定性。

1.5.1.1 系统控制功能

丰田雷克萨斯 LS400 的电控悬架系统主要对车速及路面感应、车身姿态、车身高度三个方面进行控制:

1)车速与路面感应控制

(1)当车速高时,提高弹簧刚度和减振器阻尼力,以提高汽车高速行驶时的操纵稳定性。

(2)当前轮遇到突起时,减小后轮悬架弹簧刚度和减振器阻尼力,以减小车身的振动和冲击。

(3)当路面差时,提高弹簧刚度和减振器阻尼力,以抑制车身的振动。

2)车身姿态控制

(1)转向时侧倾控制:紧急转向时,提高弹簧刚度和减振器阻尼力,以抑制车身的侧倾。

(2)制动时点头控制:紧急制动时,提高弹簧刚度和减振器阻尼力,以抑制车身的点头。

(3)加速时后坐控制:突然加速时,提高弹簧刚度和减振器阻尼力,以抑制车身的后坐。

3)车身高度控制

(1)高速感应控制:车速超过90km/h,降低车身高度,以减少空气阻力,提高汽车行驶的稳定性。

(2)连续差路面行驶控制:车速在40~90km/h时,提高车身高度,以提高汽车的通过性;车速在90km/h以上,降低车身高度,以满足汽车行驶的稳定性。

(3)点火开关OFF控制:驻车时,当点火开关关闭后,降低车身高度,便于乘客的乘降。

(4)自动高度控制:当乘客和载质量变化时,保持车身高度恒定。

1.5.1.2 系统操作

丰田雷克萨斯LS400的电控悬架系统有三个操作选择开关:高度控制ON/OFF开关、高度控制开关和LRC(模式控制)开关。

高度控制ON/OFF开关安装在汽车尾部行李舱的左边。当高度控制ON/OFF开关处于ON位置时,系统可按选择方式进行车身高度自动控制;当该开关处于OFF位置时,系统不执行车身高度控制。

高度控制开关和LRC(模式控制)开关安装在驾驶室内变速操纵杆的旁边。

高度控制开关用于选择控制车身高度,当高度控制开关处于HIGH(高)位置时,系统对车身高度进行“高值自动控制”;当高度控制开关处于NORM位置时,车身高度则进入“常规值自动控制”状态。

LRC(模式控制)开关用于选择控制悬架的刚度、阻尼力参数。当LRC(模式控制)开关处于SPORT位置时,系统进入“高速行驶自动控制”;当LRC(模式控制)开关处于NORM位置时,系统对悬架刚度、阻尼力进行“常规值自动控制”。此时,悬架ECU根据车速传感器等信号,使悬架的刚度、阻尼力自动地处于软、中或硬3种状态。

1.5.2 系统组成及工作原理

1.5.2.1 组成

任何电子控制空气悬架系统都是由传感器、电子控制单元(ECU)和执行器3部分组成,丰田雷克萨斯LS400的电控悬架系统也是这样,具体来说,传感器包括车身高度传感器、转向传感器、车速传感器、节气门位置传感器等,执行器包括高度控制阀、排气阀、悬架控制执行器等。

丰田雷克萨斯LS400的电控悬架系统元件在车上的位置如图1-33所示。

1.5.2.2 控制原理

1)车身高度控制

车身高度控制系统由压缩机、干燥器、排气阀、1号高度控制继电器、2号高度控制继电器、1号高度控制阀、2号高度控制阀、前后左右4个空气弹簧、4个车身高度传感器及悬架ECU等组成。图1-34为车身高度控制系统示意图,图1-35为1号、2号高度控制阀控制电路图,图1-36为空气压缩机控制电路图。

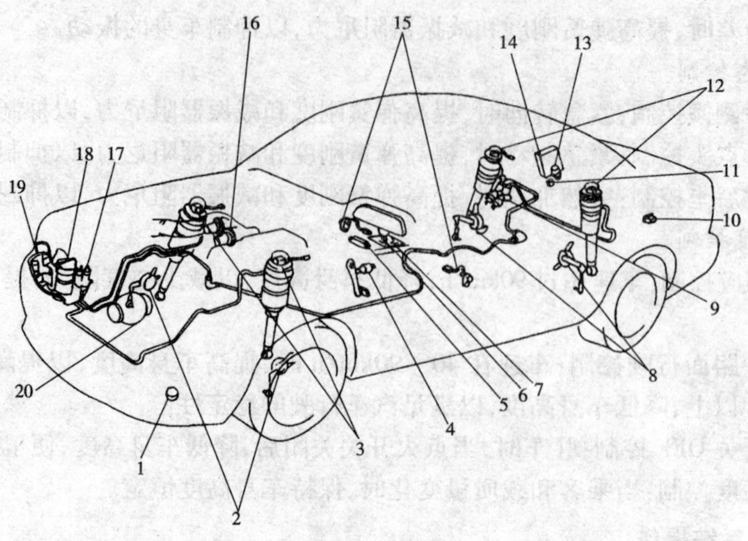

图 1-33　雷克萨斯 LS400 的电控悬架系统元件在车上的位置

1-1 号高度控制继电器；2-前车身高度传感器；3-前悬架控制执行器；4-制动灯开关；5-转向传感器；6-高度控制开关；7-LRC 开关；8-后车身高度传感器；9-2 号高度控制阀和溢流阀；10-高度控制 ON/OFF 开关；11-高度控制连接器；12-后悬架控制执行器；13-2 号高度控制继电器；14-悬架 ECU；15-门控灯开关；16-主节气门位置传感器；17-1 号高度控制阀；18-高度控制压缩机；19-干燥器和排气阀；20-IC 调节器

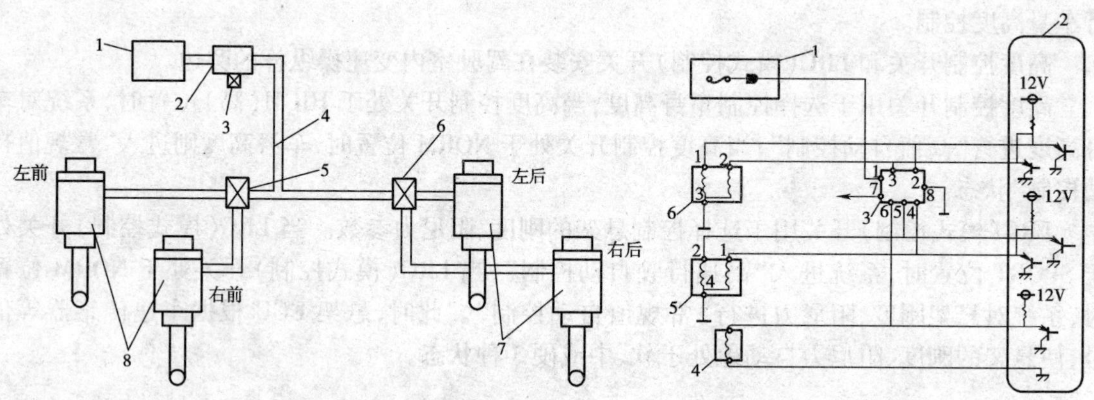

图 1-34　车身高度控制系统示意图

1-压缩机；2-干燥器；3-排气阀；4-空气管；5-1 号高度控制阀；6-2 号高度控制阀；7、8-空气弹簧

图 1-35　高度控制阀控制电路图

1-AIR SUS 熔断丝；2-悬架 ECU；3-1 号高度控制继电器；4-排气阀；5-2 号高度控制阀；6-1 号高度控制阀

当点火开关接通时，ECU 使 2 号高度控制继电器线圈通电，2 号高度控制继电器触点闭合，使前、后、左、右 4 个高度传感器接通蓄电池电源。当车身高度需要上升时，从 ECU 的 RCMP端子送出一个信号，使 1 号高度控制继电器接通，1 号高度控制继电器触点闭合，压缩机控制电路接通产生压缩空气。ECU 使高度控制电磁阀线圈通电后，电磁线圈将高度控制阀打开，并将压缩空气引向空气弹簧，从而使车身高度上升。

当车身高度需要下降时，ECU 不仅使高度控制阀电磁线圈通电，而且还使排气阀电磁线圈通电，排气阀电磁线圈使排气阀打开，将空气弹簧中的压缩空气排到大气中。

1 号高度控制阀用于前悬架控制，它有两个电磁阀分别控制左右两个空气弹簧。2 号高度控制阀用于后悬架控制，它与 1 号高度控制阀一样，也采用两个电磁阀。为了防止空气管路中产生不正常的压力,2 号高度控制阀中采用了一个溢流阀。

悬架系统的车身高度传感器采用光电式传感器,为了检测汽车高度和因道路不平而引起的悬架位移量,在每个悬架上都装有一只车身高度传感器,用于连续监测车身与悬架下臂之间的距离。图 1-37 为车身高度传感器与 ECU 之间的连接电路图。

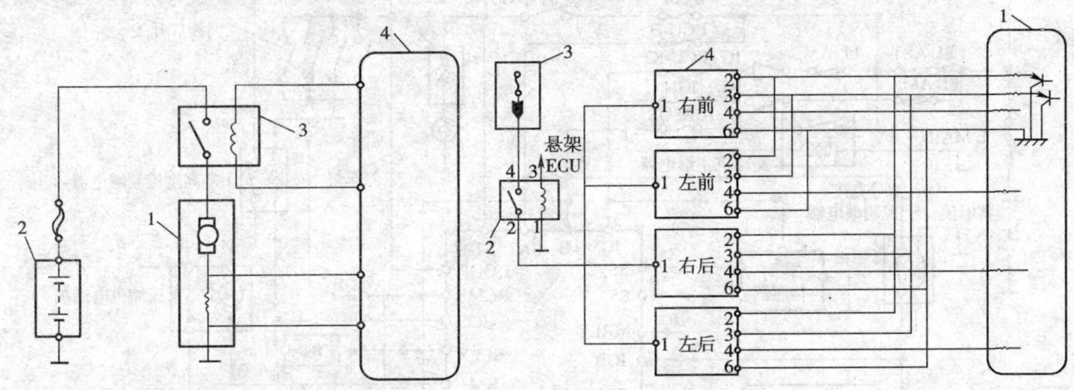

图 1-36　空气压缩机控制电路图

1-压缩机电动机;2-蓄电池;3-1 号高度控制继电器;4-悬架 ECU

图 1-37　车身高度传感器与 ECU 之间的连接电路图

1-悬架 ECU;2-2 号高度控制继电器;3-ECU-B 熔断丝;4-高度控制传感器

2)弹簧刚度和减振器阻尼力控制

电子控制空气悬架系统空气弹簧的结构如图 1-38 所示。悬架系统弹簧刚度和减振器阻尼力控制执行器安装在空气弹簧的上部,悬架控制执行器电路如图 1-39 所示,ECU 将信号送至悬架控制执行器以同时驱动减振器的阻尼调节杆和空气弹簧的气阀控制杆,从而改变减振器的阻尼力和悬架弹簧刚度。

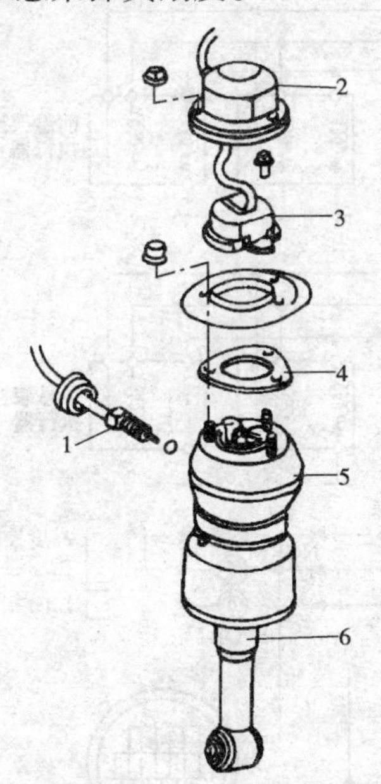

图 1-38　空气弹簧的结构

1-空气管;2-执行器盖;3-执行器;4-悬架支座;5-气室;6-减振器

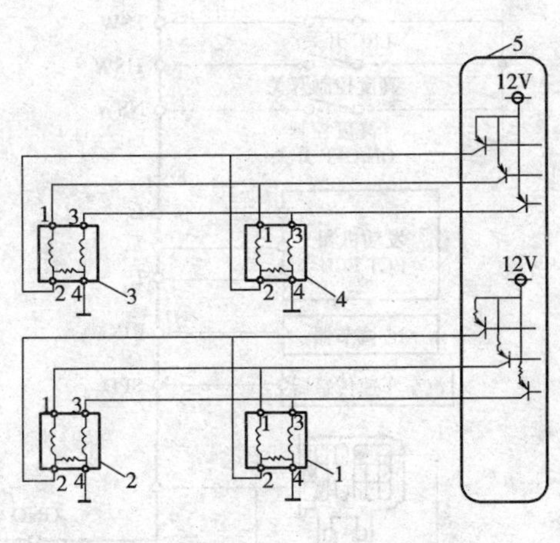

图 1-39　悬架控制执行器电路

1-右前悬架控制执行器;2-左前悬架控制执行器;3-左后悬架控制执行器;4-右后悬架控制执行器;5-悬架 ECU

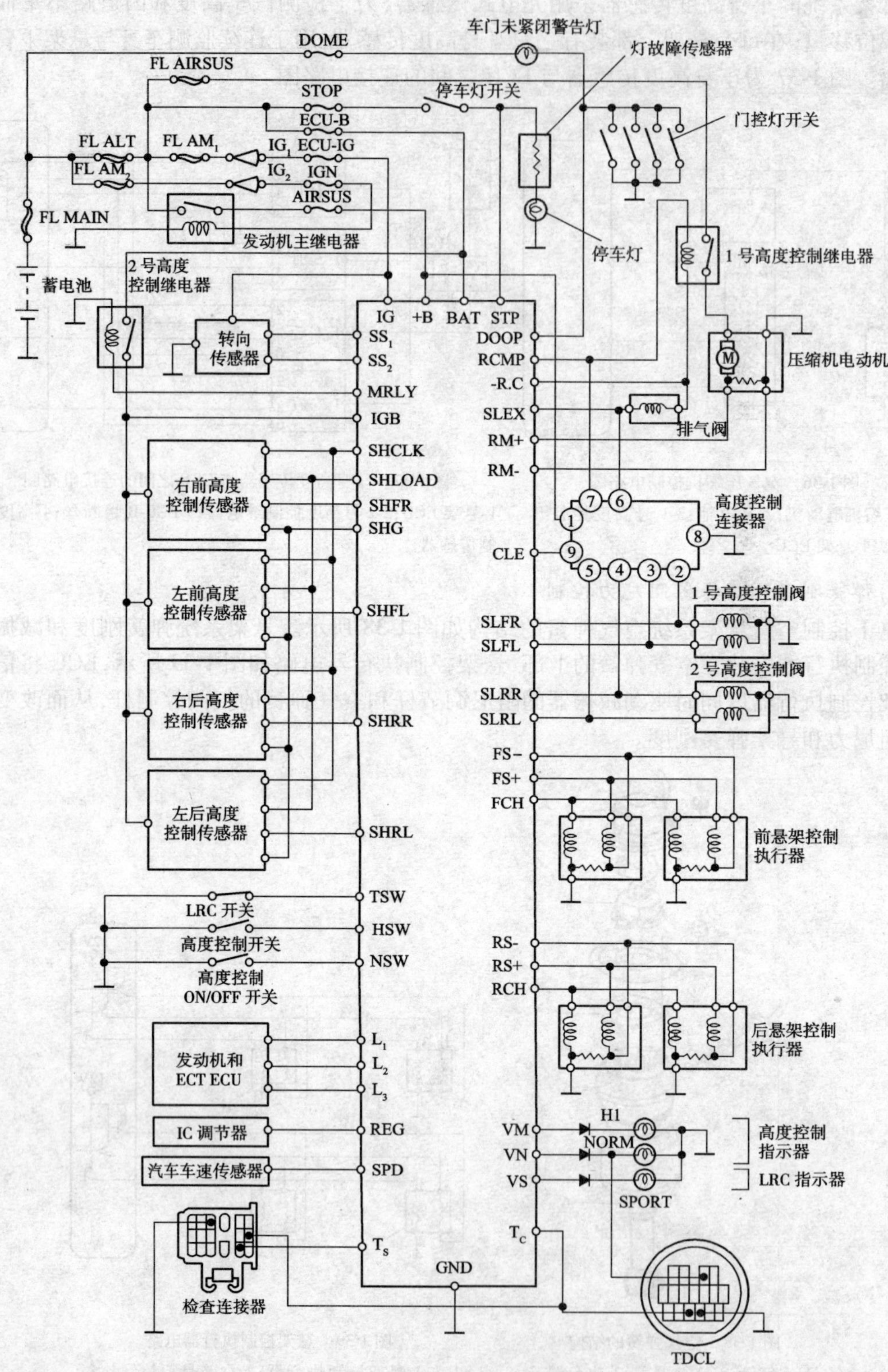

图 1-40　LS400 电子控制空气悬架系统的线路连接图

1.5.2.3　系统电路图

图1-40为LS400电子控制空气悬架系统的线路连接图。图1-41为悬架系统ECU连接器。

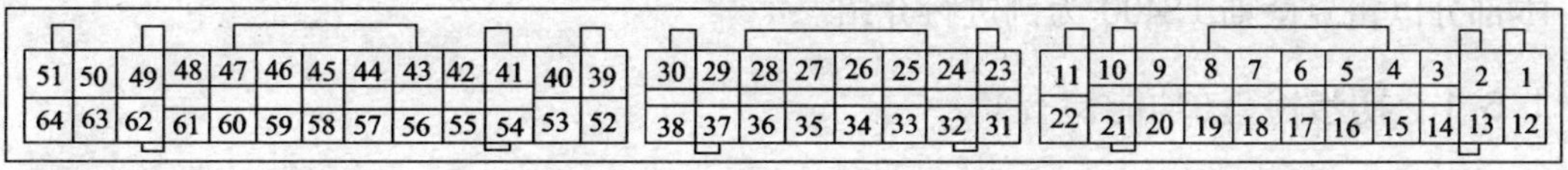

图1-41　悬架系统ECU连接器

表1-1为连接器各接线端子与ECU连接对象的对应关系。

连接器各接线端子与ECU连接对象的对应关系　　表1-1

序号	端子	连接对象	序号	端子	连接对象
1	SLFR	1号右高度控制阀	33	—	—
2	SLFR	2号右高度控制阀	34	CLE	高度控制连接器
3	RCMP	1号高度控制继电器	35	—	—
4	SHRL	左后高度控制传感器	36	—	—
5	SHRR	右后高度控制传感器	37	—	—
6	SHFL	左前高度控制传感器	38	RM -	压缩机电动机
7	SHFR	右前高度控制传感器	39	+B	悬架控制执行器电源
8	NSW	高度控制ON/OFF开关	40	IGB	高度控制电源
9	—	—	41	BATT	备用电源
10	TSW	LRC开关	42	—	—
11	STP	停车灯开关	43	SHLOAD	高度控制传感器
12	SLFL	1号左高度控制阀	44	SHCLK	高度控制传感器
13	SLRL	2号左高度控制阀	45	MRLY	2号高度控制继电器
14	—	—	46	VH	高度控制High指示灯
15	—	—	47	VN	高度控制Normal指示灯
16	—	—	48	—	—
17	—	—	49	FS +	前悬架控制执行器
18	—	—	50	FS -	前悬架控制执行器
19	—	—	51	FCH	前悬架控制执行器
20	DOOR	门控灯开关	52	IG	点火开关
21	HSW	高度控制开关	53	GND	ECU搭铁
22	SLEX	排气阀	54	-RC	1号高度控制继电器
23	L_1	发动机和ECT ECU	55	SHG	高度控制传感器
24	L_3	发动机和ECT ECU	56	—	—
25	T_c	TDCL和检查连接器	57	—	—
26	T_s	检查连接器	58	—	—
27	SPD	汽车车速传感器	59	VS	LRC指示灯
28	SS_2	转向传感器	60	—	—
29	SS_1	转向传感器	61	—	—
30	RM +	压缩机传感器	62	RS +	后悬架控制执行器
31	L_2	发动机和ECT ECU	63	RS -	后悬架控制执行器
32	REG	IG调节器	64	RCH	后悬架控制执行器

1.6 电子控制悬架系统的故障诊断与检修

本部分以雷克萨斯 LS400 为例进行介绍。

1.6.1 初步检查(功能检查)

1.6.1.1 汽车高度调整功能的检查

(1) 检查轮胎气压是否正常(前后分别为 0.226MPa 和 0.245MPa)。

(2)检查汽车高度(下横臂安装螺栓中心到地面的距离)。

(3)如图 1-42 所示,将高度控制开关由 NORM 位置转换到 HIGH 位置,车身高度应升高10 ~30mm,所需时间为 20 ~40s。

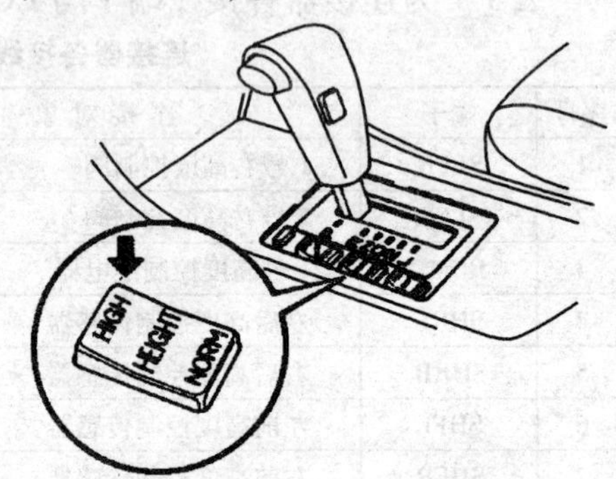

图 1-42 高度控制开关

1.6.1.2 溢流阀的检查

(1)点火开关置于 ON 位置,将高度控制连接器的 1、7 端子短接,如图 1-43 所示,使压缩机工作。

(2)压缩机工作一会后,检查溢流阀是否放气,如图 1-44 所示;如果不放气说明溢流阀堵塞、压缩机故障或有漏气的部位。

(3)检查结束后。将点火开关置于 OFF 位置,清除故障码。

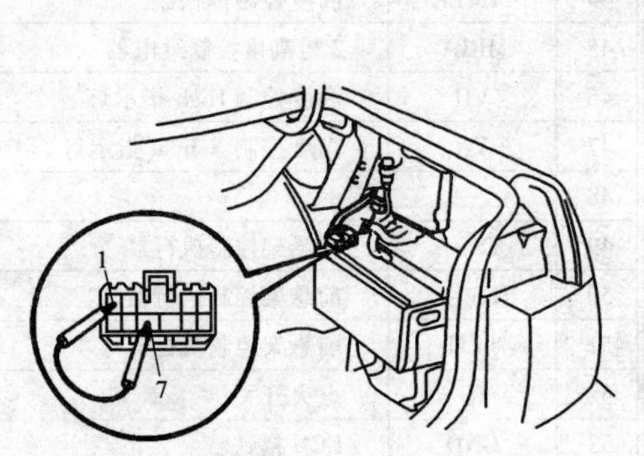

图 1-43 短接高度控制连接器的 1、7 端子

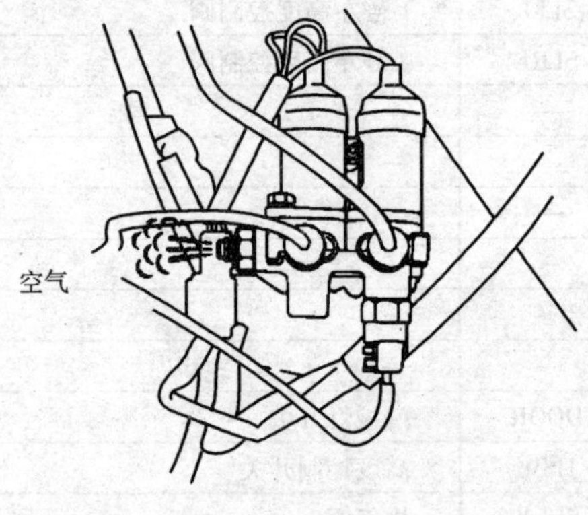

图 1-44 检查溢流阀

1.6.1.3 漏气检查

(1)将高度控制开关置于 HIGH 位置。

(2)使发动机熄火。

(3)在管子的接头处涂抹肥皂水,如图 1-45 所示。

1.6.2 故障诊断

1.6.2.1 指示灯检查

(1)点火开关置于 ON 位置。

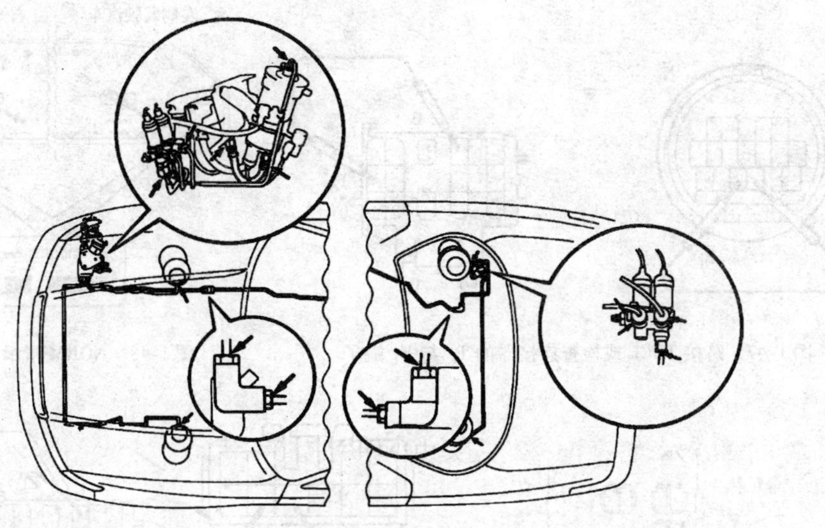

图 1-45　检查漏气

(2)LRC 指示灯(SPORT 指示灯)和 HEIGHT 指示灯(NORM 和 HI 指示灯)应点亮 2s,指示灯的位置如图 1-46 所示。

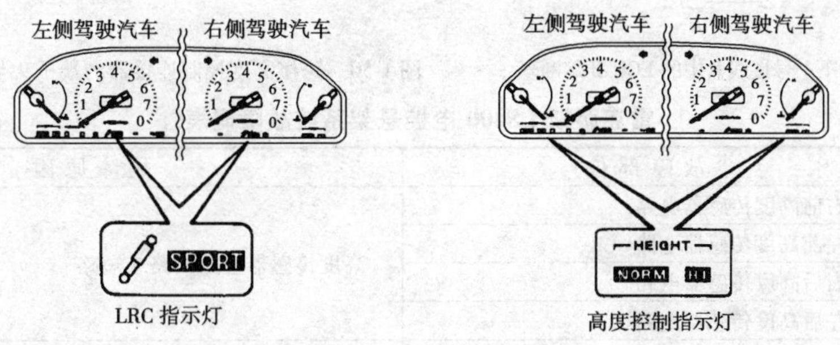

图 1-46　指示灯的位置

(3)如果 NORM 指示灯以每 1s 的间隔闪亮时,表明 ECU 中存有故障码,如果出现故障,应检查相应电路。

1.6.2.2　读取故障码

(1)点火开关置于 ON 位置。

(2)跨接 TDCL 或检查连接器的 T_C 与 E_1 端子,如图 1-47 所示。

(3)从 NORM 指示灯的闪烁读取故障码,NORM 指示灯的位置如图 1-48 所示。

如果高度控制 ON/OFF 开关置于 OFF 位置,会输出代码 71,这是正常的。

1.6.2.3　清除故障码

点火开关置于 OFF 位置,拆下 1 号接线盒中的 ECU-B 熔断丝 10s 以上,如图 1-49 所示;或点火开关置于 OFF 位置,跨接高度控制连接器的端子 9 与端子 8,保持 10s 以上,如图 1-50所示。

1.6.2.4　故障码表

故障码见表 1-2。

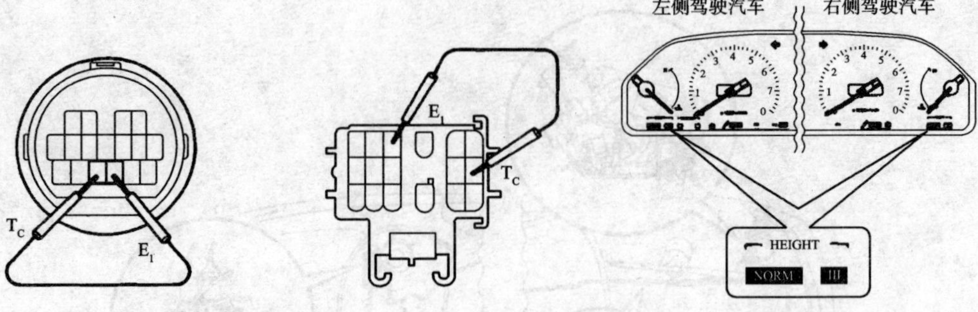

图 1-47　跨接 TDCL 或检查连接器的 T_C 与 E_1 端子　　　图 1-48　NORM 指示灯的位置

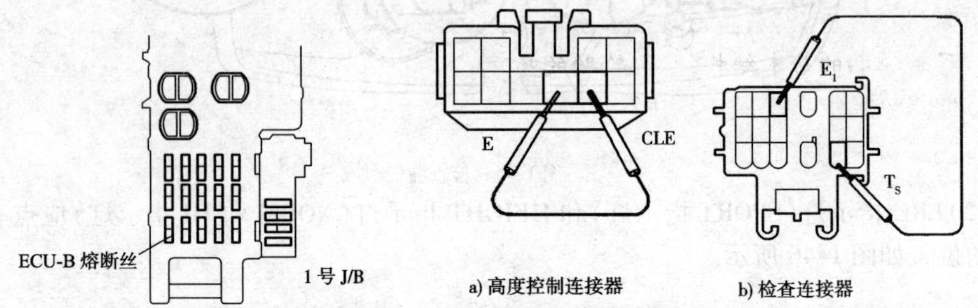

图 1-49　拆下 1 号接线盒中的 ECU-B 熔断丝　　　图 1-50　跨接高度控制连接器的端子 9 与端子 8

雷克萨斯 LS400 电控悬架系统故障码表　　　表 1-2

故障代码	故障部位	故障原因
11	右前高度传感器电路	高度传感器电路断路或短路
12	左前高度传感器电路	
13	右后高度传感器电路	
14	左后高度传感器电路	
21	前悬架控制执行器电路	悬架控制执行器电路断路或短路
22	后悬架控制执行器电路	
31	1 号高度控制阀电路	高度控制阀电路断路或短路
33	2 号高度控制阀电路(用于后悬架)	
34	2 号高度控制阀电路(用于左悬架)	
35	排气阀电路	排气阀电路断路或短路
41	1 号高度控制继电器电路	1 号高度控制继电器电路断路或短路
42	压缩机电动机电路	压缩机电动机短路;压缩机电动机被锁住
51	至 1 号高度控制继电器的持续电流	供至 1 号高度控制继电器的电流约通电 8.5min 以上
52	至排气阀的持续电流	供至排气阀的电流约通电 6min 以上
61	悬架控制信号	ECU 失灵
71	悬架控制执行器电源电路	悬架控制执行器电源电路断路; AIR SUS 熔断丝烧断
72	高度控制 ON/OFF 开关电路	高度控制 ON/OFF 开关在 OFF 位置; 高度控制 ON/OFF 开关电路断路

测试题:1. 实际操作并说明如何进行电控悬架的初步检查(功能检查)。

2. 实际操作并说明如何读取和清除电控悬架的故障码。

学习情境2　汽车前轮轮胎异常磨损检修

学习目标

1. 掌握车轮的基本组成和功用；
2. 掌握轮辋规格的表示方法；
3. 能够正确拆装车轮；
4. 能够正确检查、调整轮毂轴承预紧度；
5. 了解轮胎的基本结构、掌握轮胎的功用；
6. 掌握轮胎规格的表示方法；
7. 掌握轮胎的拆装、检查和故障诊断；
8. 了解车轮与轮胎的维护项目内容；
9. 掌握轮胎换位的方法；
10. 掌握车轮不平衡的危害、原因；
11 掌握离车式车轮动平衡机的使用方法；
12. 了解就车式车轮动平衡机的使用方法。

学习重点和难点

1. 车轮的组成、功用，轮辋规格的表示方法；
2. 正确地拆装车轮，检查、调整轮毂轴承预紧度；
3. 轮胎各部分名称，轮胎功用，轮胎规格的表示方法；
4. 正确选用轮胎，正确拆装、检查轮胎，诊断、排除轮胎常见故障；
5. 轮胎维护注意事项；
6. 轮胎的换位；
7. 车轮不平衡的危害、原因；
8. 离车式车轮动平衡机的使用方法。

2.1　车　　轮

汽车车轮总成如图2-1所示，由车轮和轮胎两大部分组成，是汽车行驶系的重要部件，其主要功用有以下几个方面。

(1)支承整车质量。

(2)缓和由路面传递来的冲击载荷。

(3)通过轮胎和路面之间的附着作用为汽车提供驱动力和制动力。

(4)产生平衡汽车转向离心力的侧向力，以便顺利转向，并通过轮胎产生的自动回正力矩，使车轮具有保持直线行驶的能力。

此外，车轮和轮胎（特别是轿车轮胎）还是汽车重要的安全件。几乎所有的汽车行驶性能都与轮胎有关。

2.1.1 车轮的功用、组成

车轮是介于轮胎和车桥之间承受负荷的旋转组件，其功用是安装轮胎，承受轮胎与车桥之间的各种载荷的作用。

车轮一般是由轮毂、轮辋和轮辐组成，如图2-2所示。轮毂通过圆锥滚子轴承装在车桥或转向节轴径上，用于连接车轮与车桥。轮辋用于安装和固定轮胎。轮辐用于将轮毂和轮辋连接起来，并通过螺栓与轮毂连接起来。

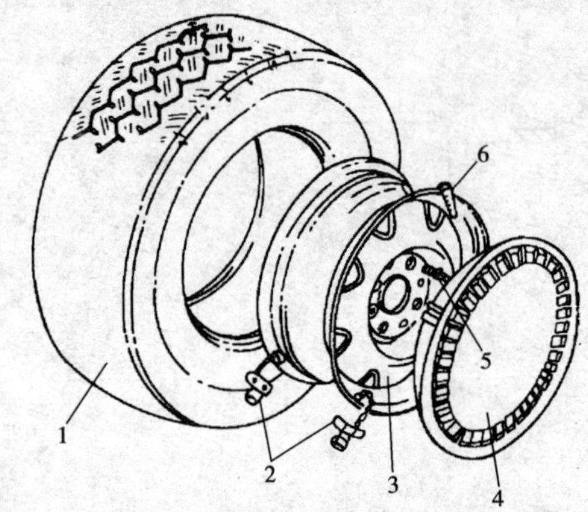

图2-1 车轮总成

1-轮胎；2-平衡块；3-车轮；4-装饰罩；5-螺栓；6-气门嘴

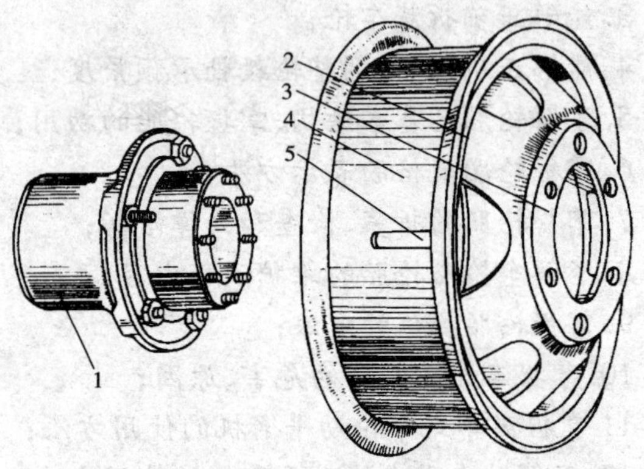

图2-2 车轮的组成

1-轮毂；2-挡圈；3-轮辐（辐板式）；4-轮辋；5-气门嘴出口

2.1.2 车轮的构造

2.1.2.1 轮辐

按轮辐结构的不同，车轮可以分为两种形式：辐板式车轮和辐条式车轮。

1）辐板式车轮

目前，普通轿车和轻、中型货车普遍采用辐板式车轮，这种车轮如图2-2所示，由挡圈、轮辋、辐板和气门嘴伸出口组成。车轮中用以连接轮毂和轮辋的钢质圆盘称为辐板，大多是冲压制成的，少数是和轮毂铸成一体，后者主要用于重型汽车。

货车辐板式车轮如图2-3所示。辐板与轮辋通过焊接或铆接的方式固定成为一个整体，辐板通过螺栓安装在轮毂上，辐板上的孔可以减轻质量，有利于制动鼓的散热，方便于接近气门嘴，同时可作为安装时的把手处。6个孔加工成锥形，以便在用螺栓把辐板固定在轮毂上时对正中心。

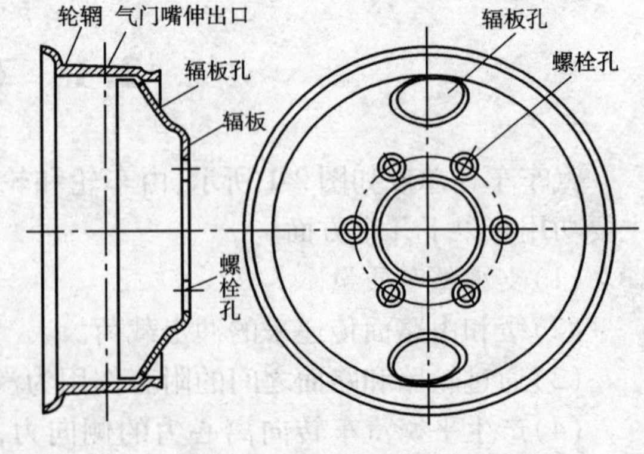

图2-3 货车辐板式车轮

货车后桥负荷比前桥大得多，为使后轮轮胎不致过载，后桥一般装用双式车轮，在同一轮毂上安装了两套辐板和轮辋，如图 2-4 所示。为了防止汽车在行驶中固定辐板的螺母自行松脱，汽车两侧车轮上的辐板固定螺栓一般采用旋向不同的螺纹，左侧用左旋螺纹，右侧用右旋螺纹。目前在一些载货汽车上（如黄河 JN1150D 型汽车），采用了球面弹簧垫圈，可以防止螺母的自行松脱，故汽车左右车轮上固定辐板的螺栓均采用右旋螺纹，从而减少了零件。

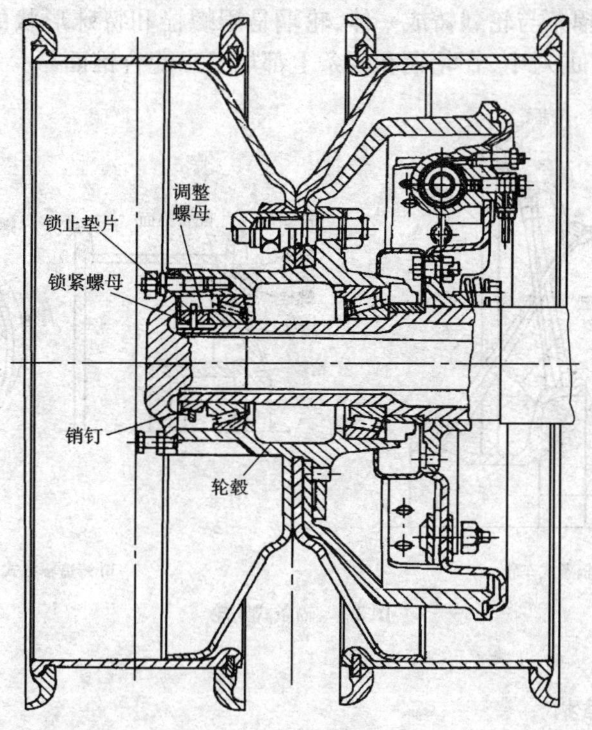

图 2-4　货车双式车轮

轿车的辐板所用板料较薄，常冲压成起伏多变的形状，以提高其刚度，轿车辐板式车轮如图 2-5 所示。目前广泛采用的轿车车轮为铝合金车轮，如图 2-6 所示。且多为整体式的，即轮辋和轮辐铸成一体。它质量轻，尺寸精度高，生产工艺好，美观大方，可以明显改善车轮的空气动力学特性，降低汽车油耗。

操作：可实际观看在车上的车轮及已卸下的车轮。

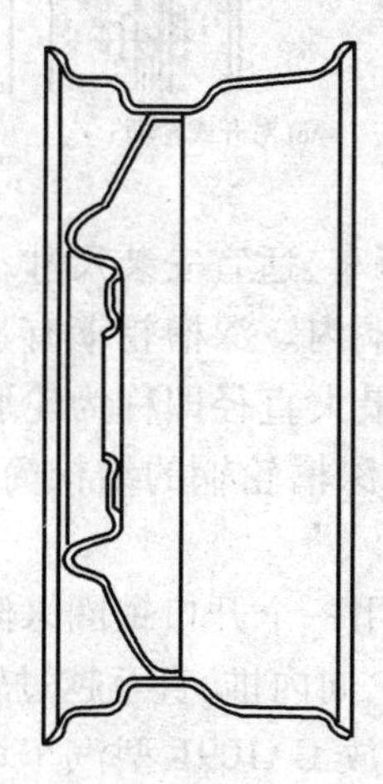

图 2-5　轿车辐板式车轮

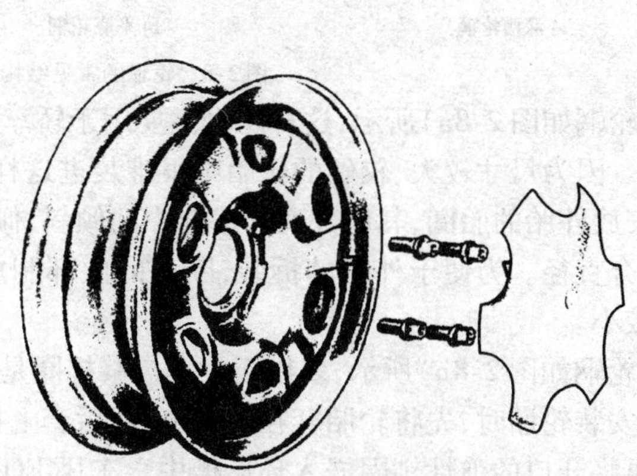

图 2-6　轿车铝合金车轮

2)辐条式车轮

按辐条结构的不同,辐条式车轮又分为钢丝辐条式车轮和铸造辐条式车轮,如图 2-7 所示。钢丝辐条式车轮的结构与自行车车轮完全一样,由于其价格昂贵、维修安装不便,故仅用于赛车和某些高级轿车上。另外,辐条式车轮还不能与无内胎轮胎组合使用。铸造辐条式车轮常用于重型货车上,辐条与轮毂铸成一体,轮辋是用螺栓和特殊形状的衬块固定在辐条上,为了使轮辋和辐条很好的对中,在轮辋和辐条上都加工出配合锥面。

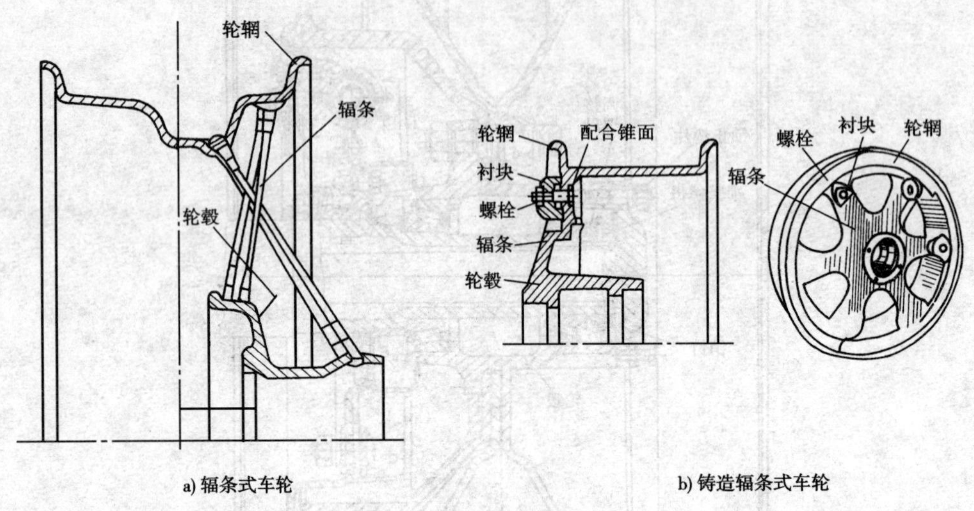

图 2-7　辐条式车轮

2.1.2.2　轮辋

1)轮辋的类型和结构

轮辋用于安装和固定轮胎。按其结构不同,轮辋的常见结构形式有深槽轮辋、平底轮辋和对开式轮辋,如图 2-8 所示。此外,还有半深槽轮辋、深槽宽轮辋、平底宽轮辋、全斜底轮辋等。

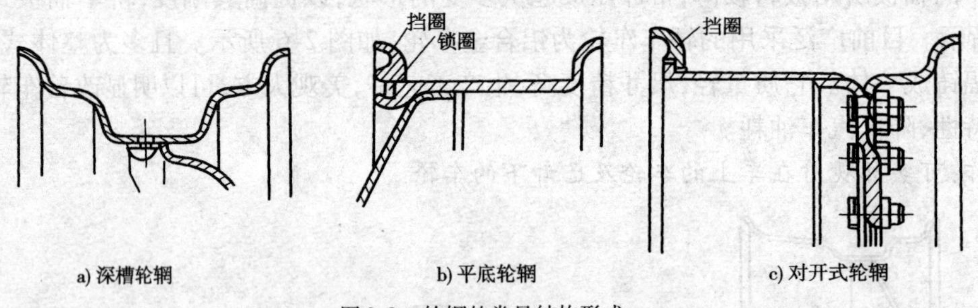

图 2-8　轮辋的常见结构形式

深槽轮辋如图 2-8a)所示,这种轮辋主要用于轿车及轻型越野车,适宜安装尺寸小弹性较大的轮胎。因为尺寸较大、较硬的轮胎则很难装进这样的整体轮辋内。深槽轮辋有带肩的凸缘,用以安放外胎的胎圈,其肩部通常略向中间倾斜,倾斜部分的最大直径即称为轮胎胎圈与轮辋的着合直径。为便于外胎的拆装,断面的中部制成深凹槽。深槽轮辋的结构简单,刚度大,质量较小。

平底轮辋如图 2-8b)所示,多用于货车。其挡圈是整体的,且用一个开口锁圈来防止挡圈脱出。在安装轮胎时,先将轮胎套在轮辋上,而后套上挡圈,并将它向内推,直至越过轮辋上的环形槽,再将开口的弹性锁圈嵌入环形槽中。东风 EQ1090E 和解放 CA1091 型汽车均采用这种形式的轮辋。

对开式轮辋如图 2-8c)所示,这种轮辋由内外两部分组成,其内外轮辋的宽度可以相等,也可以不相等,二者用螺栓连成一体。拆装轮胎时拆卸螺栓上的螺母即可。图 2-8 中所示挡圈是可拆的。有的无挡圈,而由与内轮辋制成一体的轮缘代替挡圈的作用,内轮辋与辐板焊接在一起。这种轮辋主要用于载质量较大的重型货车和大型客车。

近几年来,为了适应提高轮胎负荷能力的需要,国内外均朝宽轮辋的方向发展,如美国的货车已全部采用宽轮辋,欧洲各国也在积极普及宽轮辋,我国也在进行由窄轮辋向宽轮辋的过渡。实验表明,采用宽轮辋可以提高轮胎的使用寿命,并可改善汽车的通过性和行驶稳定性。

2)国产轮辋规格的表示方法

国产轮辋规格用一组数字、字母和符号组合表示,分为几部分,各部分的含义及具体内容如下。

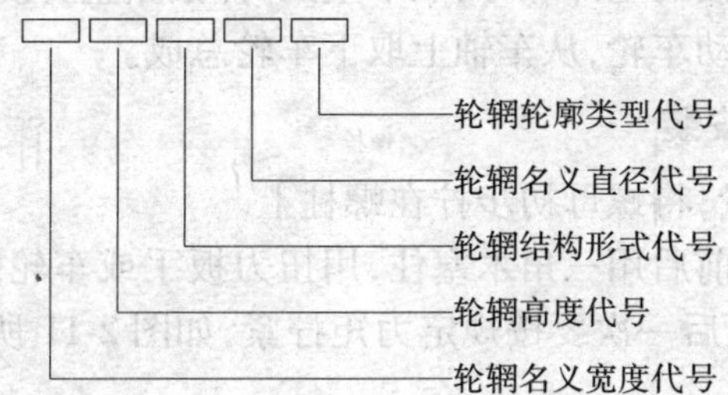

(1)轮辋宽度代号:以数字表示,一般取小数点后两位,单位为 in(当以 mm 表示时,要求轮胎与轮辋的单位一致)。

(2)轮辋高度代号:用一个或几个拉丁字母表示,如 C、D、E、F、J、K、L、V 等。轮辋的常用高度代号及相应高度值见表 2-1。

轮辋的高度代号及高度值(单位:mm)　　表 2-1

C	D	E	F	G	H	J	K
15.88	17.45	19.81	22.23	27.94	33.73	17.27	19.26
L	P	R	S	T	V	W	
21.59	25.40	25.58	33.33	38.10	45.45	50.80	

(3)轮辋结构形式代号:用符号"×"表示一件式轮辋,用"—"表示多件式轮辋。一件式轮辋是指轮辋为整体式的,而多件式轮辋由轮辋体、挡圈、锁圈等多个部件组成。

(4)轮辋直径代号:以数字表示,单位为 in(当以 mm 表示时,要求轮胎与轮辋的单位一致)。

(5)轮辋轮廓类型代号:用几个字母表示,每个代号所表示的轮辋轮廓类型如图 2-9 所示。

对于不同形式的轮辋,以上代号不一定同时出现。例如,解放 CA1092 型汽车轮辋的规格为 6.5—20,表明该轮辋宽度为 6.5in,轮辋直径为 20in,属于多件式轮辋;上海桑塔纳轿车轮辋的规格为 5.5J×13,表明其轮辋宽度为 5.5in,轮辋高度为 17.27mm,轮辋直径为 13in,属于一件式轮辋;上海桑塔纳 2000Gsi 轿车轮辋的规格为 6J×14,表明其轮辋宽度为 6in,轮辋高度为 17.27mm,轮辋直径为 14in,属于一件式轮辋。

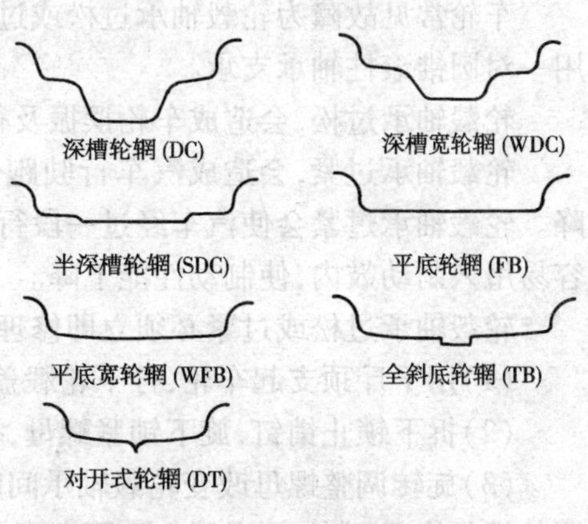

图 2-9　轮辋轮廓类型及代号

2.1.3 车轮的拆装

2.1.3.1 车轮总成的拆卸

(1)停稳车辆,用三角木塞住各车轮。

(2)取下车轮上的装饰罩,弄清汽车左右侧车轮与轮毂连接螺栓的螺旋方向,使用车轮螺母拆装机或用套筒扳手初步拧松各连接螺母,如图 2-10 所示。

(3)用千斤顶顶在指定的位置,使被拆车轮稍离地面。也可将车辆停在举升架上,升起车辆,使车轮稍离开地面。

(4)拧下车轮与轮毂连接的全部螺母,取下垫圈,并摆放整齐。

(5)边向外拉边左右晃动车轮,从车轴上取下车轮总成。

2.1.3.2 车轮总成的安装

(1)顶起车桥,套上车轮,将螺母初步拧在螺柱上。

(2)放下车轮并在车轮前后用三角木塞住,用扭力扳手或车轮螺母拆装机,按对角线顺序分 2 ~3 次拧紧车轮螺母,最后一次要按规定力矩拧紧,如图 2-11 所示。

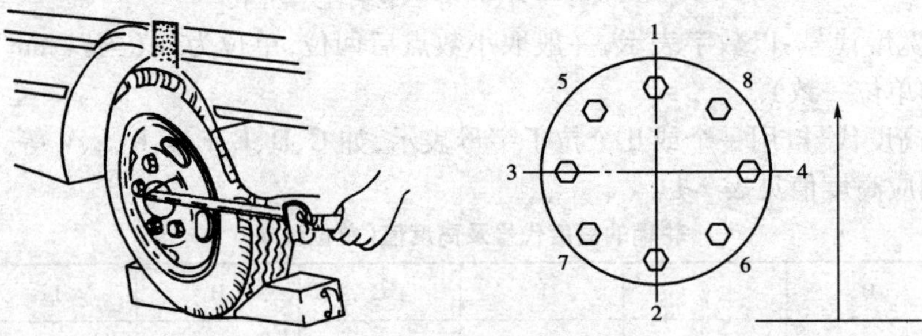

图 2-10 拆卸车轮

图 2-11 车轮螺母紧固顺序

1、2、3、4、5、6、7、8-车轮螺母紧固顺序号

(3)安装后轮双胎时,要先拧紧内侧车轮的内螺母,再装外侧轮胎。在安装过程中,应用千斤顶分两次顶起车桥,分别安装内、外两个车轮。双轮胎高低搭配要合适,一般较低的胎装于里侧,较高的胎装于外侧。应注意内侧轮胎和外侧轮胎的气门嘴应互成 180°位置。

2.1.4 车轮常见故障诊断

车轮常见故障为轮毂轴承过松或过紧。轮毂轴承用于支承车轮轮毂,如图 2-4 所示,轮毂用一对圆锥滚柱轴承支承。

轮毂轴承过松,会造成车轮摆振及行驶不稳,严重时还能使车轮甩出。

轮毂轴承过紧,会造成汽车行驶跑偏。全部轮毂轴承过紧时,会使汽车滑行距离明显下降。轮毂轴承过紧会使汽车经过一段行驶后,轮毂处温度明显上升,有时甚至使润滑脂溶化而容易甩入制动鼓内,使制动性能下降。

轮毂轴承过松或过紧必须立即修理,即调整轮毂轴承的预紧度,方法如下:

(1)用千斤顶支起车轮,拧下轮毂盖螺钉,拆下轮毂衬垫。

(2)拆下锁止销钉,旋下锁紧螺母,拆下锁止垫片。

(3)旋转调整螺母改变轮毂轴承间隙。旋进轴承间隙变小,旋出轴承间隙变大;一般是将调整螺母旋紧到底,再退回 1/3 圈即可。

(4)调整合适的轮毂轴承预紧度应使车轮能够自由转动,且轴向推动无明显间隙。

上海桑塔纳2000GSi后轮毂轴承预紧度的调整方法如下:

(1)用千斤顶支起车轮,拆下后轮毂盖,如图2-12所示。

(2)取下开口销及开槽垫圈。

(3)旋转螺母,同时转动轮毂,用一字旋具在手指的压力下刚好能够拨动止推垫圈即可,如图2-13所示。

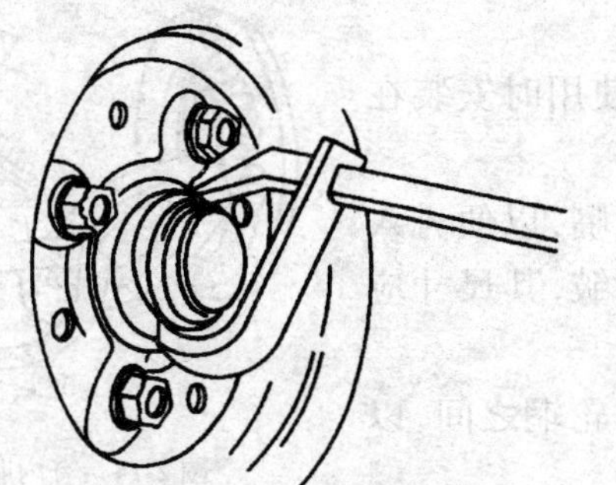

图2-12 拆下后轮毂盖

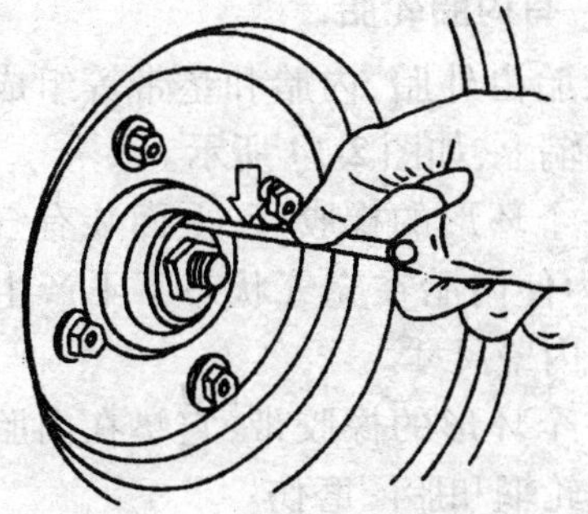

图2-13 调整后轮毂轴承预紧度

(4)装回开槽垫圈,换上新的开口销,装上轮毂盖。

(5)放下车轮。

测试题:1. 对照实物或图片说出车轮各部分组成的名称及功用。

2. 说明轮辋6J×14规格中各字母、数字和符号的含义是什么?

3. 如何正确拆装车轮?

4. 如何检查、调整轮毂轴承的预紧度?

2.2 轮　　胎

2.2.1 轮胎的功用和类型

2.2.1.1 功用

现代汽车都采用充气式轮胎,轮胎安装在轮辋上,直接与路面接触,它的功用是:

(1)支承汽车的质量,承受路面传来的各种载荷的作用。

(2)和汽车悬架共同来缓和汽车行驶中所受到的冲击,并衰减由此而产生的振动,以保证汽车有良好的乘坐舒适性和行驶平顺性。

(3)保证车轮和路面有良好的附着性,以提高汽车的动力性、制动性和通过性。

总结:概括起来,轮胎的功用可以简记为支承、缓冲、减振和提高附着性。

2.2.1.2 类型

(1)按轮胎内空气压力的大小,轮胎分为高压胎(0.5~0.7MPa)、低压胎(0.2~0.5MPa)和超低压胎(0.2MPa以下)3种。低压胎弹性好、减振性能强、壁薄散热性好、与地面接触面积大附着性好,因而广泛用于轿车。超低压胎在松软路面上具有良好的通过能力,多用于越野汽车及部分高级轿车。

(2)按轮胎有无内胎,轮胎分为有内胎轮胎和无内胎轮胎(俗称真空胎)两种。目前轿车上普遍采用无内胎轮胎。

(3)按胎体帘布层结构的不同,轮胎分为斜交线轮胎和子午线轮胎。目前,子午线轮胎在汽车上广泛应用。

总结:目前轿车上应用的轮胎主要是低压(超低压)、无内胎的子午线轮胎。

2.2.2 轮胎的结构

2.2.2.1 有内胎轮胎

有内胎轮胎由外胎、内胎和垫带等组成,使用时安装在汽车车轮的轮辋上,如图2-14所示。

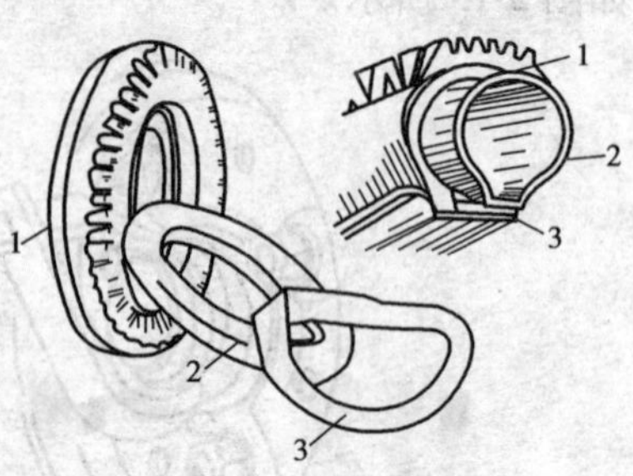

图2-14 有内胎轮胎

1-外胎;2-内胎;3-垫带

内胎是一个环形的橡胶管,上面装有气门嘴,以便充入或排出空气,为使内胎在充气状态下不产生褶皱,其尺寸应稍小于外胎的内壁尺寸。

垫带是一个环形的橡胶带,它垫在内胎与轮辋之间,以保护内胎不被轮辋和胎圈磨伤。

2.2.2.2 无内胎轮胎

无内胎轮胎俗称真空胎,在外观上与普通轮胎相似,但是没有内胎及垫带。它的气门嘴用橡胶垫圈和螺母直接固定在轮辋上,空气直接充入外胎中,其密封性由外胎和轮辋来保证,如图2-15所示。

无内胎轮胎的内壁有一层橡胶密封层,有的在该层下面还有一层自黏层,能自行将刺穿的孔黏合。在胎圈外侧也有一层橡胶密封层,用以加强胎圈与轮辋之间的气密性。无内胎轮胎一旦被刺破,穿孔不会扩大,故漏气缓慢,胎压不会急剧下降,仍能继续行驶一定距离,可消除爆胎的危险。因无内胎,摩擦生热少、散热快,适用于高速行驶;此外,结构简单,质量较轻,维修也方便。但密封层和自黏层易漏气,途中修理也较困难。无内胎轮胎必须配用深槽轮辋,故目前在轿车上应用较多。

2.2.2.3 外胎的结构

外胎由胎面、帘布层、缓冲层和胎圈四部分组成,如图2-16所示。

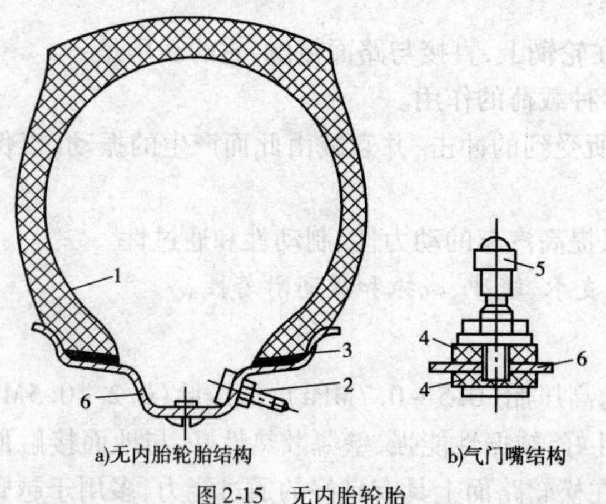

图2-15 无内胎轮胎

1-橡胶密封层;2-气门嘴;3-胎圈橡胶密封层;4-橡胶垫圈;5-气门螺母;6-轮辋

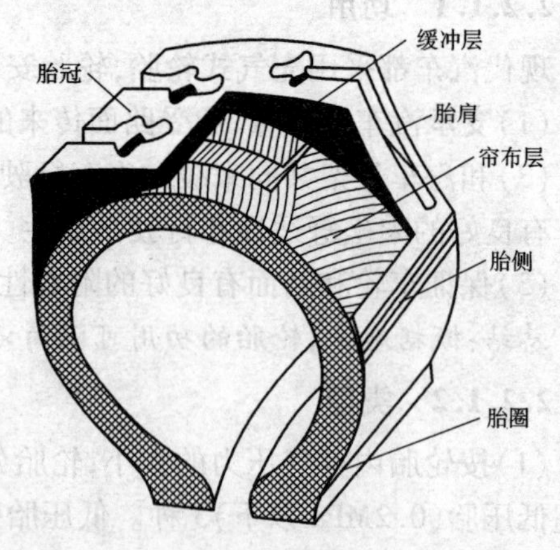

图2-16 外胎的结构

1）胎面

胎面是轮胎的外表面，可分为胎冠、胎肩和胎侧三部分。

胎冠与路面直接接触，并产生附着力，使车辆行驶或制动。为使轮胎与地面有良好的附着性能，防止纵、横向滑移，在胎面上制有各种形状的花纹。如图2-17所示，胎面花纹主要有普通花纹、组合花纹、越野花纹等。普通花纹中的纵向折线花纹（图2-17a））最适合于在较好的硬路面上高速行驶，广泛用于轿车、客车及货车等各种车辆；普通花纹中的横向花纹（图2-17b））仅用于货车。组合花纹（图2-17c））由纵向折线花纹和横向花纹组合而成，在好路面和不良路面上都可提供稳定的驾驶性能，广泛用于客车和货车。越野花纹（图2-17d））的凹部深而粗，在软路面上与地面附着性好，越野能力强，适用于矿山、建筑工地及其他一些在松软路面上使用的越野汽车轮胎。

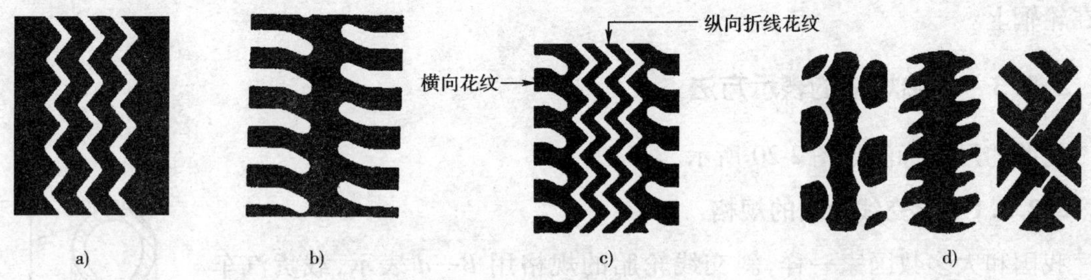

图2-17　胎面花纹

胎肩是较厚的胎冠和较薄的胎侧间的过渡部分，一般也制有各种花纹，以提高该部位的散热性能。

胎侧又称胎壁，它由数层橡胶构成，覆盖轮胎两侧，保护内胎免受外部损坏。胎侧在行驶过程中，不断地在载荷作用下挠曲变形。胎侧上标有厂家名称、轮胎尺寸及其他资料。

2）帘布层

帘布层是外胎的骨架，主要用于承受载荷，保持外胎的形状和尺寸，并使其具有足够的强度。帘布层通常由成双数的多层帘布用橡胶贴合而成，相邻层的帘线交叉排列。帘布层数越多，轮胎的强度越大，但弹性下降。帘线可以是棉线、人造丝、尼龙和钢丝。

按照帘布层帘线排列方式的不同，外胎可以分为斜交线轮胎和子午线轮胎，如图2-18所示。

斜交线轮胎帘布层的帘线按一定角度交叉排列，帘线与轮胎横断面的交角通常为50°。子午线轮胎帘布层帘线排列的方向与轮胎横断面一致，即垂直于轮胎胎面中心线，类似于地球仪上的子午线。子午线轮胎与斜交线轮胎胎侧比较如图2-19所示。子午线轮胎胎侧比斜交

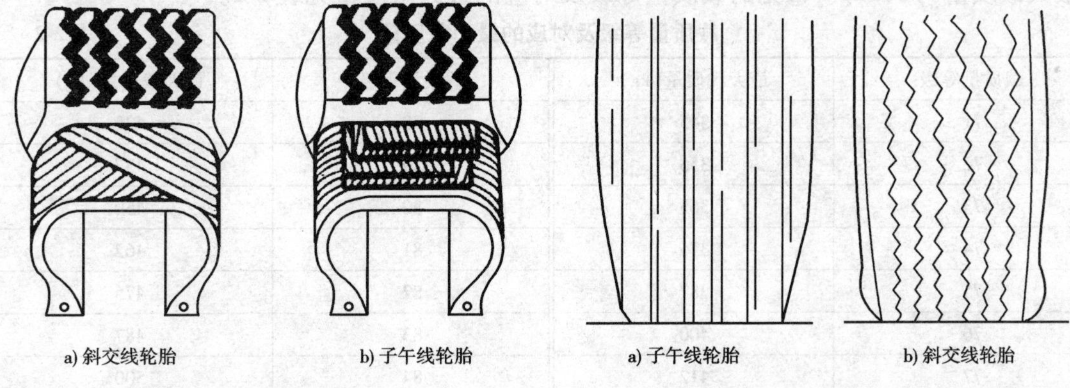

图2-18　轮胎的结构形式

图2-19　子午线轮胎与斜交线轮胎胎侧比较

线轮胎软，在径向上容易变形，可以增加轮胎的接地面积，即使在充足气后，两侧壁上也有一个特殊的凸起部，如图2-19b)所示。

子午线轮胎与斜交线轮胎相比较具有行驶里程长、滚动阻力小、节约燃料、承载能力大、减振性能好、附着性能好、不易爆胎等优势，目前在汽车上应用广泛。

3)缓冲层

缓冲层夹在胎面和帘布层之间，由两层或数层较稀疏的帘布和橡胶制成，弹性较大。其作用是加强胎面与帘布层之间的结合，防止汽车紧急制动时胎面与帘布层脱离，并缓和汽车行驶时所受到的路面冲击。

4)胎圈

胎圈由钢丝圈、帘布层包边和胎圈包布组成，有很大的刚度和强度，可以使外胎牢固地安装在轮辋上。

2.2.3 轮胎规格的表示方法

轮胎的尺寸标注如图2-20所示。

2.2.3.1 斜交线轮胎的规格

我国和大多数国家一样，斜交线轮胎的规格用 $B—d$ 表示，载货汽车斜交线轮胎和轿车斜交线轮胎的尺寸 B 和 d 均使用英寸(in)为单位，例如，9.00—20表示轮胎宽度为9.00in、轮胎内径为20in的斜交线轮胎。

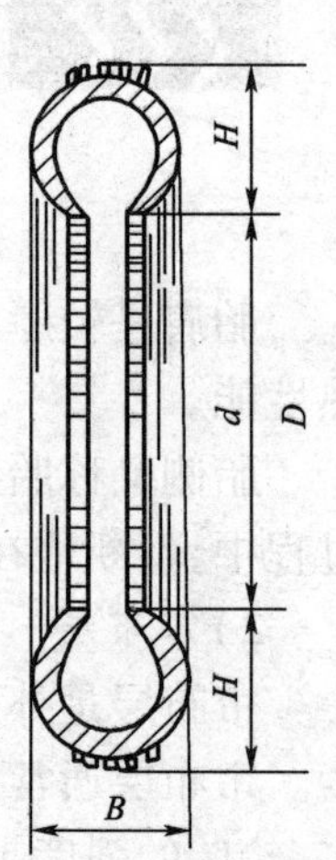

图2-20 轮胎的尺寸标注
D-轮胎外径；d-轮胎内径或轮辋直径；B-轮胎宽度；H-轮胎高度

2.2.3.2 子午线轮胎的规格

以上海桑塔纳2000GSi轿车轮胎的规格195/60 R 1485H为例进行说明。

(1)195表示轮胎宽度为195mm，货车子午线轮胎的宽度一般用英寸(in)为单位。

(2)60表示扁平比为60%，扁平比为轮胎高度 H 与宽度 B 之比，有60、65、70、75、80 5个级别。

(3)R表示子午线轮胎，即“Radial”的第一个字母。

(4)14表示轮胎内径14in。

(5)85表示载质量等级，即最大载荷质量。载质量等级为85的轮胎的最大载质量为515kg。常见的载质量等级及对应的最大载质量见表2-2。

载质量等级及对应的最大载质量　　表2-2

载质量等级	最大载质量(kg)	载质量等级	最大载质量(kg)
71	345	78	425
72	355	79	437
73	365	80	450
74	375	81	462
75	387	82	475
76	400	83	487
77	412	84	500

续上表

载质量等级	最大载质量(kg)	载质量等级	最大载质量(kg)
85	515	106	950
86	530	107	975
87	545	108	1000
88	560	109	1030
89	580	110	1060
90	600	111	1095
91	615	112	1129
92	630	113	1164
93	650	114	1200
94	670	115	1237
95	690	116	1275
96	710	117	1315
97	730	118	1355
98	750	119	1397
99	775	120	1440
100	800	121	1485
101	825	122	1531
102	250	126	1578
103	875	124	1627
104	900	125	1677
105	925		

(6)H 表示速度等级,表明轮胎能行驶的最高车速。常见的速度等级及对应的最高车速见表 2-3。

速度等级及对应的最高车速 表 2-3

速 度 等 级	最高车速(km/h)	速 度 等 级	最高车速(km/h)
L	120	T	190
M	130	U	200
N	140	H	210
P	150	V	240
Q	160	Z	240 以上
R	170	W	270 以下
S	180	Y	300 以下

另外,在轮胎规格前加“P”表示轿车轮胎,在胎侧标有“REINFORCED”表示经强化处理,“RADIAL”表示子午线轮胎,“TUBELESS”(“TL”)表示无内胎(真空胎),“M + S”(“Mud and Snow”)表示适于泥地和雪地,“→”表示轮胎旋向、不可装反。

2.2.4 轮胎的拆装、检查及故障诊断

2.2.4.1 轮胎的拆装

(1)拆装轮胎要在清洁、干燥、无油污的地面上进行。

(2)拆装轮胎要用专用工具,不允许用大锤敲击或其他尖锐的用具拆卸轮胎。

(3)外胎、内胎、垫带、轮辋必须符合规格要求,才能组装。要特别注意子午线轮胎胎圈部分的完好。

(4)内胎装入外胎前,须紧固气门嘴,以防漏气,并在外胎内部和垫带上涂上滑石粉。

(5)气门嘴的位置应装在轮辋气门嘴孔中。胎侧有平衡标记(彩色胶片)的,标记应在与气门嘴相对的位置上,以便于平衡。轮辋上有平衡块的,应用动平衡机进行平衡调整。

(6)安装有向花纹的轮胎,应注意滚动方向的标记。拆装子午线轮胎应做记号,使安装后的子午线轮胎滚动方向保持不变。

提示:目前轿车几乎都是采用无内胎的子午线轮胎,最常见的拆装轮胎的专用设备是轮胎拆装机。

2.2.4.2 轮胎的检查

轮胎的检查主要是检查轮胎的磨损程度和轮胎气压,轮胎的磨损程度的检查包括胎面花纹深度的检查和轮胎异常磨损的检查。

轮胎磨损过度,花纹过浅,是行车安全因素中重要的不安全因素。过度磨损的轮胎,除容易爆破外,还会使汽车操纵稳定性变坏。汽车在雨中高速行驶时,由于不能把水全部从胎下排出,轮胎将会出现滑水现象,致使汽车失控。花纹越浅,水滑的倾向越严重。而轮胎(包括备胎)气压的检查对于行车也是非常重要的。轮胎气压不足,会导致轮胎过热,并因轮胎的接地面积不均匀,而产生不均匀磨损或胎肩和胎侧快速磨损,缩短轮胎的使用寿命。同时会增加滚动阻力、加大耗油,而且影响车辆的操控,严重时甚至引发交通事故;轮胎气压过高则使车身重量集中在胎面中心上,导致胎面中心快速磨损,不但缩短轮胎的使用寿命,而且降低车辆的舒适性。所以日常维护和各级维护时,对于轮胎的检查是非常必要的。

1)胎面花纹深度的检查

GB 7258—2004《机动车运行安全技术条件》规定,轿车轮胎胎冠上花纹磨损至花纹深度小于1.6mm(磨损标志),载货汽车转向轮胎冠上的花纹深度小于3.2mm,其余轮胎胎冠花纹深度小于1.6mm时,应停止使用。

轮胎花纹深度可用深度尺进行测量。

胎面磨耗标志位于胎面花纹沟底部,当胎面磨损到此处时,花纹沟断开,表明轮胎必须停止使用并送去翻新。为便于用户找到磨耗标志所在的位置,通常在磨耗标志对应的胎肩处标出"TWI"或者"△"等符号。这种磨耗标志按国家标准每条轮胎应沿周向等距离地设置不少于4个。

2)轮胎异常磨损的检查

检查轮胎的异常磨损,可以发现故障的早期征兆和原因,以便及时排除影响轮胎寿命的不良因素,防止早期磨损和损坏。具体内容见下面的轮胎常见故障诊断。

3)轮胎气压的检查

轮胎气压可用气压表进行检查。

注意：不同的车辆，轮胎的气压值也许不同，检查时应参看相应车辆的维修手册。一般桑塔纳2000轿车前轮的胎压为0.18MPa，后轮的胎压为0.22MPa。

2.2.4.3　轮胎常见故障诊断

轮胎的常见故障是轮胎的异常磨损。

1）胎肩或胎面中间磨损

（1）现象。如图2-21所示，轮胎的胎肩和胎面出现了磨损。

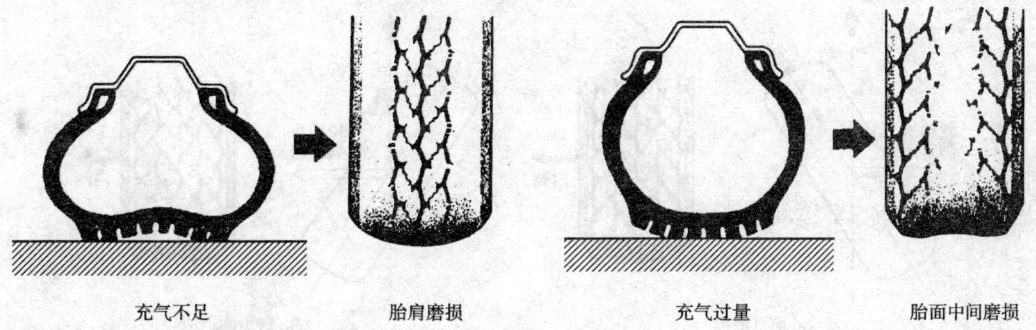

图2-21　胎肩或胎面中间磨损

（2）故障原因。集中在胎肩上或胎面中间的磨损，主要是由于未能正确保持充气压力所致。如果轮胎充气压力过低，轮胎的中间便会凹入，将载荷转移到胎肩上，使胎肩磨损快于胎面中间。另一方面，如果充气压力过高，轮胎中间便会凸出，承受了较大的载荷，使轮胎中间磨损快于胎肩。

（3）故障排除步骤：

①检查是否超载。

②检查充气压力。如果充气过量或充气不足，应调整充气压力。

③调换轮胎位置。

2）内侧或外侧磨损

（1）现象。图2-22为轮胎的内侧或外侧磨损示意图。

（2）原因。

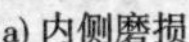

a）内侧磨损

b）外侧磨损

图2-22　内侧或外侧磨损

①在过高的车速下转弯会造成转弯磨损。转弯时轮胎滑动，便产生了斜形磨损。

这是较常见的轮胎磨损原因之一。驾驶员所能采取的唯一补救措施，就是在转弯时减低车速。

②悬架部件变形或间隙过大，会影响前轮定位，造成不正常的轮胎磨损。

③如果轮胎面某一侧的磨损快于另一侧的磨损，其主要原因可能是外倾角不正确。由于轮胎与路面接触面积大小因载荷而异，对具有正外倾角的轮胎而言，其外侧直径要小于其内侧直径。因此胎面必须在路面上滑动，以便其转动距离与胎面的内侧相等。这种滑动便造成了外侧胎面的过量磨损。反之，具有负外倾角的轮胎，其内侧胎面磨损较快。

（3）故障排除步骤。

①询问驾驶员是否高速转弯,如果是则要避免。

②检查悬架部件。如松动,则将其紧固;如变形和磨损,应修理或更换。

③检查轮向轮外倾角和前束值是否定位准确。如不正常,应校正。

④调换轮胎位置。

3)轮向轮前束和后束磨损(羽状磨损)

(1)现象。如图2-23所示,车轮出现了前束和后束磨损。

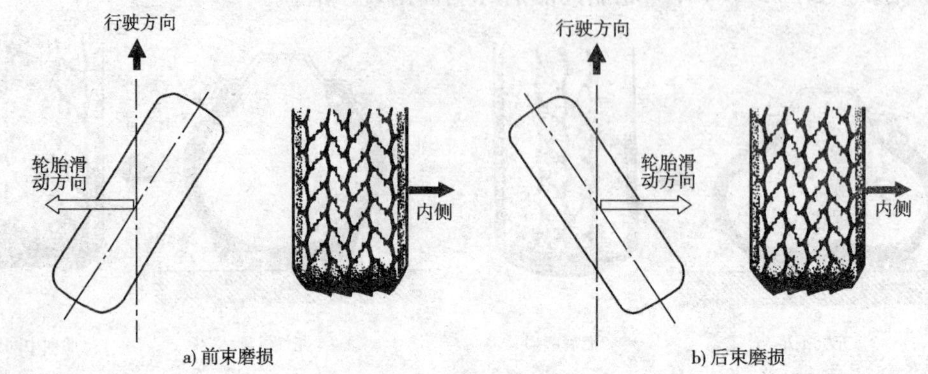

图2-23　前束和后束磨损

(2)故障原因。胎面的羽状磨损,主要是由于转向轮前束调节不当所致,过大的前束,会迫使轮胎向外滑动,并使胎面的接触面在路面上朝内拖动,造成前束磨损。如图2-23a)所示,胎面呈明显的羽毛形。用手指从轮胎的内侧至外侧划过胎面,便可加以辨别。另一方面,过大的后束值,会将轮胎向内拉动,并使胎面的接触面在路面上朝外拖动,造成如图2-23d)所示的后束磨损。

(3)故障排除步骤:

①检查前束和后束值。如果前束过量或后束过量,应该加以调整。

②调换轮胎位置。

4)前端和后端磨损

(1)现象。图2-24为前端和后端磨损示意图。

(2)故障原因。

①前端和后端磨损是一种局部磨损,常常出现在具有横向花纹和区间花纹的轮胎上,胎面上的区间发生斜向磨损(与鞋跟的磨损方式相同),最终变成锯齿状。

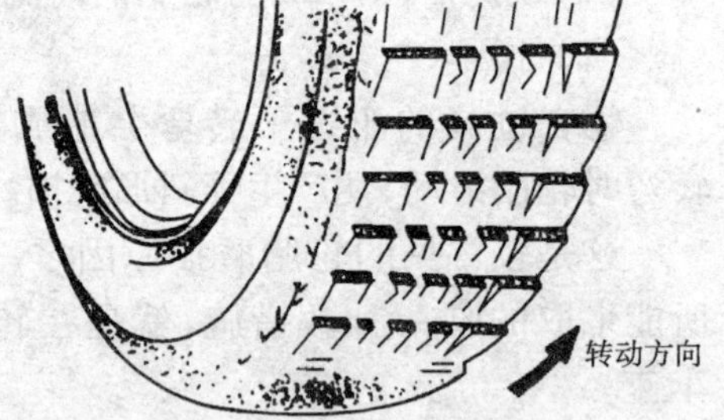

图2-24　前端和后端磨损

②具有纵向折线花纹的胎面,磨损时会产生波状花纹。

③非驱动轮的轮胎只受制动力的影响,而不受驱动力的影响,因此往往会有前后端形式的磨损,如反复使用和放开制动器,便会使轮胎每次发生短距离滑动而磨损,前后端磨损的形式便与这种磨损相似。

④另一方面,如果是驱动轮的轮胎,则驱动力所造成的磨损,会在制动力所造成的磨损的相反的方向上出现,所以驱动轮轮胎极少出现前后端磨损。客车和大货车由于制动时产生了过大的制动摩擦力,故具有横向花纹的轮胎,便会出现与非驱动轮相似的前后端磨损。

(3)故障排除步骤:

①检查充气压力。如果充气不足,就将其充至规定值。

②检查车轮轴承。如果磨损或松动,应更换或调整。

③检查外倾角和前束。如果不正确,应加以调整。

④检查轴颈或悬架部件。如果损坏,应修理或更换。

⑤调换轮胎位置。

测试题:1. 轮胎的功用是什么?

2. 对照实物或图片说出轮胎胎面各部分的名称。

3. 说明轮胎规格 P215/60R1695H 中各字母、数字的含义。

4. 轮胎的检查项目包括哪些?如何检查?

5. 说明轮胎常见故障的现象、原因及排除方法。

2.3 车轮与轮胎的维护

车轮和轮胎的维护应结合车辆的维护强制执行。因为车轮和轮胎的维护以轮胎的维护为侧重点,所以我们将详述轮胎的维护。车辆分日常维护、一级维护和二级维护。轮胎维护的分级和周期与车辆维护相同。

2.3.1 一级维护轮胎作业项目

(1)紧固轮胎螺母,检查气门嘴是否漏气、气门帽是否齐全,如发现损坏或缺少应立即修理或补齐。

(2)挖出轮胎夹石和花纹中的石子、杂物,如有较深伤洞应用生胶填塞。特别是子午线轮胎,刺伤后若不及时修补,水气进入胎体锈蚀钢丝帘线,将造成早期损坏。

(3)检查轮胎磨损情况,如有不正常磨损或起鼓、变形等现象,应查找原因,予以排除。

(4)如需检查外胎内部,应拆卸解体,如有损伤应及时修补。

(5)检查轮胎搭配和轮辋、挡圈、锁圈是否正常。

(6)检查轮胎(包括备胎)气压,并按标准补足。

注意:备胎气压应高于使用中轮胎的气压。

提示:厂家一般推荐至少每月或每次长途旅行前检查一次胎压,包括备胎。

(7)检查轮胎有无与其他机件刮碰现象,备胎架是否完好、紧固,如不符合要求,应予排除。

(8)必要时(如单边偏磨严重)应进行一次轮胎换位,以保持胎面花纹磨耗均匀。

完成上述作业后应填写维护记录。

2.3.2 二级维护轮胎作业项目

除执行一级维护的各项作业外,还应进行下列项目。

2.3.2.1 拆卸轮胎

按轮胎标准测量胎面花纹磨耗、周长及断面宽的变化,作为换位和搭配的依据。

2.3.2.2 轮胎解体检查

(1)胎冠、胎肩、胎侧及胎内有无内伤、脱层、起鼓和变形等现象。

(2)内胎、垫带有无咬伤、折皱现象，气门嘴、气门芯是否完好。

(3)轮辋、挡圈和锁圈有无变形、锈蚀，并视情涂漆。

(4)轮辋螺栓承孔有无过度磨损或损裂现象。

(5)排除解体检查所发现的故障后，进行装合和充气。

(6)高速车应进行轮胎的动平衡试验。

(7)按规定进行轮胎换位。

(8)发现轮胎有不正常的磨损或损坏，应查明原因，予以排除。

完成上述作业后应填写维护记录。

2.3.3 轮胎维护操作要点

2.3.3.1 充气

(1)轮胎充气应按照该型汽车使用说明书上规定的标准气压执行，并在冷态时用气压表测量，若在热态时测量，应略高于标准气压，取适当的修正值。气压表应定期校准，以保证读数准确。

(2)轮胎装好后，先充入少量空气，待内胎充气伸展后再继续充至要求气压。

(3)充气前应检查气门芯与气门嘴是否配合平整，并擦净灰尘。充气后应检查是否漏气，并将气门帽装紧。

(4)充入的空气不得含有水分和油雾。

(5)充气时应注意安全防护，充气开始时用手锤轻击锁圈，使其平稳嵌入轮辋圈槽内，以防锁圈跳出。

2.3.2.2 轮胎换位

(1)按时换位可使轮胎磨损均匀，约可延长20%的使用寿命，应结合车辆二级维护定期换位。在路面拱度较大的地区或夏季，轮胎磨损差别较大，可适当增加换位次数。

提示：厂家一般推荐8 000～10 000km应将轮胎换位一次。

(2)轮胎换位方法常用的有交叉换位法、循环换位法和单边换位法，如图2-25和图2-26所示。

装用普通斜交线轮胎的六轮二桥汽车，常用图2-25中的交叉换位法，具体做法是：左右两交叉，主胎(后内)换前胎，前胎换帮胎(后外)，帮胎换主胎。这样，通过三次换位每只轮胎就可轮到一次担负内档(主力)胎。

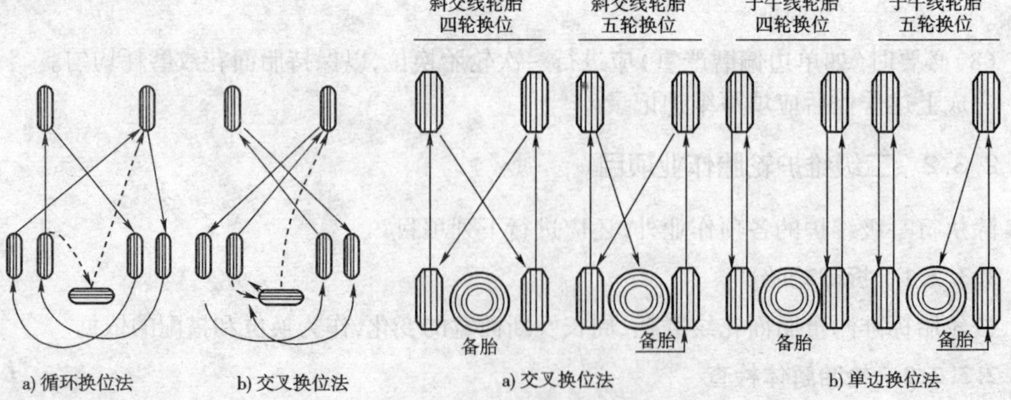

图2-25 六轮二桥汽车轮胎换位法　　图2-26 四轮二桥汽车轮胎换位法

四轮二桥汽车,斜交线轮胎也可采用交叉换位法,如图 2-26a)所示。子午线轮胎宜用单边换位法,如图 2-26b)所示。

子午线轮胎的旋转方向应始终不变。若反向旋转,会因钢丝帘线反向变形产生振动,汽车平顺性变差。所以一些轿车使用手册推荐单边换位法。

(3)轮胎换位后,应按所换的胎位要求,重新调整气压。

(4)轮胎换位后必须作好记录,下次换位仍要按上次选定的换位方法换位。

测试题:1. 多长时间检查一次轮胎气压? 多长时间进行一次轮胎换位?

2. 目前轿车多常用采用发动机前置前轮驱动的布置形式,对于这样的车辆如果购买两只新胎,应装在前轮还是后轮?

3. 轮胎换位有哪些方法,如何进行?

2.4 车轮动平衡试验

2.4.1 车轮不平衡的危害及原因

2.4.1.1 车轮不平衡的危害

汽车车轮是旋转构件。如果车轮不平衡,在高速行驶时会引起车轮上下跳动和横向摇摆,不仅影响汽车乘坐舒适性,而且使驾驶员难以控制行驶方向,以及汽车制动性能变差,影响行车安全。车轮不平衡还会大大增加各部件所受的力,加大轮胎的磨损和行驶噪声等。因此,汽车在使用和维修中必须进行车轮平衡试验和校准。

2.4.1.2 车轮不平衡的原因

(1)质量分布不均匀,如轮胎产品质量欠佳,翻新胎、补胎、胎面磨损不均匀及在外胎与内胎之间垫带等。

(2)轮辋、制动鼓变形。

(3)轮毂与轮辋加工质量不佳,如中心不准、轮胎螺栓孔分布不均、螺栓质量不佳等。

2.4.2 车轮动平衡试验

由于车轮动不平衡对汽车危害很大,因此,必须对车轮的动不平衡进行试验,并进行调平衡工作。车轮的不平衡包括静不平衡和动不平衡,由于动平衡的车轮一定处于静平衡状态,因此,只要检测了动平衡,就没有必要检测静平衡。

车轮的动平衡试验有离车式和就车式两种方法。常见的为离车式车轮的动平衡试验。

2.4.2.1 离车式车轮动平衡机的基本组成

利用离车式车轮动平衡机对车轮进行动平衡检测时,需将车轮从车上拆下。图 2-27 为常见的车轮动平衡机。该动平衡机主要由驱动装置、转轴与支承装置、显示与控制装置、制动装置及防护罩组成。

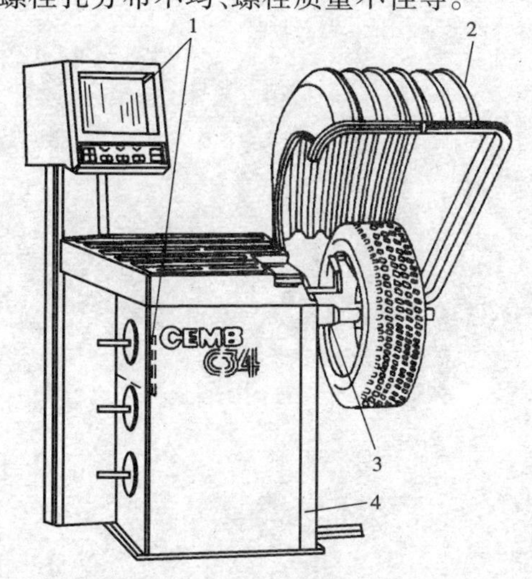

图 2-27 离车式车轮动平衡机
1-显示与控制面板;2-车轮防护罩;3-转轴;4-机箱

2.4.2.2 离车式车轮动平衡机的使用方法

(1)对被测车轮进行清洗,去掉泥土、砂石,拆掉旧平衡块。

(2)检查轮胎气压,并充气至规定气压值。

(3)根据轮辋中心孔的大小选择锥体,将车轮安装于平衡机上。

(4)打开电源开关,检查指示装置是否指示正确。

(5)键入轮辋直径、宽度,测出轮辋边缘到机箱之间的距离并键入。

(6)放下防护罩,按下起动键,开始测量。

(7)当车轮自动停转后,从指示装置读出车轮内、外动不平衡量和位置。

(8)抬起车轮防护罩,用手慢慢旋转车轮,当动平衡机指示装置发出信号时,停止转动车轮。

(9)根据动平衡机显示的动不平衡量,在轮辋内侧或外侧的上部(时钟十二点位置)的边缘加装平衡块。内、外侧要分别进行,平衡块要装卡牢固。

(10)重新起动动平衡机,进行动平衡试验,直至动不平衡量小于5g,机器显示“00”或“OK”时为止。

(11)取下车轮,关闭电源,测试结束。

测试题:1.车轮不平衡的危害和原因有哪些?

2.采用离车式车轮动平衡机如何进行车轮动平衡检验?

学习情境3　转向不灵敏操纵不稳定的检修

学习目标

1. 了解转向系的功用和类型；
2. 掌握机械转向系的基本组成和工作原理；
3. 掌握转向系的参数；
4. 了解机械转向器的功用；
5. 掌握常见机械转向器的类型、构造和工作原理；
6. 了解转向操纵机构的功用；
7. 掌握转向操纵机构的组成和工作原理；
8. 了解转向传动机构的功用；
9. 掌握转向传动机构的组成和构造；
10. 掌握转向传动机构的拆装及检修；
11. 掌握机械式转向系常见故障的诊断与排除；
12. 掌握机械式转向系维护的内容和方法。

学习重点与难点

1. 转向系的功用、基本组成和工作原理；
2. 机械转向系各机件的名称及在汽车上的安装位置；
3. 机械转向器的功用、组成、结构和工作原理；
4. 典型转向器的拆装、检修和调整；
5. 转向操纵机构的功用、组成和工作原理；
6. 转向传动机构的功用、基本组成和工作原理；
7. 转向传动机构的拆装及检修；
8. 给出机械转向系的故障现象能够运用所学的知识和技能排除故障；
9. 机械式转向系维护。

3.1　机械转向系基本组成和工作原理

3.1.1　转向系的功用、类型

3.1.1.1　功用

转向系是指由驾驶员操纵，能实现转向轮偏转和回位的一套机构。当汽车需要改变行驶方向时，必须使转向轮绕主销轴线偏转一定角度，直到新的行驶方向符合驾驶员的要求时，再将转向轮恢复到直线行驶的位置。

转向系的功用是按照驾驶员的意愿改变汽车的行驶方向和保持汽车稳定的直线行驶。

3.1.1.2 类型

汽车转向系按转向动力源的不同分为机械转向系和动力转向系两大类。

机械转向系以驾驶员的体力作转向动力源。动力转向系除了驾驶员的体力外,还以汽车的动力作为辅助转向能源,又可以分为液压式、气压式和电动式的动力转向系。

3.1.2 机械转向系的基本组成和工作原理

3.1.2.1 基本组成

汽车机械转向系由转向操纵机构、机械转向器和转向传动机构三大部分组成,其具体组成如图3-1所示。转向操纵机构包括转向盘、转向轴、万向节、转向传动轴;机械转向器有多种类型,轿车上常采用齿轮齿条转向器;转向传动机构包括转向摇(垂)臂、转向直(纵)拉杆、转向节臂、转向梯形臂、转向横拉杆等。

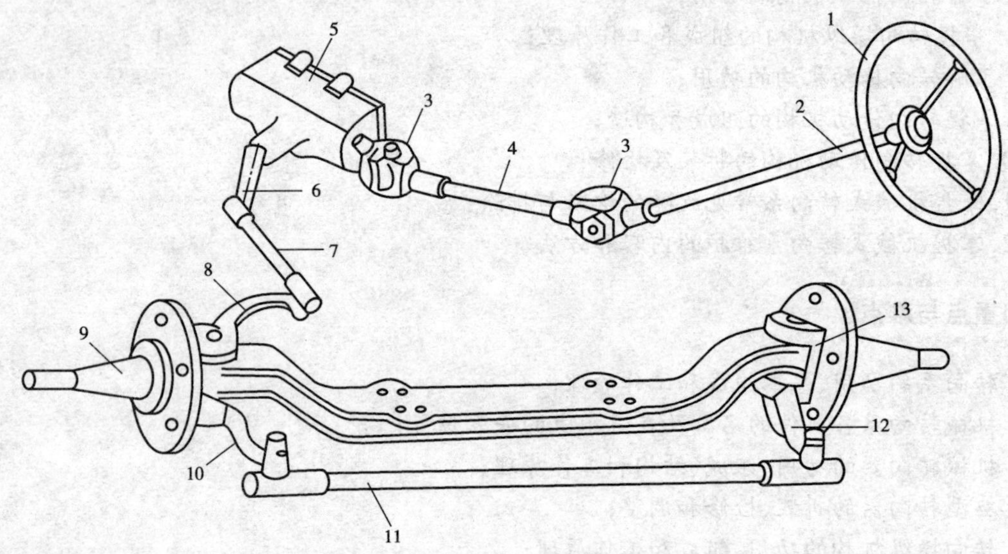

图3-1 机械转向系示意图

1-转向盘;2-转向轴;3-转向万向节;4-转向传动轴;5-转向器;6-转向摇臂;7-转向直拉杆;8-转向节臂;9-左转向节;10-左转向梯形臂;11-转向横拉杆;12-右转向梯形臂;13-右转向节

3.1.2.2 工作原理

如图3-1所示,汽车转向时,驾驶员转动转向盘,通过转向轴、转向万向节和转向传动轴,将转向力矩输入转向器。转向器中有1~2级啮合传动副,具有降速增矩的作用。转向器输出的转矩经转向摇臂,再通过转向直拉杆传给固定在左转向节上的转向节臂,使左转向节及装于其上的左转向轮绕主销偏转。左、右转向梯形臂的一端分别固定在左、右转向节上,另一端则与转向横拉杆作球铰链连接。当左转向节偏转时经左转向梯形臂、转向横拉杆和右转向梯形臂的传递,右转向节及装于其上的右转向轮随之绕主销同向偏转一定的角度。

左、右转向梯形臂和转向横拉杆构成转向梯形,其作用是在汽车转向时,使左、右转向轮按一定的规律进行偏转。

提示:为了掌握机械转向系的基本组成和工作原理,此处可观看模型、实际操纵转向系使学生增加感性认识。

想一想：汽车转向过程中，内外侧转向车轮的偏转角是否相同？关系如何？如何保证这一关系？转向盘操纵的轻便性及转向操纵灵敏性如何兼顾？让我们了解一点转向理论。

3.1.3 转向系的参数和转向理论

3.1.3.1 转向系角传动比

1）定义

转向系角传动比是指转向盘的转角与转向盘同侧的转向轮偏转角的比值，一般用 i_ω 表示。转向系角传动比是转向器角传动比 i_1 和转向传动机构角传动比 i_2 的乘积。转向器角传动比是转向盘转角和转向摇臂摆角之比。转向传动机构角传动比是转向摇臂摆角与同侧转向轮偏转角之比。

2）对转向的影响

转向系角传动比越大，增矩作用加大，转向操纵越轻便，但由于转向盘转的圈数过多，导致操纵灵敏性变差，所以转向系角传动比不能过大。而转向系角传动比太小又会导致转向沉重，所以转向系角传动比既要保证转向轻便，又要保证转向灵敏。但机械转向系很难做到这点，所以越来越多的车辆采用动力转向系。

3.1.3.2 转向盘的自由行程

1）定义

转向盘的自由行程是指转向盘在空转阶段的角行程，这主要是由于转向系各传动件之间的装配间隙和弹性变形所引起的。由于转向系各传动件之间都存在着装配间隙，而且这些间隙将随零件的磨损而增大，因此在一定的范围内转动转向盘时，转向节并不马上同步转动，而是在消除这些间隙并克服机件的弹性变形后，才作相应的转动，即转向盘有一空转过程。

2）对转向的影响

转向盘自由行程对于缓和路面冲击及避免驾驶员过于紧张是有利的，但过大的自由行程会影响转向灵敏性。所以汽车维护中应定期检查转向盘自由行程。一般汽车转向盘的自由行程应不超过10°～15°，否则应进行调整。

3.1.3.3 转向时车轮运动规律

汽车在转向行驶时，要求车轮相对于地面作纯滚动，否则如果有滑动的成分，车轮边滚边滑会导致转向行驶阻力增大，动力损耗，油耗增加，也会导致轮胎磨损增加。

汽车转向时，内侧车轮和外侧车轮滚过的距离是不等的。对于一般汽车而言，后桥左右两侧的驱动轮由于差速器的作用，能够以不同的转速滚过不同的距离。但前桥左右两侧的转向轮要滚过不同的距离，保证车轮作纯滚动就要求所有车轮的轴线都交于一点方能实现。此交点 O 称为汽车的转向中心，如图 3-2 所示。汽车转向时内侧转向轮偏转角 β 大于外侧转向轮偏转角 α。α 与 β 的关系是：

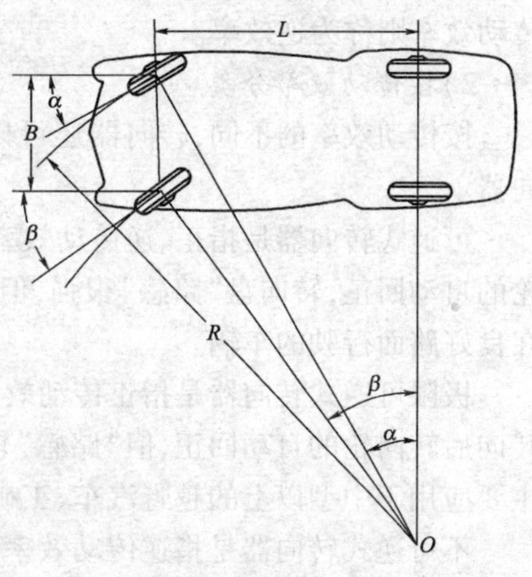

图 3-2 汽车转向示意图

$$\cot\alpha = \cot\beta + \frac{B}{L}$$

式中:B——两侧主销中心距(可近似认为是转向轮轮距);

L——汽车轴距。

这一关系是由转向梯形保证的。所有汽车转向梯形的设计实际上都只能保证在一定的车轮偏转角范围内,使两侧车轮偏转角大体上接近以上关系式。

从转向中心 O 到外侧转向轮与地面接触点的距离 R 称为汽车转弯半径。转弯半径 R 愈小,则汽车转向所需要场地就愈小,汽车的机动性也愈好。当外侧转向轮偏转角达到最大值 α_{max} 时,转弯半径 R 最小。

测试题:对照模型或实物,说出机械转向系的基本组成和动力传递路线。

3.2 机械转向器

3.2.1 转向器概述

3.2.1.1 功用

转向器是转向系中的降速增矩传动装置,其功用是增大由转向盘传到转向节的力,并改变力的传动方向。

3.2.1.2 类型

按转向器中的传动副的结构形式分,可以分为循环球式、齿轮齿条式、蜗杆曲柄指销式、蜗杆滚轮式等几种。

3.2.1.3 转向器的传动效率

1)定义

转向器传动效率是指转向器输出功率与输入功率之比。当功率由转向盘输入,从转向摇臂输出时,所求得的传动效率称为正传动效率;反之,转向摇臂受到道路冲击而传到转向盘的传动效率则称为逆效率。

2)按传动效率分类

按传动效率的不同,转向器还可以分为可逆式转向器、极限可逆式转向器和不可逆式转向器。

可逆式转向器是指正、逆传动效率都很高的转向器。这种转向器有利于汽车转向后转向轮的自动回正,转向盘“路感”很强,但也容易在坏路行驶时出现“打手”,所以主要应用于经常在良好路面行驶的车辆。

极限可逆式转向器是指正传动效率远大于逆传动效率的转向器。这种转向器能实现汽车转向后转向轮的自动回正,但“路感”较差,只有当路面冲击力很大时才能部分地传到转向盘,主要应用于中型以上的越野汽车、工矿用自卸汽车等。

不可逆式转向器是指逆传动效率很低的转向器,这种转向器使驾驶员不能得到路面的反馈信息,没有“路感”,而且转向轮也不能自动回正,所以很少采用。

3.2.2 转向器的结构、原理和检修

3.2.2.1 齿轮齿条式转向器

1)结构、原理

图3-3a)为齿轮齿条式转向器,它主要由转向器壳体8、转向齿轮9、转向齿条5等组成。转向器通过转向器壳体8的两端用螺栓固定在车身(车架)上。齿轮轴6通过球轴承7、滚柱轴承10垂直安装在壳体中,其上端通过花键与转向轴上的万向节(图中未画出)相连,其下部分是与轴制成一体的转向齿轮9。转向齿轮9是转向器的主动件,它与相啮合的从动件转向齿条5水平布置,齿条背面装有压簧垫块4。在压簧3的作用下,压簧垫块4将齿条5压靠在齿轮9上,保证二者无间隙啮合。调整螺塞1可用来调整压簧的预紧力。压簧3不仅起消除啮合间隙的作用,而且还是一个弹性支承,可以吸收部分振动能量,缓和冲击。

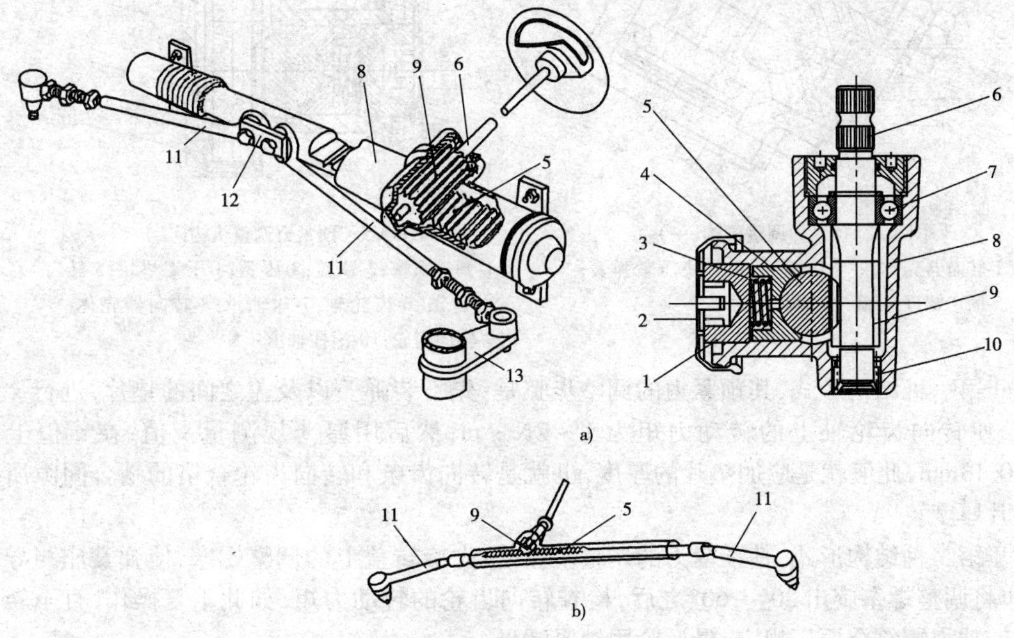

图3-3 齿轮齿条式转向器

1-调整螺塞;2-罩盖;3-压簧;4-压簧垫块;5-转向齿条;6-齿轮轴;7-球轴承;8-转向器壳体;9-转向齿轮;10-滚柱轴承;11-转向横拉杆;12-拉杆支架;13-转向节

转向齿条5的中部(有的是齿条两端,如图3-3b)所示)通过拉杆支架12与左、右转向横拉杆11连接。转动转向盘时,转向齿轮9转动,与之相啮合的转向齿条5沿轴向移动,从而使左、右转向横拉杆带动转向节13转动,使转向轮偏转,实现汽车转向。

齿轮齿条式转向器结构简单,可靠性好,也便于独立悬架的布置;同时,由于齿轮齿条直接啮合,转向灵敏、轻便。所以在各类型汽车上的应用越来越多。

2)检修

(1)零件出现裂纹应更换,转向横拉杆、转向齿条在总成修理时应进行隐伤检验。

(2)转向齿条的直线度误差不得大于0.30mm。

(3)齿面上应无疲劳剥蚀及严重磨损,若出现左右大转角时转向沉重,且又无法调整时应更换。

3) 调整

齿轮齿条式转向器的调整是调整转向齿条与转向齿轮的啮合间隙,也称为转向齿条的预紧力。因结构的差异,调整方法也有所不同。但常见的有两类:一是改变转向齿条导块与盖之间的垫片厚度来调整转向齿条与转向齿轮轮齿的啮合间隙,完成预紧力的调整,如图 3-4 所示;另一种方法是用盖上的调整螺塞改变转向齿条导块与弹簧座之间的间隙值,完成预紧力的调整,如图 3-5 所示。

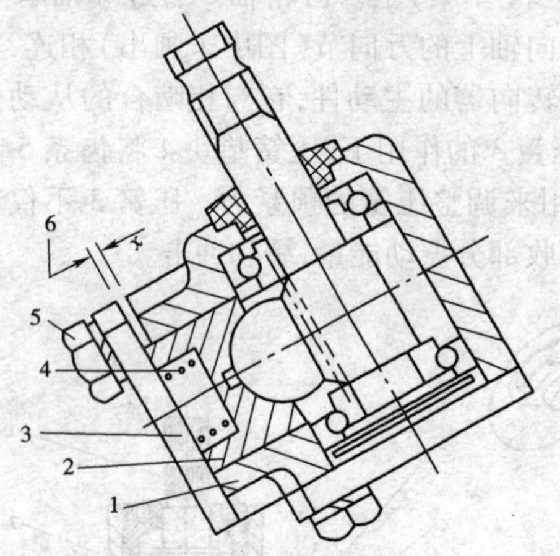

图 3-4 预紧力调整机构(一)

1-转向器壳体;2-导块;3-盖;4-导块压紧弹簧;5-固定螺母;6-盖与壳体间间隙

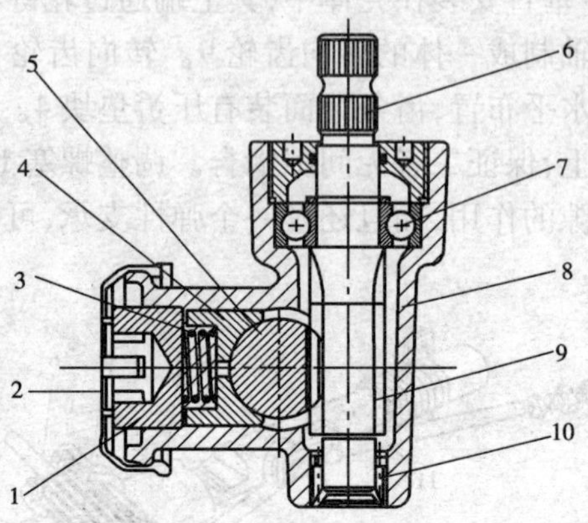

图 3-5 预紧力调整机构(二)

1-调整螺塞;2-罩盖;3-压簧;4-压簧垫块;5-转向齿条;6-齿轮轴;7-球轴承;8-转向器壳体;9-转向齿轮;10-滚柱轴承

对于第一种结构形式,其预紧力的调整步骤是:先不装弹簧以及盖之间的垫片,进行 x 值的调整,使转向齿轮轴上的转动力矩为 1 ~ 2N · m;然后用厚薄规测量 x 值;在 x 值上加 0.05 ~ 0.13mm,此值就是应加垫片的厚度,也就是转向齿条和转向齿轮合格的啮合间隙所要求的垫片厚度。

对于第二种结构形式,其预紧力的调整步骤是:先旋转盖上的调整螺塞,使弹簧座与导块接触,再将调整螺塞旋出 30° ~ 60°之后,检查转向齿轮的转动力矩,如此重复操作,直至转向齿轮的转动力矩符合原厂规定,最后紧固锁紧螺母。

3.2.2.2 循环球式转向器

1) 结构、原理

解放 CA1092 型汽车的循环球—齿条齿扇式转向器如图 3-6 所示。它有两级传动副,第一级传动副是转向螺杆 12—转向螺母 3;螺母 3 的下平面加工成齿条,与齿扇轴 21 内的齿扇相啮合,构成齿条—齿扇第二级传动副。显然,转向螺母 3 既是第一级传动副的从动件,也是第二级传动副的主动件。通过转向盘转动转向螺杆 12 时,转向螺母 3 不能随之转动,而只能沿杆 12 转向移动,并驱使齿扇轴(摇臂轴)21 转动。

转向螺杆 12 支承在两个推力球轴承 10 上,轴承的预紧度可用调整垫片 14 调整。在转向螺杆 12 上松套着转向螺母 3。为了减少它们之间的摩擦,二者的螺纹并不直接接触,其间装有许多钢球 13,以实现滚动摩擦。

当转动转向螺杆时,通过钢球将力传给转向螺母,使螺母沿螺杆 12 轴向移动。随着螺母 3 沿螺杆 12 做轴向移动,其齿条便带动齿扇绕着转向摇臂轴 21 作圆弧运动,从而使转向摇臂

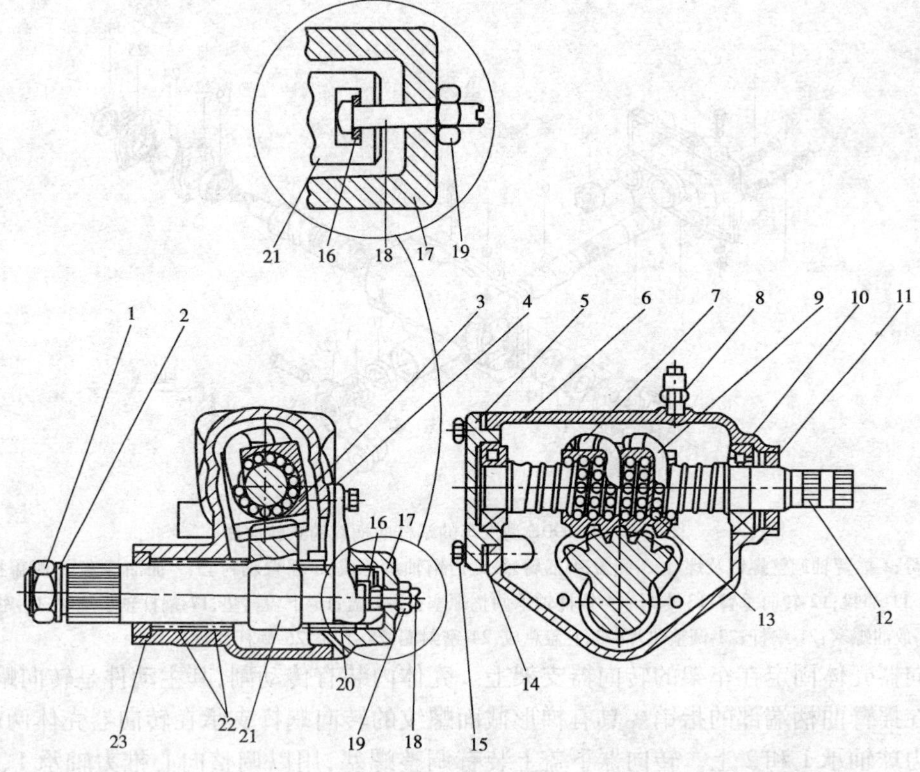

图 3-6　循环球式转向器

1-螺母；2-弹簧垫圈；3-转向螺母；4-转向器壳体密封垫圈；5-转向器壳体底盖；6-转向器壳体；7-导管夹；8-加油（通气）螺塞；9-钢球导管；10-球轴承；11、23-油封；12-转向螺杆；13-钢球；14-调整垫片；15-螺栓；16-调整垫圈；17-侧盖；18-调整螺钉；19-锁紧螺母；20、22-滚针轴承；21-齿扇轴（摇臂轴）

轴 21 连同摇臂产生摆动，通过转向传动机构使转向轮偏转，实现汽车转向。

转向螺母 3 下平面上加工出的齿条是倾斜的，与之相啮合的是变齿厚齿扇。只要使齿扇轴 21 相对于齿条做轴向移动，便可调整二者的啮合间隙。调整螺钉 18 旋装在侧盖 17 上。齿扇轴 21 靠近齿扇的端部切有 T 型槽，螺钉 18 的圆柱形端头嵌入此切槽中，端头与 T 形槽的间隙用调整垫圈 16 来调整。旋入螺钉 18，则齿条与齿扇的啮合间隙减小；旋出螺钉则啮合间隙增大。调整好后用锁紧螺母 19 锁紧。

提示：为了掌握循环球式转向器的结构，此处可观看分解的实物、课件或录像。

2）调整

循环球式转向器的调整主要是转向器啮合间隙的调整，方法如下：

（1）使转向器的传动副处于中间位置（直行位置）。

（2）通过调整螺钉，调整转向器传动副的啮合间隙，在直线位置上应呈无间隙啮合。

（3）中间位置上，转向器转动力矩应为 1.5 ~ 2.0N · m。转向器转动力矩调整合格后，按规定力矩锁紧调整螺钉。

3.2.2.3　蜗杆曲柄指销式转向器

1）结构、原理

东风 EQ1090E 型汽车的蜗杆曲柄双销式转向器如图 3-7 所示，它主要由转向器壳体、转向蜗杆、转向摇臂轴、曲柄和指销、上下盖、调整螺塞和螺钉、侧盖等组成。

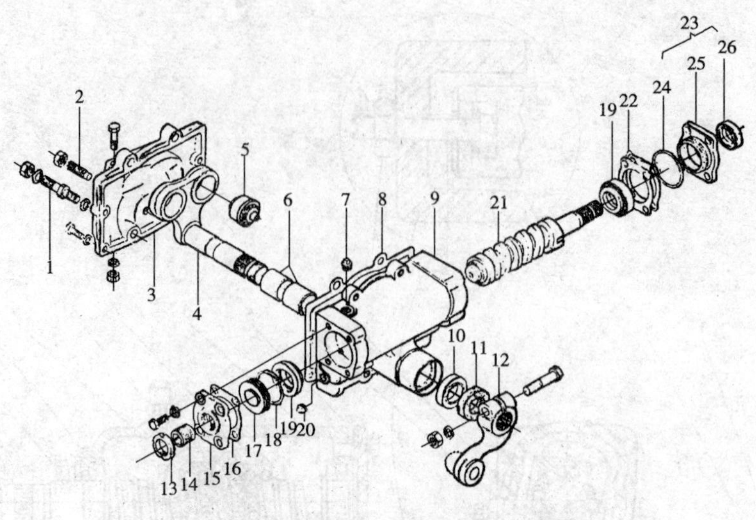

图 3-7 EQ1090E 型汽车的蜗杆曲柄双销式转向器

1-螺栓、螺母;2-摇臂轴调整螺钉及螺母;3-侧盖;4-摇臂轴;5-指销轴承总成;6-摇臂轴衬套;7-加油螺塞;8-侧盖衬垫;9-转向器壳体;10、11-油封;12-转向垂臂;13-螺母;14-蜗杆轴承调整螺塞;15-下盖;16-下盖衬垫;17-蜗杆轴承垫块;18-密封圈;19-蜗杆轴承;20-放油螺塞;21-蜗杆;22-调整垫片;23-上盖总成;24-密封圈;25-上盖;26-蜗杆油封

转向器壳体固定在车架的转向器支架上。壳体内装有传动副,其主动件是转向蜗杆,从动件是装在摇臂曲柄端部的指销。具有梯形截面螺纹的转向蜗杆支承在转向器壳体两端的两个向心推力球轴承 1 和 2 上。转向器下盖上装有调整螺塞,用以调整向心推力轴承 1、2 的预紧度,调整后用螺母紧固。

蜗杆与两个锥形的指销相啮合,构成传动副。两个指销均用双列圆锥滚子轴承支承在曲柄上,并可绕自身轴线转动,以减轻蜗杆与指销啮合传动时的磨损,提高传动效率。销颈上的螺母用来调整轴承的预紧度,以使指销能自由转动而无明显轴向间隙为宜,调整后用锁片(图中未示出)将螺母锁住。

安装指销和双排圆锥滚子轴承的曲柄制成叉形,与摇臂轴制成一体。摇臂轴用粉末冶金衬套支承在壳体中。转向器侧盖上装有调整螺钉,旋入(或旋出)调整螺钉可以改变摇臂轴的轴向位置,以调整指销与蜗杆的啮合间隙,从而调整了转向盘自由行程,调整后用螺母锁紧。摇臂轴伸出壳体的一端通过花键与转向摇臂连接。

汽车转向时,驾驶员通过转向盘转动转向蜗杆(主动件),与其相啮合的指销(从动件)一边自转,一边以曲柄为半径绕摇臂轴轴线在蜗杆的螺纹槽内作圆弧运动,从而带动曲柄、转向摇臂摆动,实现汽车转向。

提示:为了掌握蜗杆曲柄指销式转向器的结构和原理,此处可观看分解的实物、课件或录像。

2)调整

(1)转向蜗杆轴承预紧度检查、调整。蜗杆轴承预紧度的检查和调整,应在摇臂轴未装入壳体之前进行。调整使用的专用工具如图 3-8 所示。

①用内六角扳手把调整螺塞 14 拧到底,再退回 1/8 ~ 1/4 圈,使蜗杆轴在输入端具有 1.0 ~ 1.7N · m 的预紧力矩,如图 3-9 所示。

②用专用扳手将锁紧螺母 13 拧紧,紧固调整螺塞,拧紧力矩为 49N · m,如图 3-10 所示,锁紧调整螺塞时,要保证调整螺塞位置不变。锁紧后应复查输入端转矩是否符合要求,否则应

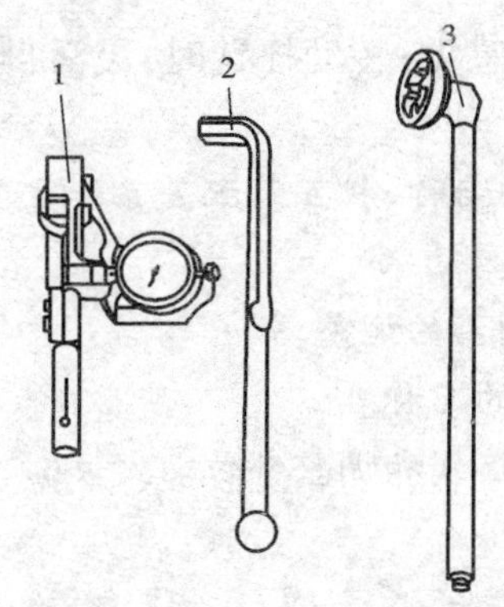

图 3-8 调整蜗杆轴承预紧度专用工具

1-力矩检测仪;2-内六角扳手;3-专用扳手

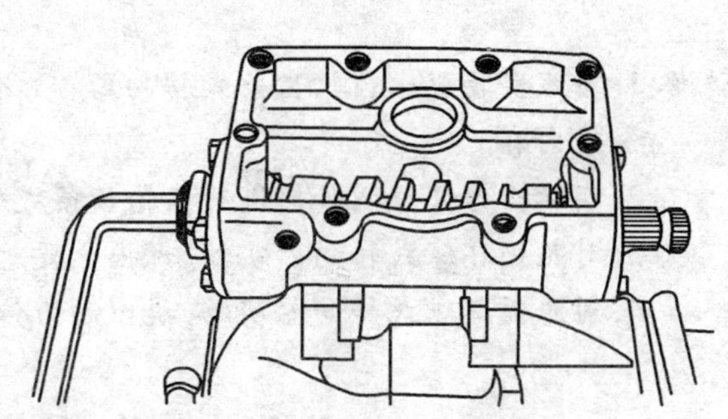

图 3-9 蜗杆轴承预紧度的调整(一)

重新调整。

(2)指销轴承预紧度的检查、调整。调整指销轴承的预紧度时,把指销上的螺母拧紧,使指销能转动自如,并无轴向间隙为合适。调整后,将止动垫片翻起 1 ~ 2 齿,将螺母锁紧,如图 3-11所示。

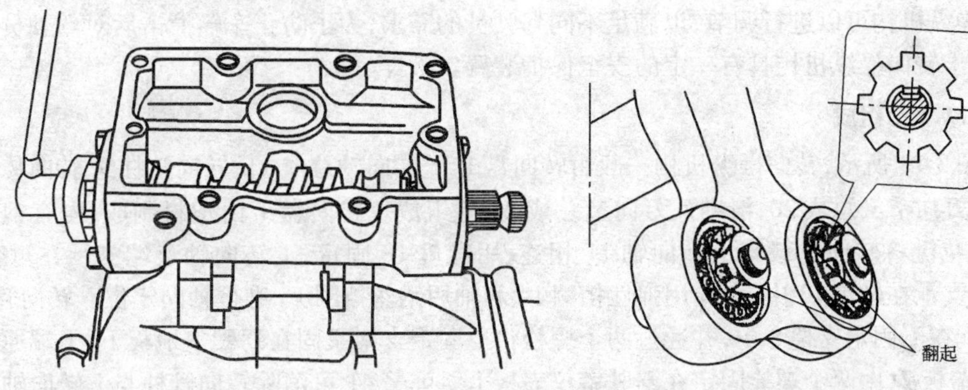

图 3-10 蜗杆轴承预紧度的调整(二)

图 3-11 调整指销轴承的预紧度

(3)指销与蜗杆啮合间隙的调整。

①先松开摇臂轴调整螺钉的锁紧螺母。

②将蜗杆轴转到转不动位置后,再退回 3 圈左右,使指销处于蜗杆的中间位置,如图 3-12 所示。

③顺时针旋转调整螺钉 2,同时来回转动蜗杆,直到感觉有阻力为止。

④在蜗杆的输入端检查转动力矩,应不大于 2.7N · m。

⑤在调整螺钉的周围涂上密封胶,然后拧紧锁紧螺母,拧紧力矩不小于 49N · m。

⑥复查蜗杆输入端的转动力矩,如有变化应重新调整,直到符合要求为止。

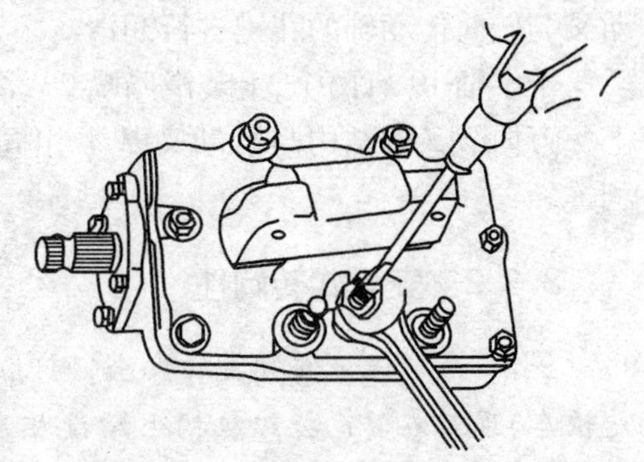

图 3-12 指销与蜗杆啮合间隙的调整

经验方法:指销处于蜗杆的中间位置,将调整螺钉拧到底,再退回1/8圈;轴向推、拉摇臂轴,无明显间隙感觉;转动摇臂时,灵活自如、无卡滞现象为合适。

测试题:1. 对照实物说出齿轮齿条式转向器各零件的名称、相互装配关系和主要零件的检修内容。

2. 实际操作并说明如何进行齿轮齿条式转向器的调整。

3. 对照循环球式转向器实物,说出主要元件的名称。

4. 对照循环球式转向器实物,说出动力传递路线和调整部位。

3.3 转向操纵机构

3.3.1 转向操纵机构的功用和组成

3.3.1.1 功用

转向操纵机构的功用是产生转动转向器所必需的操纵力,并具有一定的调节和安全性能。

转向操纵机构要将驾驶员操纵转向盘的力传给转向器,同时为了驾驶员的舒适驾驶,还要求转向操纵机构可以进行调节,以满足不同驾驶员的需求;为了防止车辆撞击后对驾驶员的损伤,还要求转向操纵机构具有一定的安全保护装置。

3.3.1.2 组成

如图3-13所示,转向操纵机构一般由转向盘1、上转向轴总成11、转向管柱9、转向传动轴27、转向万向节叉总成20、滑动叉万向节总成28等组成。转向盘1由塑料制成,内有钢制骨架,通过花键将转向盘毂与上转向轴11相连,用螺母18固定,上转向轴上端支承在衬套12内,下端支承在轴承13中,由孔用弹性挡圈14和轴用钢丝挡圈16进行轴向定位。转向管柱9下端压配在下固定支架8中,并通过两个螺栓将下固定支架紧固在驾驶室地板上;上端通过橡胶套3、盖板2,由两个螺栓固定在驾驶室仪表板上。弹簧41可消除转向管柱与上转向轴间的轴向间隙。

下端的转向万向节叉20通过花键与转向器的转向螺杆相连接,滑动叉28通过内花键与转向传动轴27的外花键相连,转向传动轴可轴向移动,以适应驾驶室与车架的相对位移。滑动叉一端焊有塞片,另一端装油封29和防尘套30防止灰砂和泥水进入,并由滑脂嘴31对滑动叉与转向传动轴的花键进行润滑。

十字轴19有两个,上装滑脂嘴23,润滑4个滚针轴承21,由弹性挡圈22固定在万向节叉上。万向节叉的结构与滑动叉基本相同,只是多一锁紧螺栓与上端的万向节叉和上转向轴相连。

3.3.2 安全式转向柱

提示:为了保证驾驶员的安全,同时也为了更加舒适、可靠地操纵转向系,现代汽车(特别是轿车)通常在转向操纵机构上增设相应的安全、调节装置。这些装置主要反映在转向轴和转向柱管的结构上。为了叙述方便,将转向轴和转向柱管统称为转向柱。

安全式转向柱有可分离式安全操纵机构和缓冲吸能式转向操纵机构。

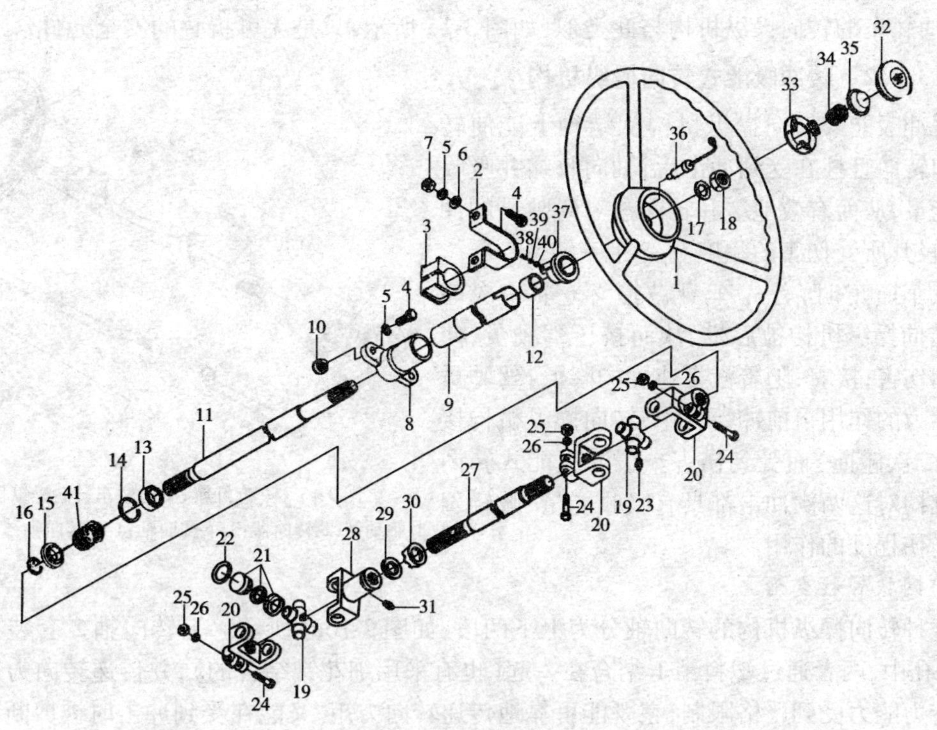

图 3-13　CA1091 型汽车转向操纵机构

1-转向盘总成;2-盖板;3-橡胶套;4、24-螺栓;5、26、40-弹簧垫圈;6、39-垫圈;7、18、25-螺母;8-下固定支架;9-转向管柱;10-楔形螺母;11-上转向轴;12-衬套;13-球轴承;14、22-孔用弹性挡圈;15-轴承挡圈;16-轴用钢丝挡圈;17-平垫圈;19-十字轴;20-转向万向节叉;21-滚针轴承总成;23、31-滑脂嘴总成;27-转向传动轴;28-转向万向节滑动叉;29-油封;30-防尘套;32-扬声器按钮盖;33-搭铁接触板总成;34-接触弹簧;35-接触罩;36-电刷总成;37-集电环总成;38-螺钉;41-弹簧

3.3.2.1　可分离式安全转向操纵机构

上海桑塔纳轿车采用了可分离式安全转向操纵机构,图 3-14a)为转向操纵机构的正常工作位置。此类转向操纵机构的转向轴分为上下两段,用安全联轴器连接,上转向轴 2 下部弯曲并在端面上焊接有半月形凸缘盘 8,盘上装有两个驱动销 7,与下转向轴 1 上端凸缘 6 压装尼龙衬套和橡胶圈的孔相配合,形成安全联轴器。一旦发生撞车事故,驾驶员因惯性而以胸部扑向转向盘 5 时,迫使转向柱管 3 压缩位于转向柱上方的安全元件 4 而向下移动,使两个销子 7 迅速从下转向轴凸缘 6 的孔中退出,从而形成缓冲而减少对驾驶员的伤害。3-14b)为转向盘受撞击时,安全元件被折叠、压缩和安全联轴器脱开使转向柱产生轴向移动的情形。一汽红

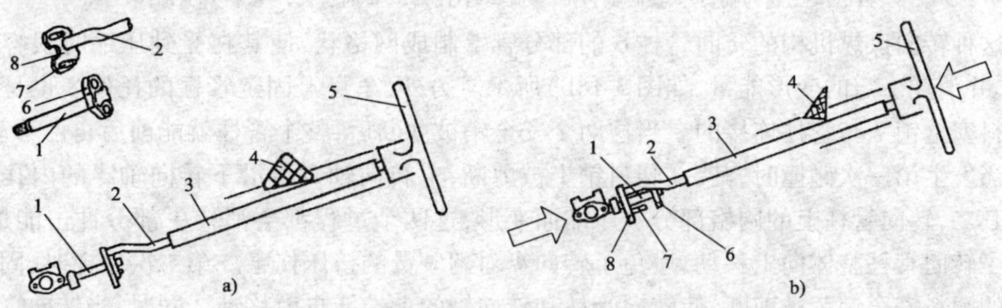

图 3-14　上海桑塔纳轿车可分离式安全转向操纵机构

1-下转向轴;2-上转向轴;3-转向管柱;4-可折叠安全元件;5-转向盘;6-凸缘;7-驱动销;8-半月形凸缘盘

旗、奥迪轿车的转向操纵机构与此类似，如图3-15所示，只是无可折叠的安全元件。

3.3.2.2 缓冲吸能式转向操纵机构

缓冲吸能式转向操纵机构从结构上能使转向轴和转向管柱在受到冲击后，轴向收缩并吸收冲击能量，从而有效地缓和转向盘对驾驶员的冲击，减轻其所受伤害的程度。

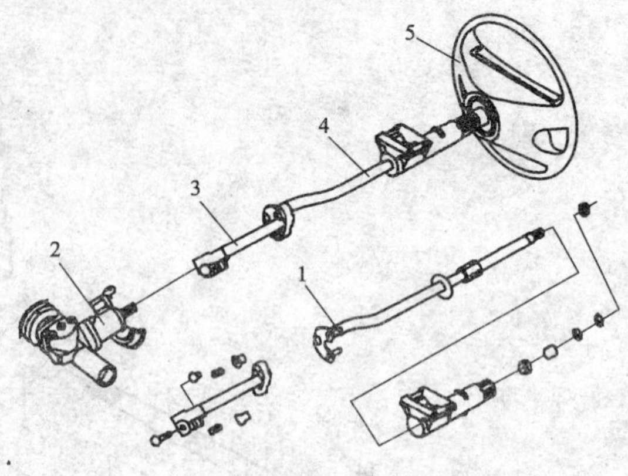

图3-15 一汽红旗、奥迪轿车转向操纵机构
1-驱动销；2-转向器；3-下转向轴；4-上转向轴；5-转向盘

汽车撞车时，首先车身被撞坏（第一次碰撞），转向操纵机构被后推，从而挤压驾驶员，使其受到伤害；接着，随着汽车速度的降低，驾驶员在惯性力的作用下前冲，再次与转向操纵机构接触（第二次碰撞）而受到伤害。缓冲吸能式转向操纵机构对这两次冲击都具有吸收能量、减轻驾驶员受伤程度的作用。

1）网状管柱变形式

这种转向操纵机构的转向轴分为上下两段，如图3-16a）所示。上转向轴2套装在转向轴3的内孔中，两者通过塑料销1结合在一起（也有采用细花键结合的），并传递转向力矩。塑料销的传力能力受到严格限制，它既能可靠地传递转向力矩，又能在受到冲击时被剪断，因此，它起安全销的作用。

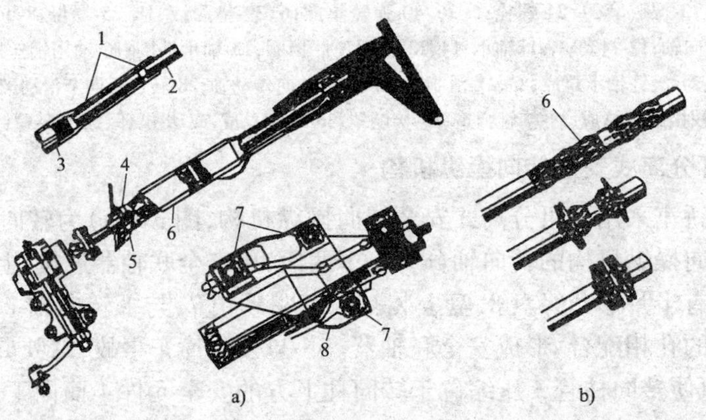

图3-16 网状管柱变形式转向操纵机构
1-塑料销；2-上转向轴；3-下转向轴；4-凸缘盘；5-下托架；6-转向管柱；7-塑料安全销；8-上托架

这种转向操纵机构的转向管柱6的部分管壁制成网格状，使其在受到压缩时很容易轴向变形，并消耗一定的变形能量，如图3-16b）所示。另外，车身上固定管柱的托架8也是通过两个塑料安全销7与管柱连接的。当这两个安全销被剪断后，整个管柱就能前后自由移动。

当发生第一次碰撞时，其一，塑料销1被剪断，上转向轴2将沿下转向轴3的内孔滑动伸缩。其二，转向管柱上的网格部分被压缩而变形，这两个过程都会消耗一部分冲击能量，从而阻止了转向管柱整体向上移动，避免了转向盘对驾驶员的挤压伤害。第二次碰撞时，固定转向管柱的塑料安全销7被剪断，使转向管柱和转向轴的上端能自由移动。同时，当转向管柱受到来自上端的冲击力后，会再次被轴向压缩变形并消耗冲击能量，如图3-16中b）所示。这样，由转向系引起的对驾驶员的冲击和伤害被大大降低。

2)钢球滚压变形式

图3-17a)为一种用钢球连接的分开式转向柱。转向轴分为上转向轴和套在轴上的下转向轴两部分,二者用塑料销钉连成一体。转向柱管也分为上柱管和下柱管两部分,上、下柱管之间装有钢球,下柱管的外径与上柱管的内径之间的间隙比钢球直径稍小。上、下柱管连同柱管托架通过特制橡胶垫固定在车身上,橡胶垫则利用塑料销钉与托架连接。

当发生第一次碰撞时,将连接上、下转向轴的塑料销钉切断,下转向轴便套在上转向轴上向上滑动,如图3-17b)所示。在这一过程中,上转向轴和上柱管的空间位置没有因冲击而上移,故可使驾驶员免受伤害。第二次碰撞时,则连接橡胶垫与柱管托架的塑料销钉被切断,托架脱离橡胶垫,即上转向轴和上转向柱管连同转向盘、托架一起,相对于下转向轴和下转向柱管向下滑动,从而减缓了对驾驶员胸部的冲击。在上述两次冲击过程中,上、下转向柱管之间均产生相对滑动。因为钢球的直径稍大于上、下柱管之间隙,所以滑动中带有对钢球的挤压,冲击能量就在这种边滑动边挤压的过程中被吸收。日本丰田汽车的一些车型采用这种位置。

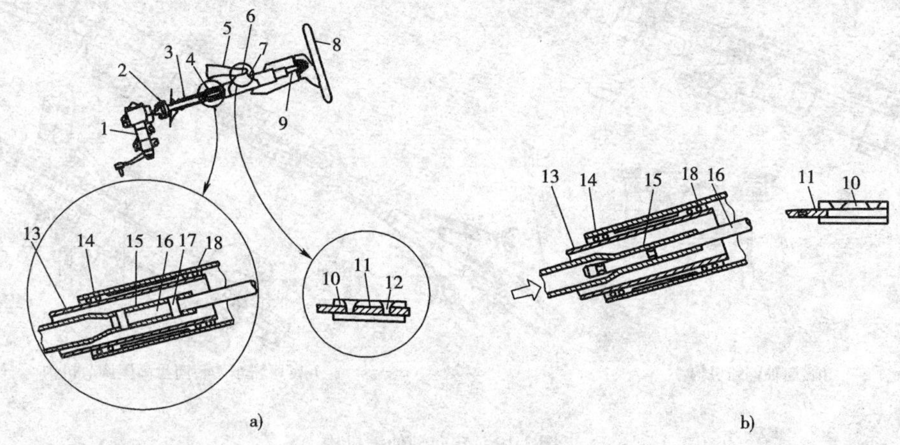

图3-17 钢球滚压变形式转向管柱

1-转向器总成;2-挠性联轴器;3、13-下转向管柱;4、14-上转向管柱;5-车身;6、10-橡胶垫;7、11-转向管柱托架;8-转向盘;9、16-上转向轴;12、17-塑料销钉;15-下转向轴;18-钢球

3.3.3 可调节式转向柱

提示:驾驶员不同的驾驶姿势和身材对转向盘的最佳操纵位置有不同的要求。而且,转向盘的这一位置往往会与驾驶员进、出汽车的方便性发生矛盾。为此,一些汽车装设了可调节式转向柱,使驾驶员可以在一定的范围内调节转向盘位置。

转向柱调节的形式分为倾斜角度调节和轴向位置调节两种。图3-18为转向轴倾斜角度调整机构。转向管柱2的上段和下段分别通过倾斜调整支架7和下托架6与车身相连,而且转向管柱由倾斜调整支架夹持并固定。倾斜调整用锁紧螺栓5穿过调整支架7上的长孔3和转向

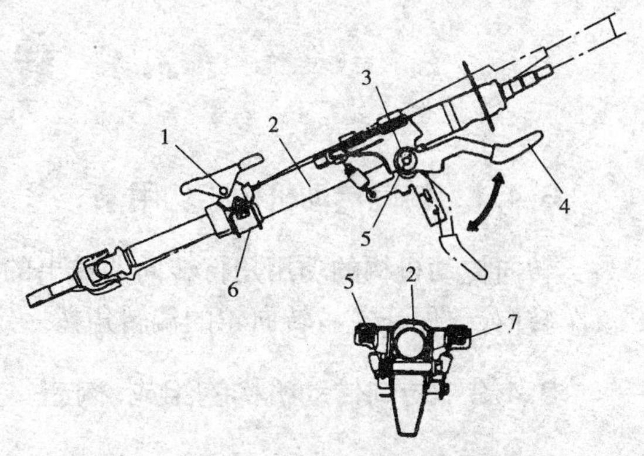

图3-18 转向轴倾斜角度调整机构

1-枢轴;2-转向柱管;3-长孔;4-调整手柄;5-锁紧螺栓;6-下托架;7-倾斜调整支架

管柱，螺栓的左端为左旋螺纹，调整手柄4即拧在该螺纹上。当向下扳动手柄时，锁紧螺栓的螺纹放松，转向管柱即可以下托架上的枢轴1为中心在装有螺栓的支架长孔范围内上下移动。确定了转向管柱的合适位置后，向上扳动调整手柄，从而将转向管柱定位。

图3-19a)为一种转向轴伸缩机构。转向轴分为上下两段，二者通过花键连接。上转向轴2由调节螺栓4通过楔状限位块5夹紧定位。调节螺栓的一端拧有调节手柄3。当需要调整转向轴的轴向位置时，先向下推调节手柄3，使限位块松开，再轴向移动转向盘，调到合适的位置后，向上拉调节手柄，将上转向轴锁紧定位。富康车采用的转向盘高度可调节机构的工作原理与此类似，如图3-19b)所示。

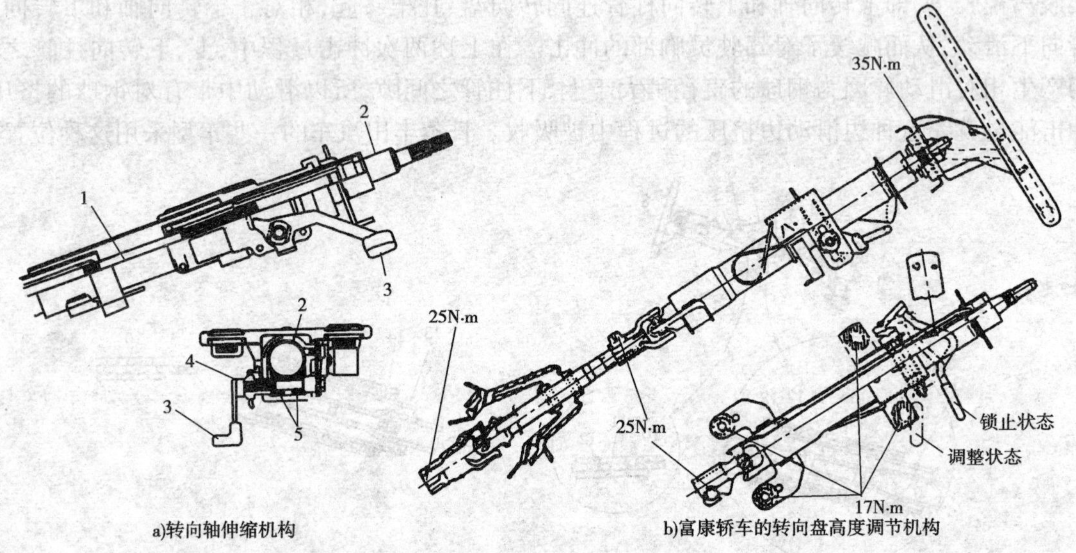

图3-19　转向轴伸缩机构

1-下转向轴;2-上转向轴;3-调节手柄;4-调节螺栓;5-楔状限位块

测试题：1. 转向操纵机构的一般组成有哪些？

2. 叙述安全式转向柱的型式及基本工作原理。

3. 转向柱的调节有哪些内容？

3.4　转向传动机构

3.4.1　转向传动机构的功用

转向传动机构的功用是将转向器输出的力和运动传给转向轮，使两侧转向轮偏转以实现汽车转向，并保证左右转向轮的偏转角按一定关系变化。

3.4.2　转向传动机构的组成、构造

3.4.2.1　与非独立悬架配用的转向传动机构

与非独立悬架配用的转向传动机构如图3-20所示，它一般由转向摇臂2、转向直拉杆3、转向节臂4、两个梯形臂5和转向横拉杆6等组成。各杆件之间都采用球形铰链连接，并设有

防止松动、缓冲吸振、自动消除磨损后的间隙等的结构。

当前桥仅为转向桥时，由左、右梯形臂5和转向横拉杆6组成的转向梯形一般布置在前桥之后，如图3-20a）所示，称为后置式；这种布置简单方便，且后置的横拉杆6有前面的车桥做保护，可避免直接与路面障碍物相碰撞而损坏。当发动机位置较低或前桥为转向驱动桥时，往往将转向梯形布置在前桥之前，如图3-20b）所示，称为前置式。若转向摇臂2不是在汽车纵向平面内前后摆动而是在与路面平行的平面内左右摆动（如北京BJ2020N型汽车），则可将转向直拉杆3横向布置，并借球头销直接带动转向横拉杆6，从而推动左右梯形臂5转动，如图3-20c）所示。

1）转向摇臂

图3-21为常见转向摇臂的结构形式，其大端具有三角细花键锥形孔，用以与转向摇臂轴外端相连接，并用螺母固定；其小端带有球头销，以便与转向直拉杆做空间铰链连接。转向摇臂安装后从中间位置向两边摆动的角度应大致相等，故在把转向摇臂安装到摇臂轴上时，二者相应的角度位置应正确。为此，常在摇臂大孔外端面上和摇臂轴的外端面上各刻有短线，或是在二者的花键部分上都少铣一个齿作为装配标记。装配时应将标记对齐。

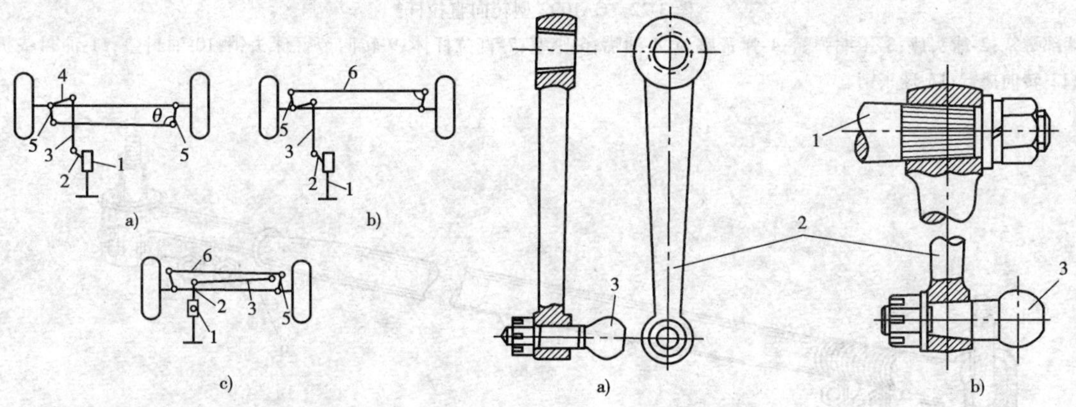

图3-20　与非独立悬架配用的转向传动机构示意图

1-转向器；2-转向摇臂；3-转向直拉杆；4-转向节臂；5-转向梯形臂；6-转向横拉杆

图3-21　转向摇臂

1-转向摇臂轴；2-转向摇臂；3-球头销

2）转向直拉杆

图3-22为解放CA1092型汽车的转向直拉杆。直拉杆体由两端扩大的钢管制成，在扩大的端部里，装有由球头销、球头座、弹簧座、压缩弹簧和螺塞等组成的球铰链。球头销的锥形部分与转向摇臂连接，并用螺母固定；其球头部分的两侧与两个球头座配合，前球头座靠在端部螺塞上，后球头座在弹簧的作用下压靠在球头上，这样，两个球头座就将球头紧紧夹持住。为保证球头与座的润滑，可从油嘴注入润滑脂。拆装时供球头出入的直拉杆体上的孔口用油封垫的护套盖住，以防止润滑脂流出和污物侵入。

压缩弹簧能自动消除因球头与座磨损而产生的间隙，弹簧座的小端与球头座之间留有不大的间隙，作为弹簧缓冲的余地，并可限制缓冲时弹簧的压缩量（防止弹簧过载）。此外，当弹簧折断时此间隙可保证球头销不致从管孔中脱出。端部螺塞可以调整此间隙，调整间隙的同时也调整了前弹簧的预紧度，调好后用开口销固定螺塞的位置，以防松动。

3）转向横拉杆

图3-23a）为解放CA1092型汽车转向横拉杆，横拉杆体用钢管制成，其两端切有螺纹，一

端为右旋，一端为左旋，与横拉杆接头旋装连接。两端接头结构相同，如图 3-23b）所示。接头的螺纹孔壁上开有轴向切口，故具有弹性，旋装到杆体上后可用螺栓夹紧。旋松夹紧螺栓以后，转动横拉杆体，可改变转向横拉杆的总长度，从而调整转向轮前束。

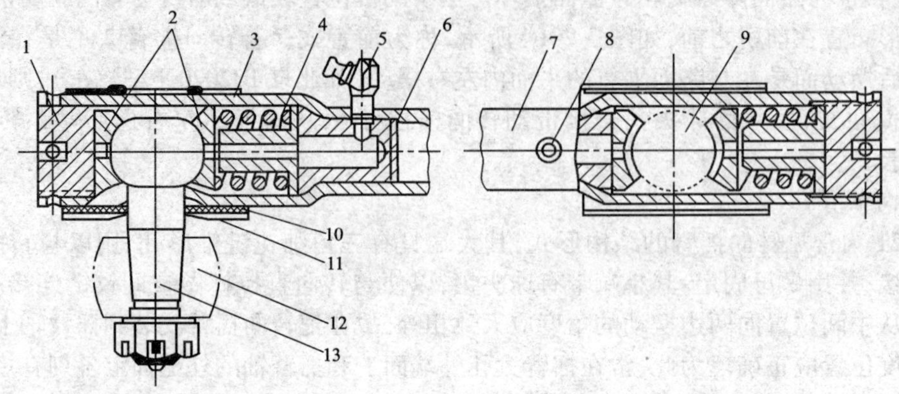

图 3-22　CA1092 型转向直拉杆

1-端部螺塞；2-球头座；3-压缩弹簧；4-弹簧座；5、8-油嘴；6-座塞；7-直拉杆体；9-转向节臂球头销；10-油封垫；11-油封垫护套；12-转向摇臂；13-球头销

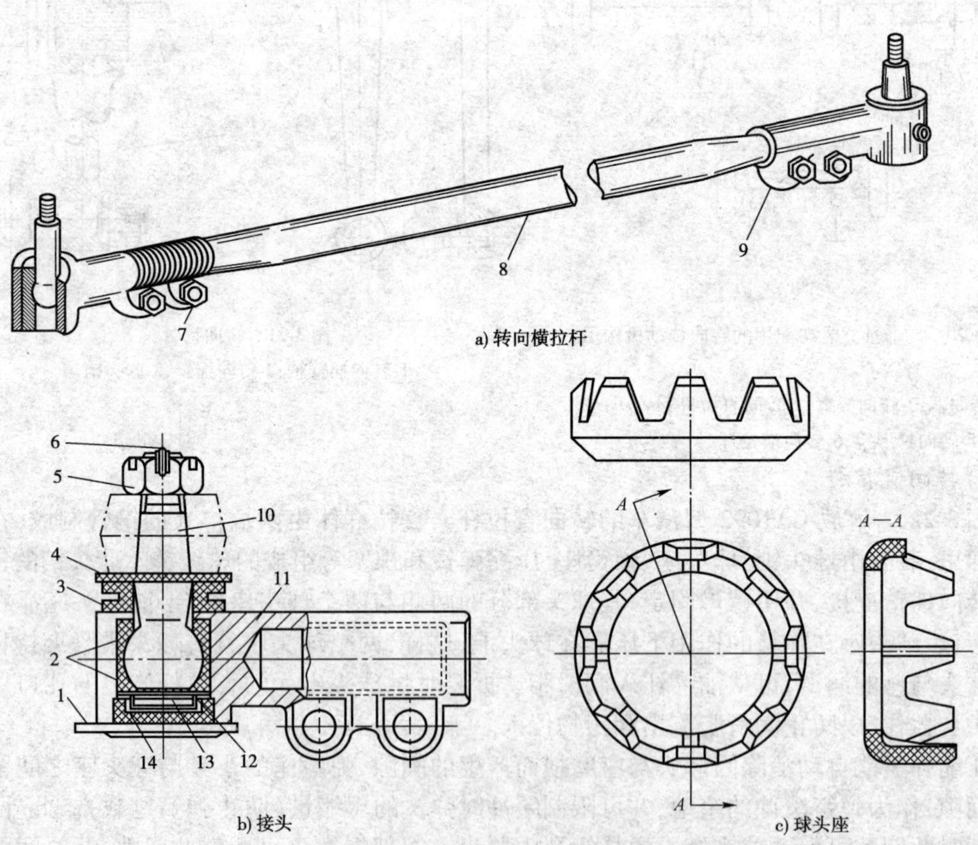

图 3-23　CA1092 型汽车转向横拉杆

1-限位销；2-球头座；3-防尘罩；4-防尘垫；5-螺母；6-开口销；7-夹紧螺栓；8-横拉杆体 9、11-横拉杆接头；10-球头销；12-弹簧座；13-弹簧；14-螺塞

在横拉杆两端的接头上都装有球头销等零件组成的球形铰链。球头销的球头部分被夹在上、下球头座内,球头座用聚甲醛制成,有较好的耐磨性。球头座的形状如图3-23c)所示。装配时上、下球头座凹凸部分互相嵌合。弹簧通过弹簧座压向球头座,以保证两球头座与球头的紧密接触,在球头和球头座磨损时能自动消除间隙,同时还起缓冲作用。弹簧的预紧力由螺塞调整。球铰上部有防尘罩,以防止尘土侵入。球头销的尾部锥形柱与转向梯形臂连接,并用螺母固定、开口销锁紧。

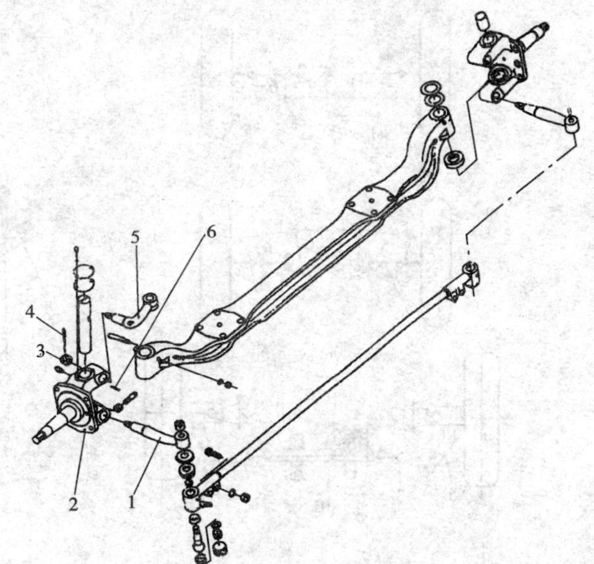

图3-24　CA1092型汽车转向节臂和梯形臂

1-左转向梯形臂;2-转向节;3-锁紧螺母;4-开口销;5-转向节臂;6-键

4)转向节臂和梯形臂

解放CA1092型汽车的转向节臂和梯形臂如图3-24所示,转向横拉杆通过转向节臂与转向节相连。转向横拉杆两端经左、右梯形臂与转向节相连。转向节臂和梯形臂带锥形柱的一端与转向节锥形孔相配合,用键防止螺母松动。臂的另一端带有锥形孔,与相应的拉杆球头销锥形柱相配合,同样用螺母紧固后插入开口销锁住。

3.4.2.2　与独立悬架配用的转向传动机构

当转向轮采用独立悬架时,由于每个转向轮都需要相对于车架(或车身)作独立运动,所以,转向桥必须是断开式的。与此同时,转向传动机构中的转向梯形也必须分成两段或三段。图3-25为几种与独立悬架配用的转向传动机构示意图。其中图3-25a)、图3-25b)所示的机构与循环球式转向器配用,图3-25c)、图3-25d)所示的机构与齿轮齿条式转向器配用。

上海桑塔纳轿车的转向传动机构如图3-26所示。转向齿条一端输出动力,输出端8铣有平面并钻孔,用两个螺栓与转向支架17连接。支架17下端的两个孔分别与左、右转向横拉杆总成15、12的内端相连。横拉杆外端的球头销16、13分别与左、右转向节臂连接。通过调节杆A、B可以改变两根横拉杆总成的长度,以调整前束。

为了避免转向轮的摆振、减缓传至转向盘上的冲击和振动,转向器上还装有装向减振器2。减振器缸筒3固定在转向器壳体11上,其活塞杆端1经减振支架18与转向齿条连接。

3.4.3　转向传动机构的检修

3.4.3.1　检查

1)转向摇臂的检查

(1)用磁力探伤法检查转向摇臂是否有裂纹,若有裂纹应更换。

(2)检查转向摇臂上端的锯齿花键有无磨损、损坏,若有应更换。

(3)检查转向摇臂的锁紧螺母,其螺纹不应有损伤,否则应更换。

(4)检查转向摇臂下端和转向拉杆球头销的连接应牢固、可靠,若松旷,应及时修复。

2)转向拉杆的检查

(1)横拉杆杆体有无裂纹、弯曲,其直线度误差一般不大于2mm,否则应校直,直拉杆8字

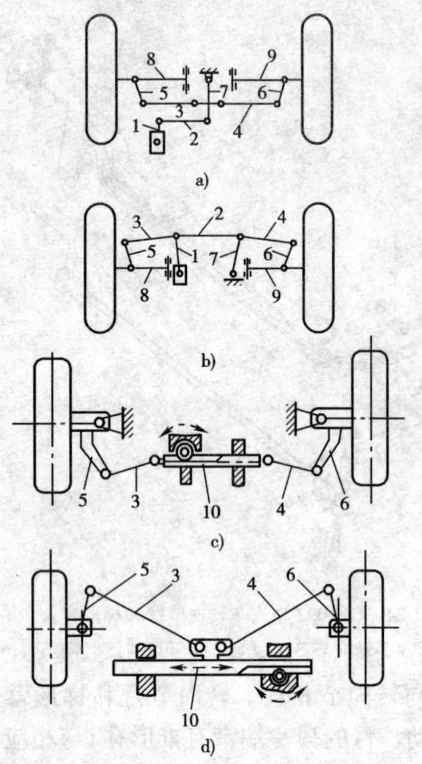

图 3-25　与独立悬架配用的转向传动机构示意图

1-转向摇臂;2-转向直拉杆;3-左转向横拉杆;4-右转向横拉杆;5-左梯形臂;6-右梯形臂;7-摇杆;8-悬架左摆臂;9-悬架右摆臂;10-齿轮齿条式转向器

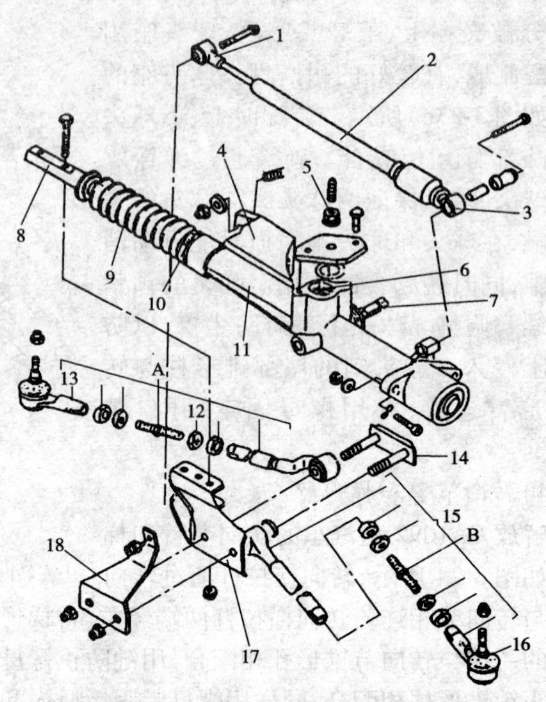

图 3-26　上海桑塔纳轿车转向传动机构

1-转向减振器活塞杆端;2-转向减振器;3-转向减振器缸筒端;4-转向器壳体凸台;5-锁紧螺母与调整螺栓;6-补偿弹簧;7-转向齿轮轴;8-齿条输出端;9-防尘罩;10-卡箍;11-转向器壳体;12-右横拉杆总成;13-右横拉杆球头销;14-连接件;15-左横拉杆总成;16-左横拉杆球头销;17-转向支架(齿条与横拉杆连接件);18-转向减振器支架;A、B-调节杆

孔磨损不超过 2mm。

(2)各螺纹部位不应有损坏,与螺塞配合不松旷,否则应更换。

(3)球头销、球座体及钢碗无裂纹、不起槽;球头销颈部磨损不超过 1mm,球面磨损失圆不大于 0.50mm,螺纹完好;弹簧不应有弹力减弱或折断。

(4)防尘装置应齐全有效。

3)转向节臂和梯形臂的检查

(1)转向节臂和梯形臂是否有裂纹,若有应更换。

(2)检查两端部的固定与连接部位是否松动,应保证其牢固、可靠。

4)转向减振器(桑塔纳轿车)的检查

(1)检查是否漏油,若渗漏严重,应更换或分解修理,更换密封圈等零件。

(2)察看支承是否开裂,若有应更换。

(3)检查减振器的工作行程,必须拆下来试验。L_{max} = 556mm,L_{min} = 344.5mm,最大阻尼载荷 560N,最小阻尼载荷 180N。

5)转向臂及横拉杆的检查

(1)松脱、松旷和损伤:检查槽形螺母是否松脱,如松脱应拧紧。同时,也应检查开口销、盖等的装配情况。

(2)使转向盘从直行状况向左、向右方向反复转过60°左右,此时检查横拉杆、转向臂等是否松脱、松旷。

3.4.3.2 转向拉杆球头销预紧度的调整

(1)组装横、直拉杆总成时,注意在球头销、球碗表面涂抹润滑油。

(2)组装直拉杆时,用弯头扳手将调整螺塞拧到底后,再退回1/4圈,并使开口销孔对准,然后穿入开口销锁止螺塞,如图3-27所示。

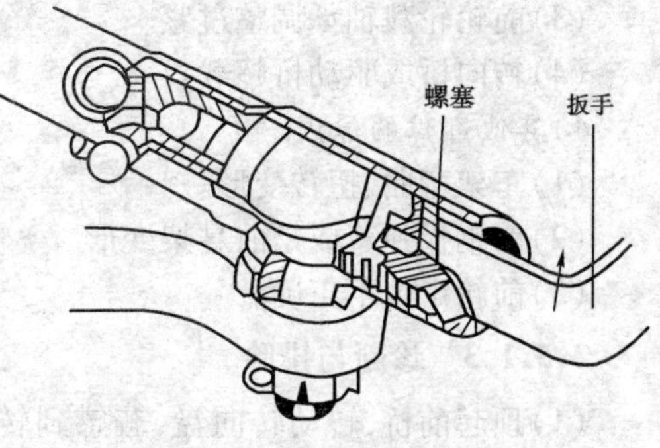

图3-27 转向拉杆球头销预紧度的调整

(3)组装横拉杆时,将螺塞拧到底,再退回1/4~1/2圈,装上开口销锁止螺塞。

测试题:实操并说明转向传动机构如何检修。

3.5 机械转向系的故障诊断

机械转向系在使用过程中由于维护调整不当、磨损、碰撞变形等原因,会使转向器过紧、转向传动机构和转向操纵机构松旷、变形、发卡等,从而造成转向沉重、行驶跑偏、单边转向不足、低速摆头、高速摆头等故障。

3.5.1 转向沉重

3.5.1.1 故障现象

汽车在行驶中,转动转向盘感到沉重费力,转弯后又不能及时回正方向。

3.5.1.2 故障原因

1)转向器方面的原因

(1)转向器缺乏润滑油。

(2)转向轴弯曲或转向轴管凹陷碰擦,有时会发出“吱吱”的摩擦声。

(3)转向摇臂与衬套配合间隙过小或无间隙。

(4)转向器输入轴上下轴承调整过紧,或轴承损坏受阻。

(5)转向器啮合间隙调整过小。

2)转向传动机构的原因

(1)各处球销缺乏润滑脂。

(2)转向直拉杆和横拉杆上球销调整过紧,压紧弹簧过硬或折断。

(3)转向直拉杆或横拉杆弯曲变形。

(4)转向节主销与衬套配合间隙过小,或衬套转动使油道堵塞,润滑脂无法进入,使衬套与转向节主销烧蚀。

(5)转向节推力轴承调整过紧或缺少润滑脂或损坏。

(6)转向节臂变形。

3)前桥(转向桥)和车轮方面的原因

(1)前轴变形、扭转,引起前轮定位失准。

(2)轮胎气压不足。

(3)前轮轮毂轴承调整过紧。

(4)转向桥或驱动桥超载。

4)其他部位的原因

(1)车架弯曲、扭转变形。

(2)前钢板弹簧或是前悬架变形。

(3)前轮定位不正确。

3.5.1.3 诊断与排除

(1)顶起前桥,转动转向盘,若感到转向盘变轻,则说明故障部位在前桥、车轮或其他部位。此时应首先检查轮胎气压,如气压偏低,则应充气使之达到正常值,接下来应用前轮定位仪检查前轮定位,尤其应注意后倾角和前束值,如果是因为前束过大造成的转向沉重,同时还能发现轮胎有严重的磨损。

(2)若转向仍感沉重,说明故障在转向器或转向传动机构,可进一步拆下转向摇臂与直拉杆的连接,此时若转向变轻,说明故障在转向传动机构,应检查各球头销是否装配过紧或推力轴承是否缺油损坏,各拉杆是否弯曲变形等,通常检查时,可用手扳动两个车轮左右转动察看各传动部分,并转动车轮检查车轮轴承松紧度。

(3)拆下转向摇臂后,若转向仍沉重。则转向器本身有故障,可检查转向器是否缺油,转动转向盘时倾听有无转向轴与柱管的碰擦声,检查调整转向器主动轴上下轴承预紧度和啮合间隙,转向摇臂轴转动是否发卡等,如不能解决就将转向器解体检查内部有无部件损坏。

(4)经过上述检查,如仍不见减轻,可检查车桥、车架或下控制臂(独立悬架式)与转向节臂,看其有无变形,如发现变形,应予修整或更换。同时检查前弹簧(板簧或螺旋弹簧),看其是否折断,否则应更换。

3.5.2 低速摆头

3.5.2.1 故障现象

汽车在低速行驶时,感到方向不稳,产生前轮摆振。

3.5.2.2 故障原因

(1)转向器传动副啮合间隙过大。

(2)转向传动机构横、直拉杆各球头销磨损松旷、弹簧折断或调整过松。

(3)转向节主销与衬套的配合间隙过大或前轴主销孔与主销配合间隙过大。

(4)前轮轮毂轴承装配过松或紧固螺母松动。

(5)后轮胎气压过低。

(6)车辆装载货物超长,使前轮承载过小。

(7)前悬架弹簧错位、折断或固定不良。

3.5.2.3 诊断与排除

(1)外观检查。

①检查车辆是否装载货物超长,而引起前轮承载过小。

②检查后轮胎气压是否过低,若轮胎气压过低,应充气使之达到规定值。

③检查前悬架弹簧是否错位、折断或固定不良,若错位应拆卸修复;若折断应更换;若固定

不良，应按规定力矩拧紧。

(2)检查转向盘自由行程。

①由一人握紧转向摇臂，另一人转动转向盘，若自由行程过大，说明转向器啮合传动副间隙过大，应调整。

②放开转向摇臂，仍有一人转动转向盘，另一人在车下观察转向拉杆球头销，若有松旷现象，说明球头销或球碗磨损过度、弹簧折断或调整过松，应先更换损坏的零件，再进行调整。

(3)通过以上检查均正常，可支起前桥，并用手沿转向节轴轴向推拉前轮，凭感觉判断是否松旷。若有松旷感觉，可由另一人观察前轴与转向节连接部位。

①若此处松旷，说明转向节主销与衬套的配合间隙过大或前轴主销孔与主销配合间隙过大，应更换主销及衬套。

②若此处不松旷，说明前轮毂轴承松旷，应重新调整轴承的预紧度。

3.5.3 高速摆头

3.5.3.1 故障现象

汽车行驶中出现转向盘发抖，车头在横向平面内左右摆动、行驶不稳等。有下面两种情况。

(1)在高速范围内某一转速时出现。

(2)转速越高，上述现象越严重。

3.5.3.2 故障原因

(1)转向轮动不平衡。

(2)前轮定位不正确。

(3)车轮偏摆量大。

(4)转向传动机构运动干涉。

(5)车架、车桥变形。

(6)悬架装置出现故障：左右悬架刚度不等、弹簧折断、减振器失效、导向装置失效等。

3.5.3.3 诊断与排除

(1)外观检查

①检查减振器是否失效，若漏油或失效，应更换。

②检查左右悬架弹簧是否折断、刚度是否一致，若有折断或弹力减弱，应更换。

③检查悬架弹簧是否固定可靠，转向传动机构有无运动干涉等，若有应排除。

(2)支起驱动桥，用三角架塞住非驱动轮，起动发动机并逐步使汽车换入高速挡，使驱动轮达到车身摆振的车速。

①若此时车身和转向盘出现抖动，说明传动轴严重弯曲或松旷，转向轮动不平衡或偏摆量大(前驱动)。

②若此时车身和转向盘不抖动，说明故障在车架、车桥变形或前轮定位不正确。

(3)检查前轮是否偏摆

①支起前桥，在前轮轮辋边上放一划针，慢慢地转动车轮，察看轮辋是否偏摆过大，若轮辋偏摆量过大，应更换。

②拆下前轮，在车轮动平衡仪上检查前轮的动平衡情况，若不平衡量过大，应加装平衡块

予以平衡。

(4)经上述检查均正常,应检查车架、车桥是否变形,并用前轮定位仪检查调整前轮定位。

3.5.4 行驶跑偏

3.5.4.1 故障现象

汽车直线行驶时,转向盘不居中间位置;必须紧握转向盘,预先校正一角度后,汽车才能保持直线行驶,若稍放松转向盘,汽车会自动向一侧跑偏。

3.5.4.2 故障原因

(1)左右前轮气压不相等或轮胎直径不等。

(2)两前轮的定位角不等。

(3)两前轮轮毂轴承的松紧度不等。

(4)前束过大或过小。

(5)前桥(整轴式)弯曲变形或下控制臂(独立悬架式)安装位置不一致。

(6)前后车轴不平行。

(7)车架变形或左右轮距相差太大。

(8)一边车轮制动拖滞。

(9)转向轴两侧悬架弹簧弹力不等。

3.5.4.3 诊断与排除

(1)外观检查。

①检查左、右两前轮轮胎气压是否一致,若不一致,应按规定充气,使两前轮轮胎气压保持一致。

②检查左、右两前轮轮胎的磨损程度,若磨损程度不一致,应更换磨损严重的轮胎。

③检查左、右两前轮轮胎的花纹是否一致,若花纹不一致,应更换轮胎,使花纹一致。

④将汽车停放在平坦的地面上,察看汽车前部高度是否一致,若高度不一致,说明悬架弹簧折断或弹力不一致,应更换。

(2)用手触摸跑偏一方的车轮制动鼓和轮毂轴承部位,感觉温度情况。

①若感觉车轮制动鼓特别热,说明该轮制动器间隙过小或制动回位不彻底,应检查调整。

②若感觉轮毂特别热,说明该轮轴承过紧,应重新调整轴承预紧度。

(3)测量前后桥左右两端中心的距离是否相等,若不相等,说明轴距短的一边钢板弹簧错位,车轴或半轴套管弯曲等,应检查维修。

(4)用前轮定位仪检查前轮定位是否正确,若不正确,应调整。

3.5.5 单边转向不足

3.5.5.1 故障现象

汽车转弯时,有时会出现转向盘左右转动量或车轮转角不等。

3.5.5.2 故障原因

(1)转向摇臂安装位置不对。

(2)转向角限位螺钉调整不当。

(3)前钢板弹簧、骑马螺栓松动,或中心螺栓松动。

(4)直拉杆弯曲变形。

(5)钢板弹簧安装时位置不正,或是中心不对称的前钢板弹簧装反。

3.5.5.3 诊断与排除

诊断这类故障,主要根据使用维修情况

(1)若汽车转向原来良好,由于行驶中的碰撞而造成转向角不足或一边大一边小时,应检查直拉杆、前轴、前钢板弹簧有无变形和中心螺栓是否折断等现象。

(2)若维修后出现转角不足,可架起前桥,先检查转向摇臂安装是否正确。将转向盘从左边极限位置转到右边极限位置,记住总圈数,再回转总圈数的一半,察看转向轮是否处于直线行驶位置,如不是则应重新安装转向摇臂。

①若左右转向角不等,则应相应调整。

②当前轮转向已靠到转向限位螺栓时,最大转向角还不够,则转向限位螺栓过长,应予调整或更换。

③如前钢板弹簧中心不对称,则应检查是否装反。

小结:机械式转向系故障主要有转向沉重、行驶跑偏、低速摆头、高速摆头、单边转向不足等。转向沉重主要是由与转向器轴承过紧、啮合间隙过小、缺油;转向操纵机构发卡;转向传动机构过紧、缺油;车架、车桥、悬架变形造成前轮定位失准;轮胎气压过低等原因造成。行驶跑偏主要是由左右前轮参数不相等造成,如气压、直径、前轮定位角、一遍车轮制动拖滞等。低速摆头主要是由转向器和转向传动机构、转向操纵机构松旷,传动间隙过大所造成。高速摆头主要是由轮胎不平衡、车架、悬架变形造成前轮定位角改变,悬架系统损坏、车轮偏摆量过大所造成。单边转向不足的原因主要有安装调整不当使左右转向角不等;前钢板弹簧、骑马螺栓松动,或中心螺栓松动,直拉杆弯曲变形。

测试题:就车测试(结合叙述)机械转向系转向沉重、行驶跑偏、低速摆头、高速摆头、单边转向不足故障的诊断与排除方法。

3.6 机械转向系的维护项目

3.6.1 转向操纵机构

3.6.1.1 转向盘自由行程的检查

汽车每行驶12 000km左右,应检查转向盘的自由行程,检查方法是:

(1)起动发动机(机械转向系无需起动发动机)。

(2)转动转向盘使前轮处于直线行驶位置。

(3)轻轻移动转向盘,在转向轮就要开始移动时(或感觉到阻力时),使用直尺测量转向盘外缘的移动量。一般为15~20mm。

(4)如果不符合要求,应该检查转向器间隙、调整转向球头销等。

3.6.1.2 转向盘转动阻力检查

转向盘转动阻力可用如图3-28所示的方法进行检查,即使用弹簧秤拉动转向盘边缘进行测量。

$$转动力 = M/r$$

式中：M——转动力矩；

r——转向盘半径。

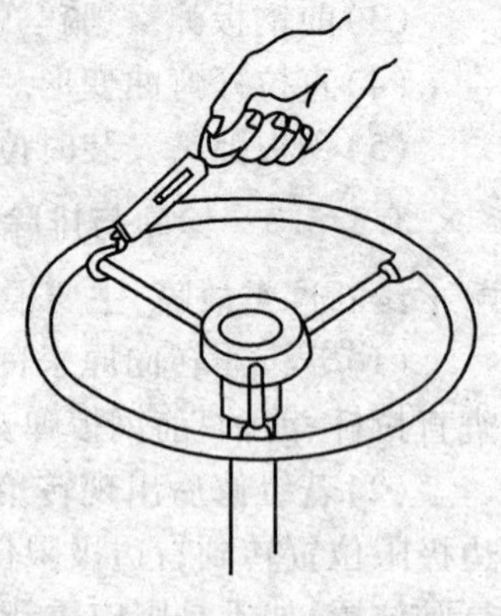

图3-28 转向盘转动阻力检查

3.6.1.3 转向盘锁止功能的检查

(1)将点火开关转至LOCK位置，轻轻转动转向盘，此时转向盘应锁止不能转动。

(2)将点火开关转至ACC位置，转向盘应能自由转动。

3.6.1.4 转向操纵机构松动、摆动检查

用双手握住转向盘，在轴向和径向方向上用力摇动，观察此时转向盘是否移位。由此了解转向盘与转向轴的安装情况，轴承是否松旷等。

3.6.2 转向器

通过转向盘自由行程和转向盘转动阻力的检查，可以判断转向器轴承预紧度和转向器传动副配合间隙大小，如果不符合要求，需要对转向器轴承预紧度和转向器传动副配合间隙进行调整。

3.6.3 转向传动机构

1)目视检查

(1)目视检查转向传动机构是否弯曲、损坏，防尘罩是否有裂纹或破损。

(2)目视检查转向器是否漏油。

2)松动、摆动检查

用手摇晃转向传动机构检查是否松动或摆动。

测试题：实际操作并说明如何进行机械转向系的维护。

学习情境4　汽车转向沉重故障检修

学习目标

1. 了解动力转向装置的功用；
2. 掌握液压动力转向系的基本组成；
3. 熟悉动力转向系的工作原理；
4. 掌握动力转向系中动力转向器、转向油泵的基本结构及功用；
5. 掌握动力转向器、转向油泵的检修；
6. 掌握动力转向系常见故障的诊断与排除；
7. 掌握液压动力转向系维护的内容和方法；
8. 掌握电动动力转向系的组成、基本结构和工作原理；
9. 掌握电动动力转向系统部件的检测、故障的诊断与排除方法；
10. 掌握电控液力式动力转向系的组成、基本结构和工作原理；
11. 掌握机械式四轮转向系的组成、基本结构和工作原理；
12. 掌握液压式四轮转向系的组成、基本结构和工作原理；
13. 掌握电子控制液压式四轮转向系的组成、基本结构和工作原理。

学习重点与难点

1. 液压动力转向系的功用、组成、结构、工作原理；
2. 液压动力转向系基本组成和零部件认识；
3. 液压动力转向系中动力转向器、转向油泵的功用、结构及原理；
4. 动力转向器、转向油泵的检修；
5. 给出液压动力转向系的故障现象能够运用所学的知识和技能排除故障；
6. 液压动力转向系的维护；
7. 电动动力转向系的组成、基本结构和工作原理；
8. 电动动力转向系主要部件的检测方法、故障的诊断与排除步骤；
9. 电动动力转向系主要部件的检测方法、故障的诊断与排除；
10. 电控液力式动力转向系的组成、基本结构和工作原理；
11. 各种四轮转向系的功用、组成、结构、工作原理；
12. 各种四轮转向系零部件认识。

4.1　液压动力转向系的基本结构和工作原理

4.1.1　动力转向系的功用和分类

动力转向系是利用一定的动力助力方式，对转向器施加作用力以减少驾驶员转动转向盘的操纵力、减轻驾驶疲劳的转向系统。

动力转向系按动力介质的不同分为气压式、液压式和电动式三类。

气压式动力转向系主要用于采用气压制动系统的货车和客车。对于装载质量过大的货车,因为其气压制动系统的工作压力较低,使得部件结构复杂、尺寸过于庞大、消耗功率多、易产生泄漏,而且转向力也不宜有效控制,所以这种助力系统不容易用于大型货车和小型轿车。电动动力转向系通常需要微机控制,目前处于发展阶段,并未普及。液压动力转向系工作灵敏度高,结构紧凑、外廓尺寸较小,工作时无噪声,工作滞后时间短,而且能吸收来自不平路面的冲击。因此,液压式动力转向系在各类汽车上得到了广泛的应用。液压式动力转向系按液流形式可以分为常流式和常压式;按转向控制阀的运动方式又可以分为滑阀式和转阀式。

4.1.2 液压式动力转向系的组成、原理

4.1.2.1 液压常流滑阀式动力转向装置

液压常流滑阀式动力转向装置的基本组成如图 4-1 所示。它主要包括转向储油罐、转向油泵、转向控制阀、转向动力缸等。

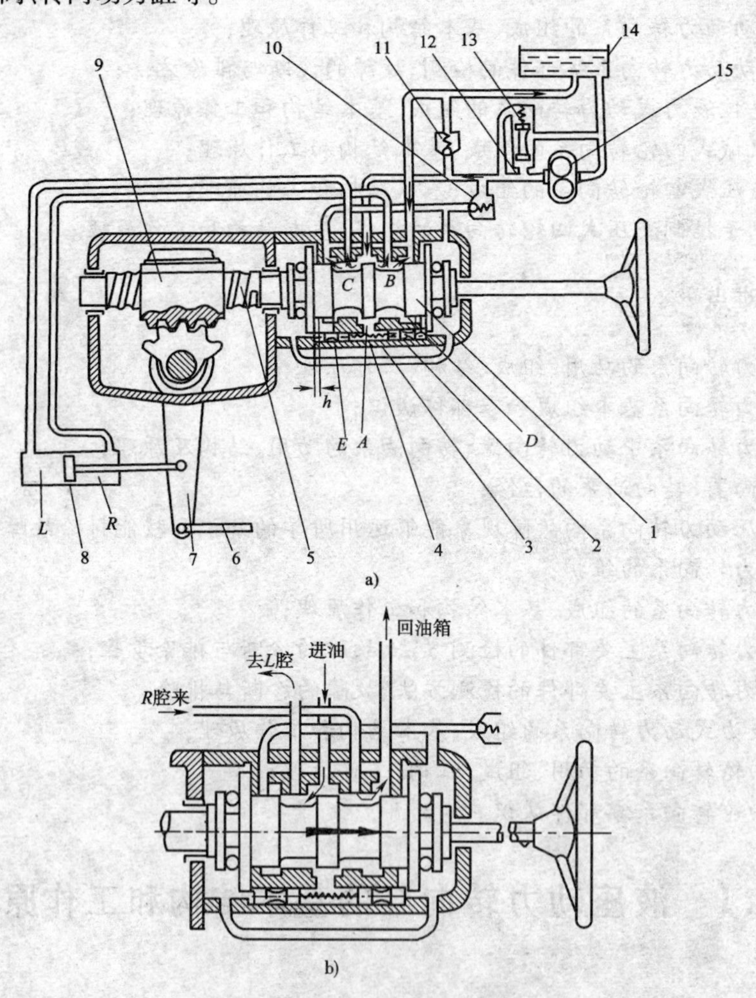

图 4-1 液压常流滑阀式动力转向装置

1-滑阀;2-反作用柱塞;3-滑阀复位弹簧;4-阀体;5-转向螺杆;6-转向直拉杆;7-转向摇臂;8-转向动力缸;9-转向螺母;10-止回阀;11-安全阀;12-节流孔;13-溢流阀;14-转向储油罐;15-转向油泵

汽车直线行驶时,如图4-1a)所示,滑阀1在复位弹簧3的作用下保持在中间位置。转向控制阀内各环槽相通,自油泵15输送出来的油液进入阀体环槽A之后,经环槽B和C分别流入动力缸8的R腔和L腔,同时又经环槽D和E进入回油管道流回油罐14。这时,滑阀与阀体各环槽槽肩之间的间隙大小相等,油路畅通,动力缸8因左右腔油压相等而不起加力作用。

汽车右转向时,驾驶员通过转向盘使转向螺杆5向右转动(顺时针)。开始时,转向螺母暂时不动,具有左旋螺纹的螺杆5在螺母9的推动下向右轴向移动,带动滑阀1压缩弹簧3向右移动,消除左端间隙h,如图4-1b)所示。此时环槽C与E之间、A与B之间的油路通道被滑阀和阀体相应的槽肩封闭,而环槽A与C之间的油路通道增大,油泵送来的油液自A经C流入动力缸的L腔,L腔成为高压油区。R腔油液经环槽B、D及回油管流回储油罐14,动力缸8的活塞右移,使转向摇臂7逆时针转动,从而起加力作用。

想一想:如果油液总是按上面的方向流动,转向轮一直偏转,将会出现什么后果?所以,助力作用必须是随转向盘的转动而进行,随转向盘的停转而减小(维持),若继续转动,则继续助力。这就是所谓的"随动"作用(转向轮的偏转角随转向盘转角变化而变化)。随动作用是如何实现的?

只要转向盘和转向螺杆5继续转动,加力作用就一直存在。当转向盘转过一定角度保持不动时,转向螺杆5作用于转向螺母9的力消失,但动力缸活塞仍继续右移,转向摇臂7继续逆时针方向转动,其上端拨动转向螺母,带动转向螺杆5及滑阀一起向左移动,直到滑阀1恢复到中间稍偏右的位置。此时L腔的油压仍高于R腔的油压。此压力差在动力缸活塞上的作用力用来克服转向轮的回正力矩,使转向轮的偏转角维持不动,这就是转向的维持过程。如转向轮进一步偏转,则需继续转动转向盘,重复上述全部过程。

松开转向盘,滑阀在复位弹簧3和反作用柱塞2上的油压的作用下回到中间位置,动力缸停止工作。转向轮在前轮定位产生的回正力矩的作用下自动回正,通过转向螺母9带动转向螺杆5反向转动,使转向盘回到直线行驶位置。如果滑阀不能回到中间位置,汽车将在行驶中跑偏。

在对装的反作用柱塞2的内端,复位弹簧3所在的空间,转向过程中总是与动力缸高压油腔相通。此油压与转向阻力成正比,作用在柱塞2的内端。转向时,要使滑阀移动,驾驶员作用在转向盘上的力,不仅要克服转向器内的摩擦阻力和复位弹簧的张力,还要克服作用在柱塞2上的油液压力。所以,转向阻力增大,油液压力也增大,驾驶员作用于转向盘上的力也必须增大,使驾驶员感觉到转向阻力的变化情况。这种作用就是"路感"。

总结:液压常流滑阀式动力转向系统,结构复杂、体积大,所以大多应用于大型货车、客车和工程机械上。而小型汽车上主要应用的是液压常流转阀式动力转向装置。

4.1.2.2 液压常流转阀式动力转向装置的工作原理

液压常流转阀式动力转向装置的基本组成如图4-2所示,也是由转向油泵、转向动力缸、转向控制阀等组成。

当汽车直线行驶时,转阀处于中间位置,如图4-3a)所示。工作油液从转向器壳体的进油孔B流到阀体13的中间油环槽中,经过其槽底的通孔进入阀体13和阀芯12之间,此时阀芯处于中间位置。进入的油液分别通过阀体和阀芯纵槽和槽肩形成的两边相等的间隙,再通过阀芯的纵槽以及阀体的径向孔流向阀体外圆上、下油环槽,通过壳体油道流到动力缸的左转向动力腔L和右转向动力腔R。流入阀体内腔的油液在通过阀芯纵槽流向阀体上油环槽的同时,通过阀芯槽肩上的径向油孔流到转向螺杆和输入轴之间的空隙中,从回油口经油管回到油罐中去，形成常流式油液循环。此时，上下腔油压相等且很小，齿条—活塞既没有受到转向螺杆的轴向推力，也没有受到上、下腔因压力差造成的轴向推力，齿条—活塞处于中间位置，动力转向器不工作。

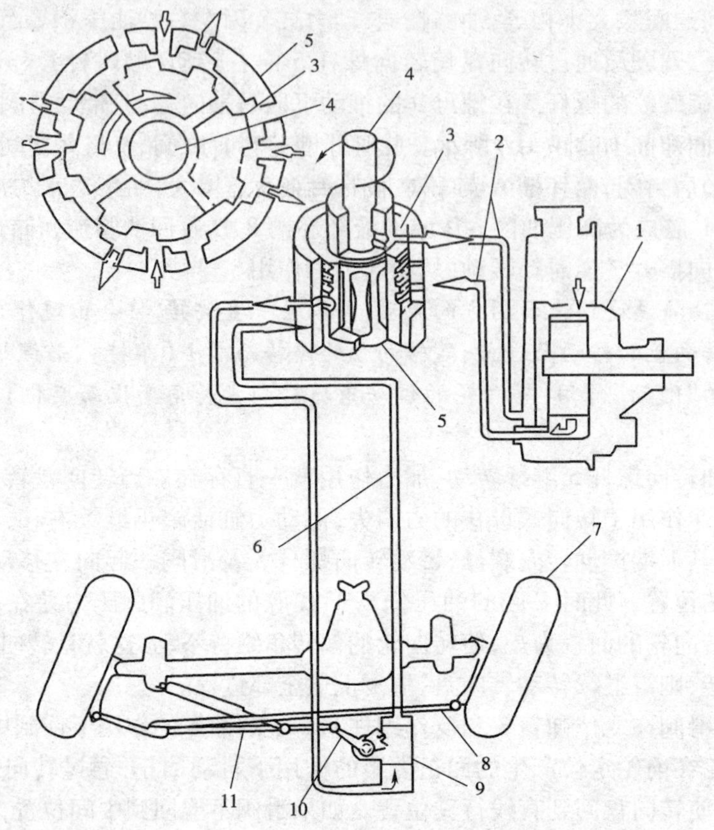

图 4-2　液压常流转阀式动力转向装置

1-转向油泵；2-油管；3-阀体；4-阀芯；6-油管；7-车轮；8-转向拉杆；9-转向动力缸；10-转向摇臂；11-转向横拉杆

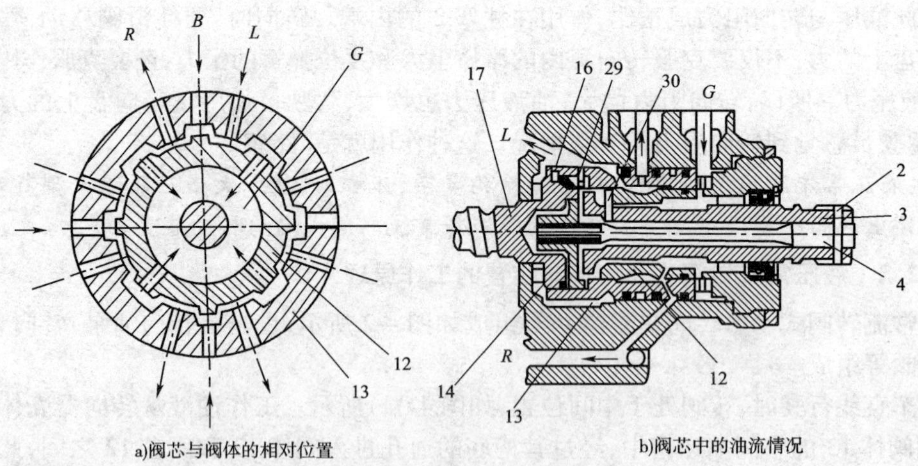

a)阀芯与阀体的相对位置　　b)阀芯中的油流情况

图 4-3　汽车直线行驶时转阀的工作情况

R-接右转向动力缸；*L*-接左转向动力缸；*B*-接转向油泵；*G*-接转向油罐（其余图注同图 4-5）

左转向时（右转向与此正相反），转动转向盘，短轴逆时针转动，通过下端轴销带动阀芯同步转动，同时弹性扭杆也通过轴盖、阀体上的销子带动阀体转动，阀体通过缺口和销子带动螺杆旋转,但由于转向阻力的存在,促使扭杆发生弹性扭转,造成阀体转动角度小于阀芯的转动角度,两者产生相对角位移,如图4-3b)所示。造成通下腔的进油缝隙减小(或关闭),回油缝隙增大,油压降低;上腔正相反,油压升高,上下动力腔产生油压差,齿条—活塞在油压差的作用下移动,产生助力作用。

当转向盘转动后停在某一位置时,阀体随转向螺杆在液力和扭杆弹力的作用下,沿转向盘转动方向旋转一个角度,使之与滑阀的相对角位移量减小,上、下动力缸油压差减小,但仍有一定的助力作用,从而使助力转矩与车轮的回正力矩相平衡,使车轮维持在某一转角位置上。

在转向过程中,若转向盘转动的速度快,阀体与阀芯的相对角位移量也大,上下动力腔的油压差也相应加大,前轮偏转的速度也加快;转向盘转动得慢,前轮偏转的也慢;转向盘转到某一位置上不动,前轮也偏转到某一位置上不变。此即"快转快助,大转大助,不转不助"的原理。

转向后需回正时,驾驶员放松转向盘,阀芯在弹性扭杆作用下回到中间位置,失去了助力作用,转向轮在回正力矩的作用下自动回位。若驾驶员同时回转转向盘时,转向助力器助力,帮助车轮回正。

当汽车直线行驶偶遇外界阻力使转向轮发生偏转时,阻力矩通过转向传动机构、转向螺杆、螺杆与阀体的锁定销作用在阀体上,使之与阀芯之间产生相对角位移,动力缸上、下腔油压不等,产生与转向轮转向相反的助力作用。转向轮迅速回正,保证了汽车直线行驶的稳定性。

当液压动力转向装置失效后,失去方向控制是非常危险的。所以,一旦液压动力转向装置失效,该动力转向器将变成机械转向器。动力传递路线与机械转向系完全一致。

小结:动力转向系统是由机械转向器、转向控制阀、转向动力缸以及将发动机输出的部分机械能转换为压力能的转向油泵(或空气压缩机)、转向储油罐组成。其主要功能是实现"渐进随动原理",即快转快助,大转大助,不转不助。动力转向装置可分为液压式和气压式两种,液压式分为滑阀式和转阀式两种。

测试题:1. 简述动力转向系的功用及常见类型。
2. 对照实物或图片说出液压动力转向系各部件的名称。
3. 对照实物或图片说明液压常流滑阀式动力转向系的工作原理。
4. 对照实物或图片说明液压常流转阀式动力转向系的工作原理。

4.2 液压动力转向系的主要部件

4.2.1 动力转向器

4.2.1.1 滑阀整体式动力转向器

JN1181C13型汽车滑阀整体式动力转向器如图4-4所示,主要由机械转向器、转向动力缸和转向控制阀组成。

机械转向器:为循环球—齿条齿扇式。由转向螺杆26、转向螺母37、动力缸活塞27(齿条)和齿扇轴30组成。齿条与齿扇的啮合间隙用调整螺钉44调节。

转向动力缸:由转向动力缸的缸体(转向器壳体28)、动力缸活塞27组成。

转向控制阀:位于转向螺母下方,二者轴线互相垂直,阀体55借紧定螺钉36限制其轴向和周向位置，滑阀54的轴向位置由转向螺母下部的板状凸缘控制，其中立位置由复位弹簧56保证，滑阀两端各有一个由反作用柱塞53密封的反作用孔腔，分别与动力缸前、后腔连通。

刚通过转向盘转动螺杆时，由于转向螺杆的轴向位置已被推力轴承42限止，动力缸活塞也因受齿扇轴传来的路面阻力而暂时不能运动。螺母两端蝶形弹簧的预紧力又使得转向螺母不可能相对于活塞轴向移动。结果只能使转向螺母随转向螺杆转动一个不大的角度，将滑阀拨到相应的工作位置。于是动力缸的一腔通进油道P，另一腔通回油道O。在动力缸活塞上的液压作用力与转向螺母的轴向力共同作用下，带动扇齿轴30和转向摇臂50转动。

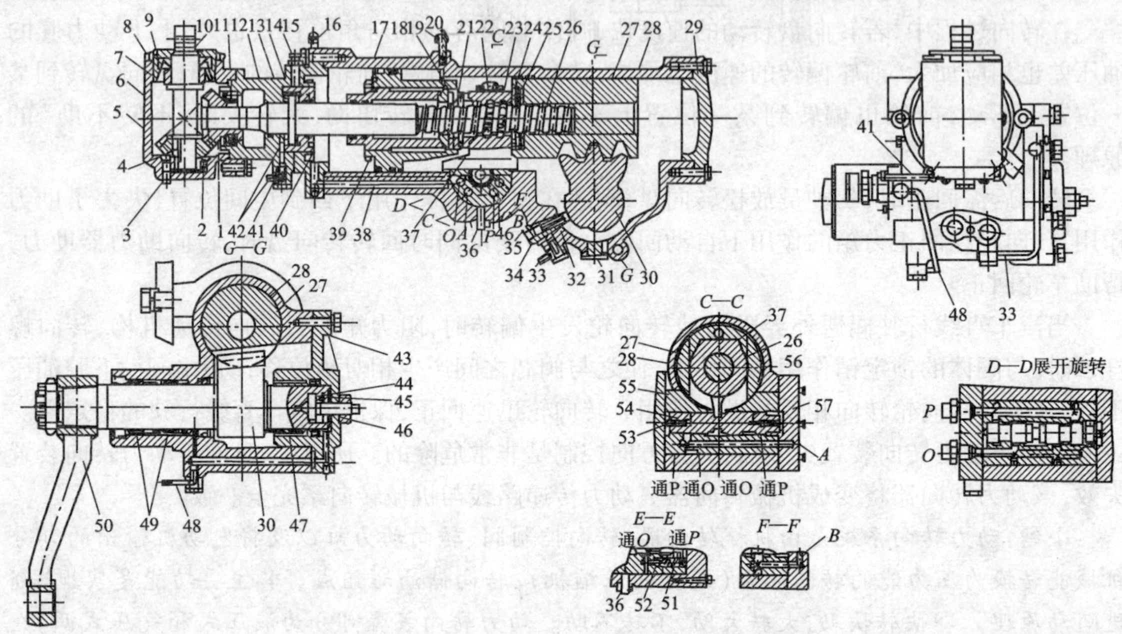

图4-4　黄河N1181C13型汽车滑阀整体式动力转向器

1-从动圆锥齿轮；2-圆锥滚子轴承；3-齿轮箱放油螺塞；4-平键；5-主动圆锥齿轮；6-齿轮箱壳体；7-圆锥滚子轴承；8-锁紧螺母；9-调整螺塞；10-输入轴；11-向心球轴承；12-转向器前盖；13-锥面垫圈；14-向心滚针轴承；15-调整座；16-动力缸前腔放气阀；17-锁紧螺母；18-球面垫圈；19-蝶形弹簧；20-动力缸后腔放气阀；21-径向推力球轴承；22-钢球导管；23-钢球；24-推力滚子轴承；25-蝶形弹簧；26-转向螺杆；27-转向动力缸活塞；28-转向器壳体（动力缸体）；29-转向器后盖；30-齿扇轴；31-放油螺塞；32-转向限制阀柱塞；33-通动力缸前腔的油管；34-转向限止阀弹簧；35-转向限止阀体；36-紧定螺钉；37-转向螺母；38-调整垫片；39-锁片；40-锁紧螺母；41、48-润滑油管；42-推力滚子轴承；43-转向器后侧盖；44-调整螺钉；45-垫圈；46-固定螺母；47、49-向心滚针轴承；50-转向摇臂；51-止回阀弹簧；52-止回阀；53-反作用柱塞；54-滑阀；55-转向控制阀体；56-滑阀复位弹簧；57-转向器前侧盖；*P*-转向控制阀进油道；*O*-转向控制阀回油道；*A*-控制阀通动力缸前腔油道；*B*-控制阀通动力缸后腔油道

4.2.1.2　转阀整体式动力转向器

北京切诺基汽车转阀整体式动力转向器结构如图4-5所示，主要由机械转向器、转向动力缸和旋转式转向控制阀三者组合而成。

机械转向器：为循环球式，有两级传动副，第一级是螺杆螺母（活塞—齿条）传动副，第二级是齿条—齿扇传动副。转向器壳体侧盖上的调整螺钉27及锁紧螺母26，用来调整齿条和齿扇的啮合间隙。

转向控制阀：用于控制压力油的流动方向。主要由阀体（阀套）3、阀芯4、输入轴组件及密封件等组成，如图4-6和4-7所示。扭杆1的一端同阀体3连接在转向轴上，另一端通过定位销与阀芯4相连。阀体3和阀芯4上开有相对应的油道，动力缸左腔和右腔分别与阀体上相

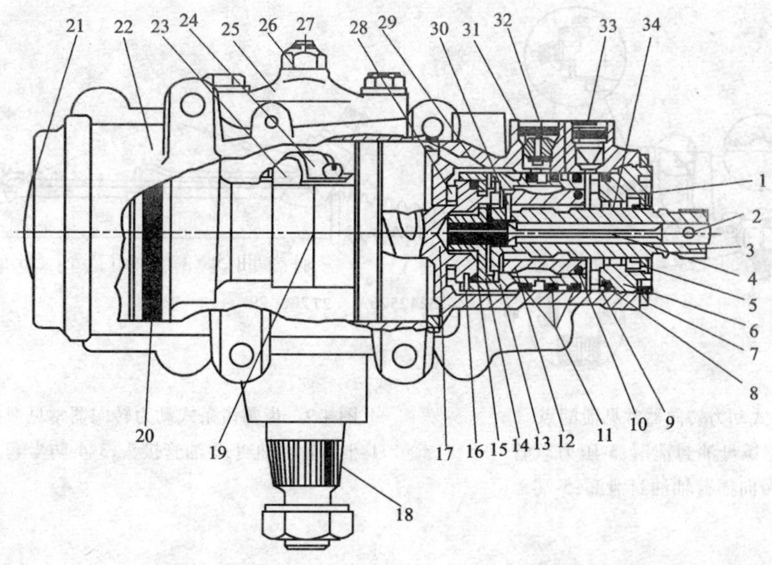

图 4-5　北京切诺基汽车转阀整体式动力转向器

1-卡环;2-锁销;3-短轴;4-扭杆;5-骨架油封;6-调整螺塞;7-锁母;8、10、11、15、20-O 形密封圈;9-推力滚针轴承;12-阀芯;13-阀体;14-下端轴盖;16-锁销;17-转向螺杆;18-转向摇臂轴;19-转向螺母(齿轮—齿条);21-转向器端盖;22-壳体;23-循环球导管;24-导管压紧板;25-侧盖;26-锁紧螺母;27-调整螺钉;28-推力滚针轴承;29-定位销;30-锁销;31-止回阀;32-进油口;33-出油口;34-滚针轴承

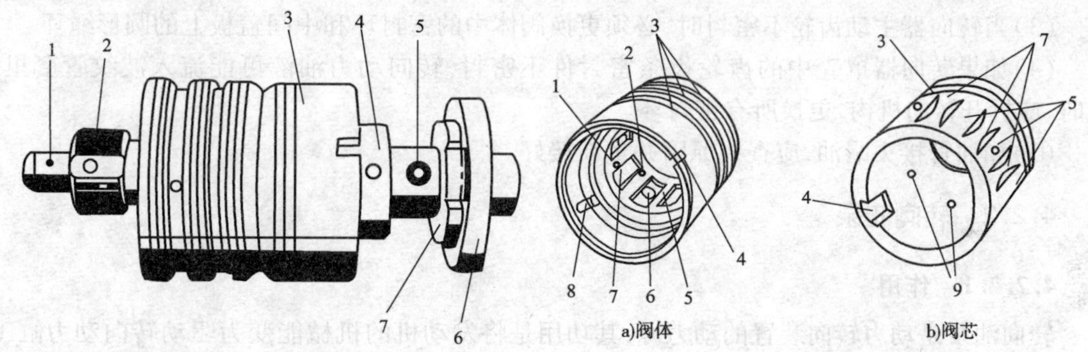

图 4-6　输入轴组件

1-扭杆;2-锁销;3-阀体(阀套);4-阀芯;5-锁销;6-轴盖;7-短轴

图 4-7　阀体及阀芯的结构

1-小孔(通动力缸前腔);2-小孔(通动力缸后腔);3-环槽;4-缺口;5-槽肩;6-孔(通进油口);7-纵槽;8-锁销;9-孔(通回油孔)

对两油道相连,阀上还开有回油道。

转向动力缸:为双向作用型,其作用是利用油压来扩大传送到转向传动机构上的转向力。动力缸缸体即转向器壳体,动力缸活塞即齿条活塞。

4.2.1.3　动力转向器的检修

1)检查

转向器分解后应对控制阀组件、支座组件、滚珠轴承、管道组件、转向横拉杆、转向器壳体、压力密封垫和弹簧、齿条组件、防尘套进行检查,如有明显损伤,应更换。

2)检查系统的密封性

转向系统密封性的检查,应在热车时进行,其常见的泄漏点如图 4-8 和图 4-9 所示。其方

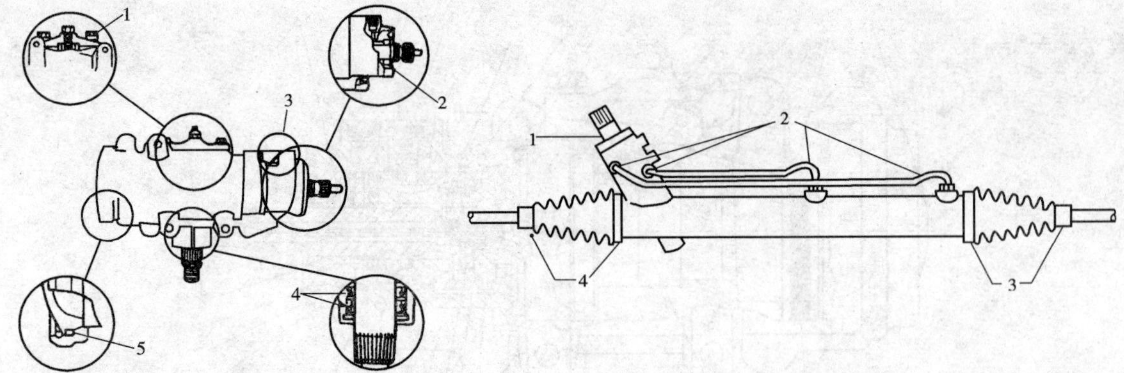

图4-8　循环球式动力转向器常见泄漏点

1-侧盖泄漏；2-调整螺母油封泄漏；3-压力软管接头螺栓泄漏；4-转向摇臂轴油封泄漏；5-端盖油封泄漏

图4-9　齿轮齿条式动力转向器常见泄漏点

1-小齿轮轴油封；2-油管接头；3、4-防尘套及卡箍

法如下。

(1)将转向盘快速向左、右两侧转至极限位置(注意在极限位置停留不得超过5s)，并保持不动。目测检查转向控制阀、齿条密封(松开波纹管软管夹箍，再将波纹管推至一旁)、叶轮泵、油管接头是否有漏油现象，如有渗漏应更换密封件。

(2)如果发现储油罐中缺少ATF油时，应检查转向系统的密封性是否完好。

(3)当转向器主动齿轮不密封时，必须更换阀体中的密封环和中间盖板上的圆形绳环。

(4)如果转向器罩壳中的齿轮齿条密封件不密封，转向动力油液可能流入波纹管套里。此时，应拆开转向机构，更换所有密封环。

(5)如油管接头漏油，应查找原因并重新接好。

4.2.2　转向油泵

4.2.2.1　作用

转向油泵是动力转向装置的动力源，其功用是将发动机的机械能变为驱动转向动力缸工作的液压能，再由转向动力缸输出的转向力，驱动转向车轮转向。

4.2.2.2　类型

转向油泵的结构类型有多种，常见的有齿轮式、转子式和叶片式，分别如图4-10～图4-12所示。下面介绍应用最广泛的叶片式转向油泵。

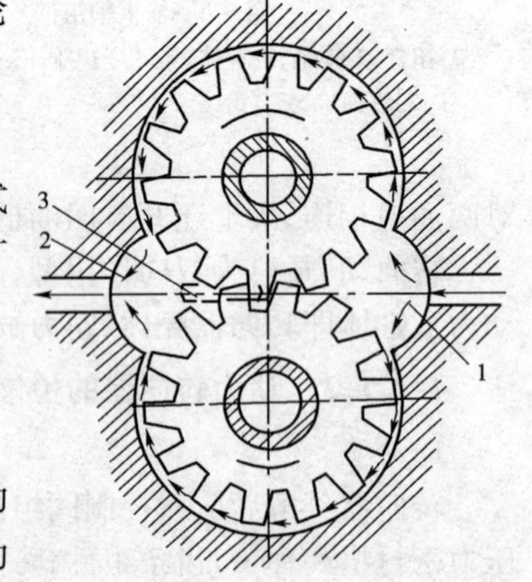

图4-10　齿轮式转向油泵

1-进油口；2-出油口；3-卸荷槽

4.2.2.3　双作用叶片式转向油泵

1)结构(目前最常用的是双作用叶片式转向油泵)

双作用叶片式转向油泵的结构，如图4-13所示。驱动轴14上压有一个皮带轮并由曲轴上皮带轮通过皮带驱动转向油泵。油泵主要由转子27、定子21、配油盘(19、23)、壳体1、驱动轴14及组合阀(溢流阀2和安全阀3)组成。

转子 27 上均匀地开有十个径向叶片槽，槽内装有可径向滑动的矩形叶片 28，叶片顶端可紧贴在定子 21 的内表面上。在转子和定子的两个侧面上各有一配油盘(19、23)，由于转子的宽度稍小于定子的宽度，使两配油盘紧压在定子上。两配油盘和定子一起装在壳体内，不能移动或转动。两配油盘与定子相对的端面上各开有对称布置的腰型槽，分别与进油口和出油口相连。定子内表面曲线近似于椭圆形，使得由转子、定子叶片和左右配油盘之间形成若干个密封的工作室。工作室容积大小随转子旋转实现“由小变大，由大变小，再由小变大，由大变小”一直循环。

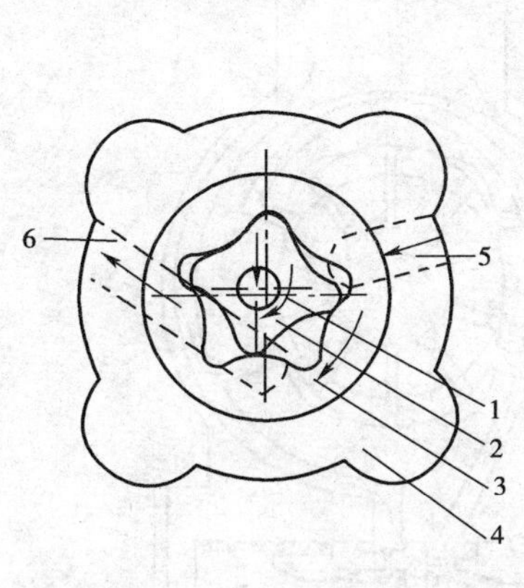

图 4-11 转子式转向油泵

1-主动轴；2-内转子；3-外转子；4-油泵壳体；5-进油口；6-出油口

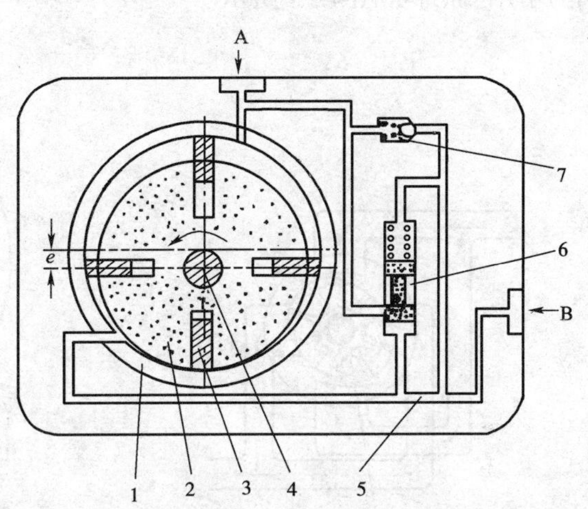

图 4-12 叶片式转向油泵

1-定子；2-转子；3-叶片；4-转子轴；5-出油管道；6-溢流阀；7-安全阀；A-进油孔；B-出油孔

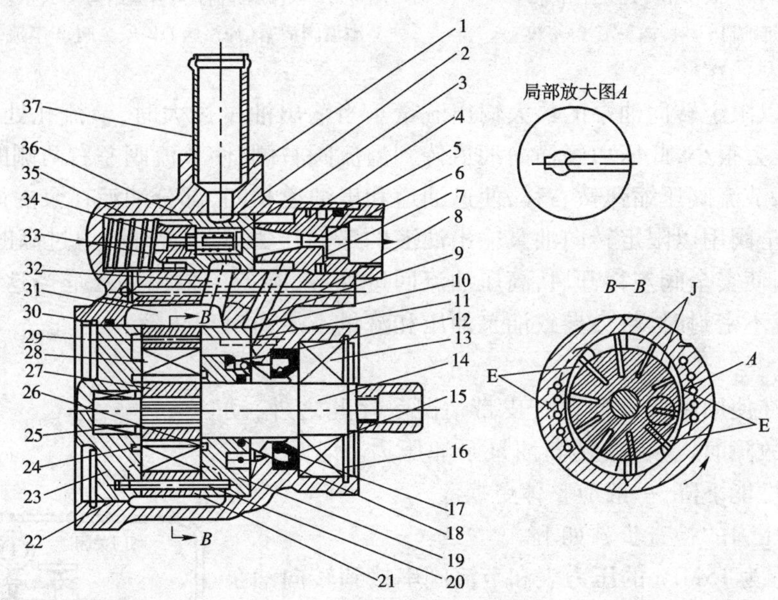

图 4-13 双作用叶片式转向油泵

1-壳体；2-溢流阀；3-安全阀弹簧；4-出油管接头；5、10、18、22-O 型密封圈；6-节流孔；7-感压小孔；8-横向油道；9-出油道；11、20-定位销；12-配油盘压紧弹簧；13-轴承；14-驱动轴；15-骨架油封；16-卡圈；17-隔套；19-右配油盘；21-定子；23-左配油盘；24、26-环形油槽；25-滚针轴承；27-转子；28-叶片；29-定子轴向通孔；30-挡圈；31-进油腔；32-进油槽；33-螺塞；34-钢球；35-溢流阀弹簧；36-安全阀弹簧；37-进油道；J-吸油凹槽；E-压油凹槽

2)原理

双作用叶片式转向油泵的工作原理如图4-14所示。当发动机带动油泵逆时针旋转时,叶片在离心力的作用下紧贴在定子的内表面上,工作容积开始由小变大,从吸油口吸进油液,而后工作容积由大变小,压缩油液,经压油口向外供油。再转180°,又完成一次吸压油过程。

双作用式叶片泵,有两个工作腔,转子每转一周,每个工作腔都各自吸压油一次。溢流阀、安全阀的功用、原理如图4-15所示。

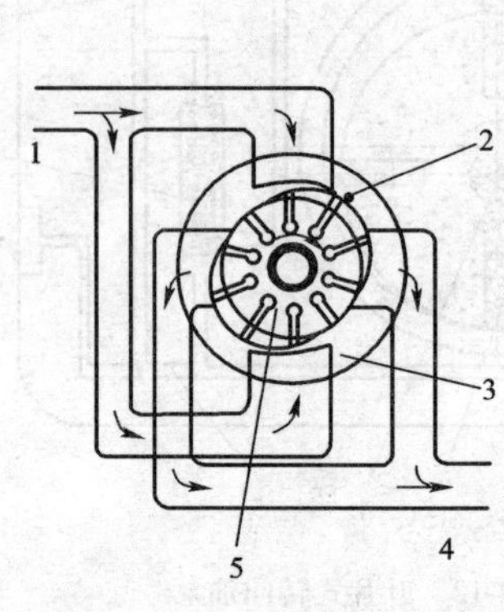

图4-14　双作用叶片泵工作原理
1-进油口;2-叶片;3-定子;4-排油口;5-转子

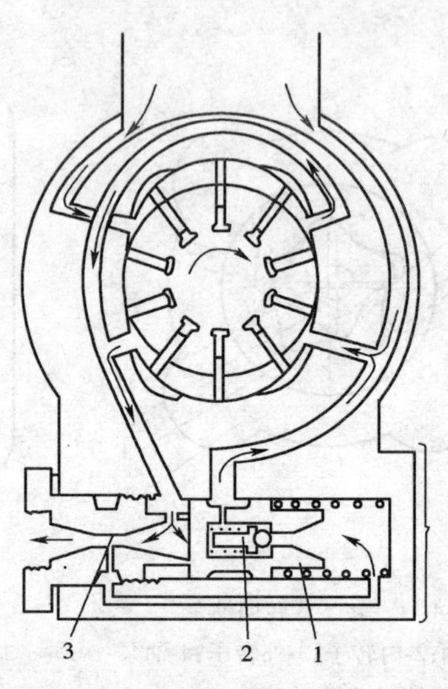

图4-15　双作用卸荷式叶片泵结构、原理示意图
1-溢流阀活塞(溢流阀);2-安全阀;3-节流孔

溢流阀用以限定转向油泵的最大输出流量。当输出油量过大时,节流孔处油液的流速很高,但该处的压力很小,此压力经横向油道传到溢流阀右侧,使节流阀左右两侧的压差增大,在压差的作用下,节流阀压缩弹簧右移,使进油道和出油道相同,部分油液在泵内循环流动,减少了出油量。安全阀用以限定转向油泵输出油液的最高压力。当输出压力过高时,这个压力传到溢流阀右侧,使安全阀左移开启,高压油流回进油腔,降低了输出油压。当这两个阀出现弹簧过软、折断或不密封时,将会导致油泵油压和流量不足而出现故障。

3)检修

转向油泵在使用中应定期检查皮带情况。除此之外,动力转向器出现故障时,应检查转向油泵泵油压力。若确认转向油泵的工作性能下降,一般应整体更换。

转向油泵压力的检查步骤如下。

(1)将量程为15MPa的压力表和节流阀串接到转向油泵和转向控制阀之间的管路中,如图4-16所示。

(2)起动发动机,如果需要,向转向油罐中补充ATF油。

(3)发动机怠速运转,转动转向盘数次。

(4)急速关闭节流阀(不超过5~10s),并读出压力数,额定值如下。

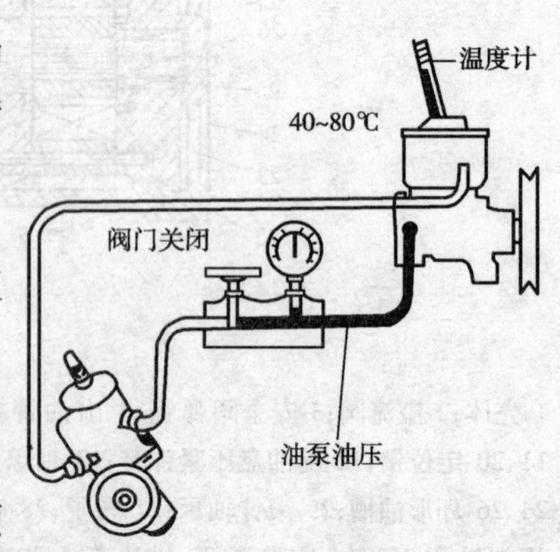

图4-16　转向油泵压力的检查

桑塔纳 2000:6.8 ~ 8.2MPa。

奥迪 200:12 ~ 13MPa。

若压力足够,说明转向油泵正常。

(5)如果没有达到额定值,就应检查压力和流量限制阀是否完好。如不正常就应更换溢流阀、安全阀或更换转向油泵。

测试题:1. 对照实物或图片说明动力转向器、转向油泵的结构和工作原理。

2. 实际操作并说明如何检查转向油泵的压力。

4.3 液压动力转向系的故障诊断

4.3.1 转向沉重

4.3.1.1 故障现象

装有液压动力转向系统的汽车,在行驶中突然感到转向沉重。

4.3.1.2 故障原因

一般是液压转向动力系统失效或动力不足所造成的,其根本原因在于液压不足,引起转向系统油压不足的主要原因有:

(1)转向油罐缺油或油液高度低于规定要求。

(2)液压回路中渗入了空气。

(3)油泵驱动皮带过松或打滑。

(4)各油管接头处密封不良,有泄漏现象。

(5)油路堵塞或滤清器污物太多。

(6)油泵磨损、内部泄漏严重。

(7)油泵安全阀、溢流阀泄漏、弹簧弹力减弱或调整不当。

(8)动力缸或转向控制阀密封损坏。

4.3.1.3 诊断与排除

(1)检查转向油泵驱动部分的情况。

①用手压下转向油泵的驱动皮带,检查皮带的松紧度,若皮带过松,应调整。

②起动发动机,使发动机怠速运转,突然提高发动机的转速,检查转向油泵驱动皮带有无打滑现象,发现问题后应按规定更换性能不良的部件。

(2)检查转向油罐内的油液质量和液面高度,若油液变质则应重新更换规定油液。若只是液面低于规定高度,应加油使油面达到规定位置。

(3)检查转向油罐内的滤清器。

①若发现滤网过脏,说明滤清器堵塞,应清洗。

②若发现滤网破裂,说明滤清器损坏,应更换。

(4)检查油路中是否渗入空气,如果发现油罐中的油液有气泡时,说明油路中有空气渗入,应检查各油管接头和接合面的螺栓是否松动,各密封件是否损坏,有无泄漏现象,油管是否破裂等。对于出现故障的部位应进行修整和更换,并进行排气操作,最后重新加入油液。

(5)检查各油管接头等处有无泄漏,油路中是否有堵塞,查明故障后按规定力矩拧紧有关接头或清除污物。

(6)对转向油泵进行输出油压检查,如果油泵输出压力不足,说明油泵有故障,此时应分解油泵,检查油泵是否磨损或内部泄漏严重、安全阀、溢流阀是否泄漏或卡滞、弹簧弹力是否减弱或调整不当、各轴承是否烧结或严重磨损等。对于叶片泵还应检查转子上的密封环或油封是否损坏,对于齿轮泵应检查齿轮间隙是否过大等,查明故障予以修理,必要时更换油泵。

4.3.2 异响

4.3.2.1 故障现象

汽车转向时,转向系统有过大的异响,并影响汽车的转向性能。

4.3.2.2 故障原因

(1)转向油罐中液面太低,油泵在工作时容易渗入空气。

(2)液压系统中渗入空气。

(3)油罐滤网堵塞,或液压回路中有过多的沉积物。

(4)油管接头松动或油管破裂。

(5)油泵严重磨损或损坏。

(6)转向控制阀性能不良。

4.3.2.3 诊断与排除

(1)当转向盘处于极限位置或原地慢慢转动转向盘时转向器发出"嘶嘶"声,如果这种异响严重则可能为转向控制阀性能不良,应更换转向控制阀。

(2)当转向油泵发出"嘶嘶"声或尖叫声时,应进行以下检查:

①检查油罐液面高度,液面高度不够时应查明泄漏部位并修理,然后按规定加足油液。

②检查转向油泵驱动皮带是否打滑,若打滑应查明原因更换皮带或调整皮带紧度。

③察看油液中有无泡沫,若有泡沫,应查找漏气部位并予以修理,然后排除空气。若无漏气,则说明油路有堵塞处或油泵严重磨损及损坏,应予以修复或更换。

4.3.3 左右转向轻重不同

4.3.3.1 故障现象

汽车行驶时,向左和向右转向操纵力不相等。

4.3.3.2 故障原因

(1)转向控制阀阀芯(或滑阀)偏离中间位置,或虽然在中间位置但与阀体槽肩的缝隙大小不一致。

(2)控制阀内有污物阻滞,使左右转动阻力不同。

(3)液压系统中动力缸的某一油腔渗入空气。

(4)油路漏损。

4.3.3.3 诊断与排除

这种故障多是油液脏污所致,应按规定更换新油后再进行检查。

(1)如果油质良好或更换新油后故障没有消除,应对液压系统进行排气并检查系统有无油液泄漏,液压系统中出现泄漏时,应更换泄漏部位的零部件。

(2)如果故障仍不能排除,则可能是由于控制阀定中不良造成的。滑阀式转向控制阀可在动力转向器外部进行排除,通过改变转向控制阀阀体的位置来实现。如果滑阀位置调整后仍不见好转,应拆检滑阀测量其尺寸,若偏差较大,应更换滑阀;对于转阀式转向控制阀,必须通过分解检查来排除故障。

4.3.4 直线行驶转向盘发飘或跑偏

4.3.4.1 故障现象

汽车直线行驶时,难以保持正前方向而总向一边跑偏。

4.3.4.2 故障原因

(1)油液脏污、转向控制阀复位弹簧折断或变软,使转向控制阀不能及时回位。

(2)转向控制阀阀芯(或滑阀)偏离中间位置,或虽在中间位置但与阀体槽肩的缝隙大小不一致。

(3)流量控制阀卡滞使油泵流量过大或油压管路布置不合理,造成油压系统管路节流损失过大,使动力缸左右腔压力差过大。

4.3.4.3 诊断与排除

(1)首先检查油液是否脏污。对于新车或大修以后的车辆,如果不认真执行磨和期换油规定,将导致油液脏污。

(2)对于使用较久的车辆,则可能是流量控制阀或转向控制阀复位弹簧失效所致,此时可在不起动发动机的情况下转动转向盘,凭手感判断控制阀是否开启运动自如,若有怀疑,一般应拆卸检查。

(3)最后检查转向油泵流量控制阀是否卡滞以及油压管路布置是否合理,发现故障应及时予以修理。

4.3.5 转向时转向盘发抖

4.3.5.1 故障现象

发动机工作时转向,尤其是在原地转向时滑阀共振,转向盘抖动。

4.3.5.2 故障原因

(1)油罐液面低。

(2)油路中渗入空气。

(3)转向油泵驱动皮带打滑。

(4)转向油泵输出压力不足。

(5)转向油泵流量控制阀卡滞。

4.3.5.3 诊断与排除

(1)首先检查油罐液面是否符合规定,否则按要求加注转向油液。

(2)排放油路中渗入的空气。

(3)检查转向油泵驱动皮带是否打滑或其他驱动型式的齿轮传动等有无损坏,发现问题后应按规定调整皮带紧度或更换性能不良的部件。

(4)对转向油泵输出压力进行检查。压力不足时应分解油泵,检查油泵是否磨损或内部泄漏严重、安全阀及流量控制阀是否泄漏或卡滞、弹簧弹力是否减弱或调整不当、各轴承是否烧结或严重磨损等。对于叶片式转向油泵还应检查转子上的密封环或油封是否损坏。对于齿轮式油泵应检查齿轮间隙过大等。查明故障予以修理。必要时更换油泵。如果泵轴油封泄漏也应更换转向油泵。

测试题:现场设置液压动力转向系某一故障,进行故障排除能力测试。

4.4 液压动力转向系的维护项目

4.4.1 转向储油罐液面高度的检查及油液的更换

转向储油罐的功用是储存、滤清、冷却动力转向系统工作油液,其表面有不同方式表示的液面高度要求。如果液面高度太低,将使动力转向系渗入空气,造成汽车转向操作不稳,忽轻忽重或有噪声。

4.4.1.1 转向储油罐液面的检查

(1)将车辆停放在平坦的地面上,使前轮处于直行位置。

(2)起动发动机,并使其达到正常的工作温度。

(3)使发动机怠速运转大约 2min,左、右转动几次转向盘,使油温达到 40~80℃,关闭发动机。

(4)观察储油罐的液面,此时液面应处于 MAX(上限)与 MIN(下限)之间,液面低于 MIN 时,应加至 MAX,如图 4-17 所示。

(5)对于用油尺检查的汽车:拧下带油尺的封盖,用布将油位标尺擦净,将带油尺的封盖插入储油罐内拧好,然后重新拧出,观察油尺上的标记,应处于 MAX 与 MIN 之间,必要时将转向油加至 MAX 处。

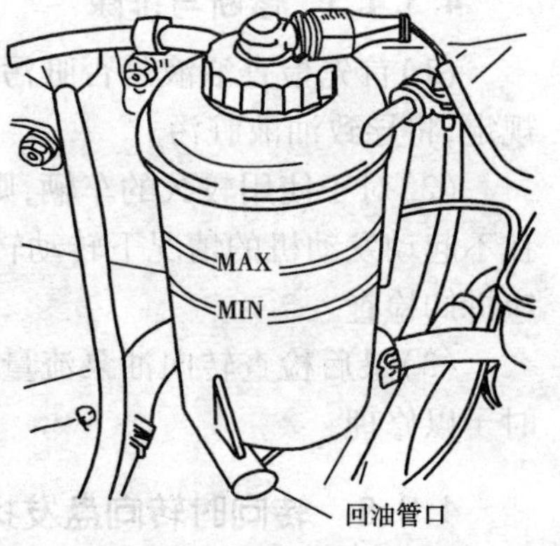

图 4-17 转向储油罐油面的检查

4.4.1.2 转向油液的更换

(1)放油

①支起汽车前部,使两前轮离开地面。

②拧下转向储油罐盖,拆下转向油泵回油管,然后将转向油放入容器中。

③发动机怠速运转,在放转向油的同时,左右转动转向盘。

(2)加油与排气

①向转向储油罐内加注符合规定的转向油(桑塔纳 2000 转向油型号为 PENPOSIN CHF 11S(PL-VW521 46),奥迪轿车转向油型号为 G 002 000)。

②停止发动机工作,支起汽车前部,并用支架支撑,连续从左到右转动转向盘若干次,将转向系统中多余空气排出。

③检查转向储油罐中油面高度,视需要加至 MAX 标记处。

④降下汽车前部,起动发动机怠速运转,连续转动转向盘,注意油面高度的变化,当油面下

降时就应不断加注转向油，直到油面停留在 MAX 处，并在转动转向盘后，储油罐中不再出现气泡为止。

4.4.2 转向油泵皮带张紧力的检查与调整

4.4.2.1 皮带张紧力的检查

方法一：汽车停在干燥路面上，运转发动机使油液上升到正常温度，左右转动转向盘，此时驱动皮带负荷最大，如果皮带打滑，说明皮带张紧度不够或油泵内有机械损伤。这种方法为快速、经验法。

方法二：关闭发动机，用手以约 100N 的力从皮带的中间位置按下，皮带应有约 10mm 挠度为合适，否则必须调整。

方法三：有条件时可使用如图 4-18 所示的皮带紧度测量仪。将测量仪安装在驱动皮带上，然后测量皮带产生标准变形量时所需力的大小。各种尺寸的皮带的张紧度要求见表 4-1。

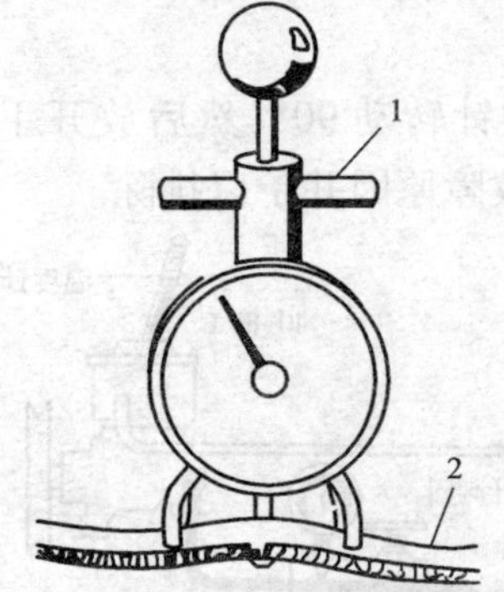

图 4-18 皮带张紧度测量仪
1-测量仪；2-皮带

各种尺寸的皮带的张紧度　表 4-1

皮带宽度 / 皮带状态	皮带宽度（单位：mm）		
	8.0	9.5	12.0
新皮带	最大 350N	最大 620N	最大 750N
旧皮带	最大 200N	最大 300N	最大 400N
带齿皮带	最大 250N		

提示：汽车每行驶 15 000km 时，应检查皮带的张紧力，必要时更换。

4.4.2.2 皮带张紧力的调整

以桑塔纳 2000 型为例进行介绍。

(1) 松开转向油泵支架上的后固定螺栓，如图 4-19 所示。

(2) 松开张紧螺栓的螺母，如图 4-20 所示。

(3) 通过张紧螺栓把皮带绷紧，如图 4-21 所示。当用手以约 100N 的力从皮带的中间位置按下，皮带约有 10mm 挠度为合适。

(4) 拧紧张紧螺栓的螺母，拧紧转向油泵支架上的固定螺栓。

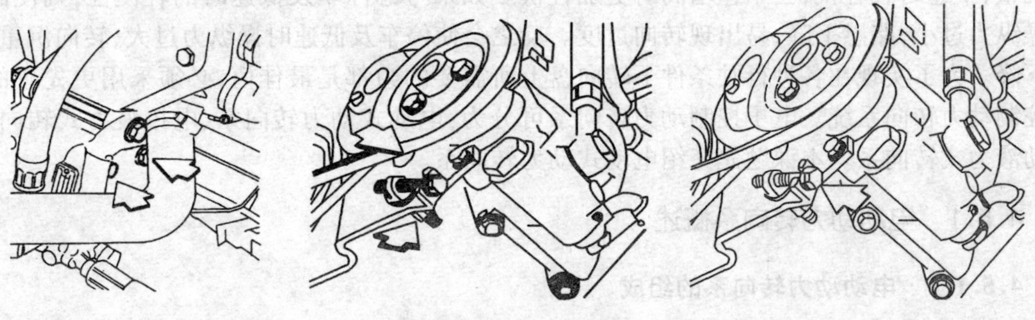
图 4-19 松开后固定螺栓　图 4-20 松开张紧螺栓的螺母　图 4-21 张紧皮带

4.4.3 转向盘的检查

4.4.3.1 检查转向操纵力

(1)检查转向操纵力时,将汽车停放在水平干燥的路面上,油液温度达到40~80℃,轮胎气压正常,并使前轮处于直线行驶位置。

(2)发动机怠速运转,将一弹簧秤钩在转向盘边缘上,拉动转向盘,检查转向盘左右转动一圈所需拉力变化。一般来说,如果转向操纵力超过44.5N,说明动力转向工作不正常,应检查有无皮带打滑或损坏、转向油泵输出油压或油量是否低于标准、油液中是否渗入空气、油管是否有压瘪或弯曲变形等故障。

4.4.3.2 转向盘回位检查

检查时,一面行驶一面查看下列各项:

(1)缓慢或迅速转动转向盘,检查两种情况下的转向盘操纵力有无明显的差别,并检查转向盘能否回到中间位置。

(2)使汽车以约3.5km/h的速度行驶,将转向盘顺时针或逆时针转动90°,然后放开手1~2s,如果转向盘能自动回转70°以上,说明工作正常,否则应查明故障原因并予以排除。

4.4.4 系统压力的检查

(1)如图4-22所示,接好压力表和节流阀。

(2)将节流阀打开,起动发动机并以怠速运转,使转向盘向左、右旋转到极限位置,同时读出压力表上的压力,额定值为6.8~8.2MPa。

(3)如果向左或向右的额定值达不到要求,就要修理转向器或更换总成。

提示:如果动力转向系出现失效或转向沉重等故障,应检查转向油泵和系统的工作压力。

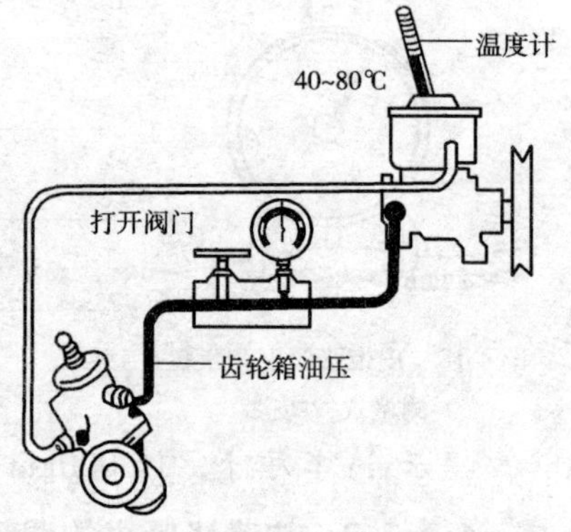

图4-22 系统压力的检查

测试题:实际操作并说明如何进行液压动力转向系的维护。

4.5 电动动力转向系的基本结构和工作原理

普通动力转向系的助力特性是不变的,且与车速无关,这会导致停车及低速时,转向盘操纵沉重,中速时较轻快,当车速增高时更加轻快。如果考虑停车及低速时的轻便性,则使高速时操纵力过小,路感下降,易出现转向过度。反之会使停车及低速时操纵力过大,转向沉重,效率下降。为了实现在各种行驶条件下转向盘上所需要的力都是最佳值,必须采用更先进的电子控制动力转向系统。电子控制动力转向系可分为:电动式动力转向系、电控液力式转向系、电动液力式转向系。本课题先介绍电动式动力转向系。

4.5.1 电动动力转向系概述

4.5.1.1 电动动力转向系的组成

如图4-23所示,该系统通常由转矩传感器、车速传感器、电动机、电磁离合器、减速机构、电子控制单元等组成。各部件在车上的布置如图 4-24 所示。

4.5.1.2 电动动力转向系的工作原理

当操纵转向盘时,装在转向轴上的转矩传感器不断测出转向轴上的转矩,并由此产生一个电压信号。该信号与车速信号同时输入电子控制单元,电子控制单元根据这些输入信号进行运算处理,确定助力转矩的大小和转向,即选定电动机的电流和转向,调整转向的助力。电动机的转矩由电磁离合器通过减速机构减速增矩后,加在汽车的转向机构上,使之得到一个与工况相适应的转向作用力。

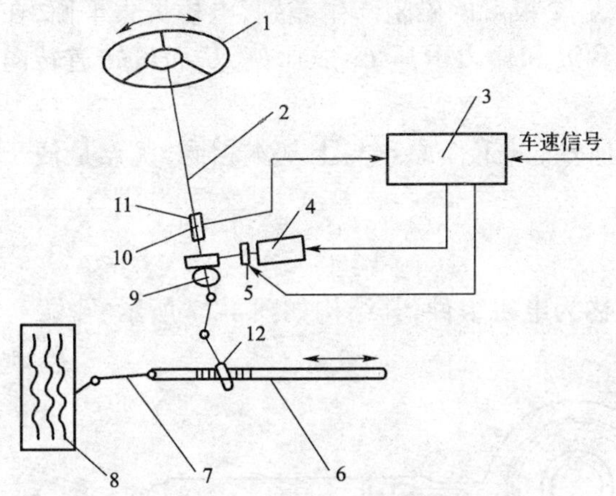

图 4-23 电动动力转向系的组成

1-转向盘;2-输入轴(转向轴);3-电子控制单元;4-电动机;5-电磁离合器;6-转向齿条;7-转向横拉杆;8-轮胎;9-输出轴;10-扭力杆;11-转矩传感器;12-转向齿轮

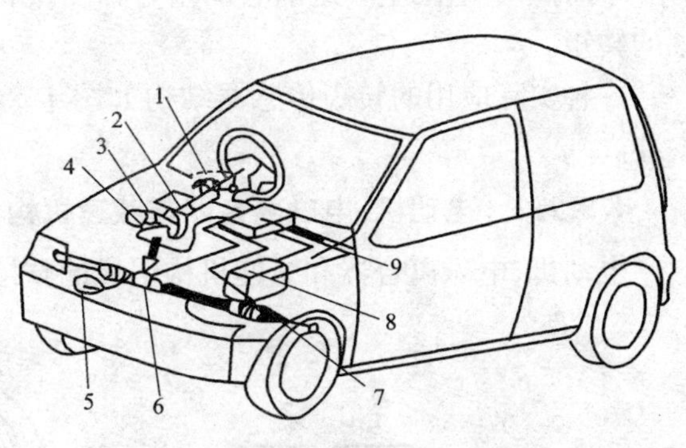

图 4-24 电动动力转向系在车上的布置

1-车速传感器;2-转矩传感器;3-减速机构;4-电动机与离合器;5-发电机;6-转向机构;7-发动机转速传感器;8-蓄电池;9-电子控制单元

4.5.2 电动动力转向系统(EPS)部件结构及工作原理

4.5.2.1 转矩传感器

转矩传感器也称转向传感器,其作用是通过测定转向盘与转向器之间的相对转矩,作为电动助力的依据之一。

转矩传感器的结构、原理如图 4-25 所示。

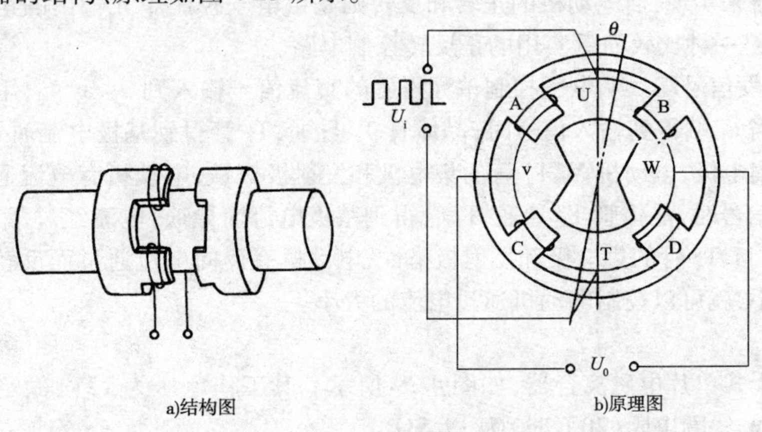

a)结构图 b)原理图

图 4-25 转矩传感器结构及原理

用磁性材料制成的定子和转子可以形成闭合的磁路，线圈 A、B、C、D 分别绕在极靴上，形成一个桥式回路。转向轴扭转变形的扭转角与转矩成正比，所以只要测定轴的扭转角，就可间接地知道转向力的大小。

在线圈的 U、T 两端施加连续的脉冲电压信号 U_i，当转向轴上的转矩为零时，定子与转子的相对转角也为零。这时转子的纵向对称面处于定子 AC、BD 的对称平面上，每个极靴上的磁通量是相同的。电桥平衡，V、W 两端的电位差 $U_0=0$。

如果转向轴上存在转矩时，定子与转子的相对转角不为零，此时转子与定子间产生角位移 θ。极靴 A、D 间的磁阻增加，B、C 间的磁阻减小，各个极靴的磁阻产生差别，电桥失去平衡，在 V、W 两端产生电位差。这个电位差与轴的扭转角 θ 和输入电压 U_i 成比例，从而可知道转向轴的转矩。

一种实际应用的转矩传感器结构如图 4-26 所示，其工作原理与上基本相同，优点是便于安装。

4.5.2.2 电动机、电磁离合器与减速机构

电动机、电磁离合器和减速机构组成的整体称为电机组件，其结构如图 4-27 所示。

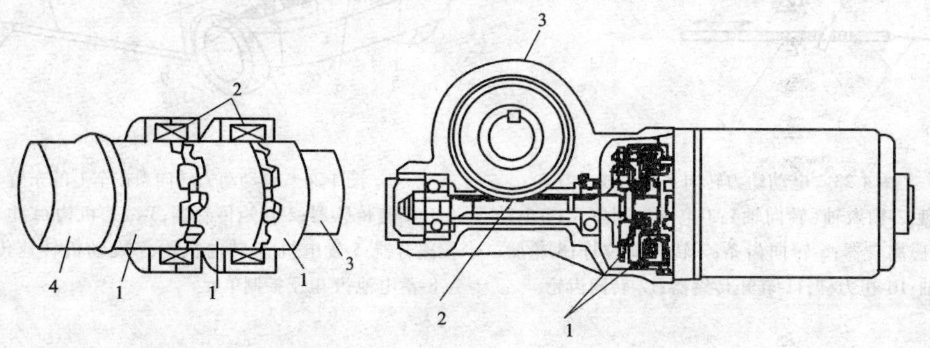

图 4-26 实际应用的转矩传感器
1-检测环；2-检测线圈；3-输入轴；4-输出轴

图 4-27 电机组件
1-电磁离合器；2-涡轮；3-斜齿轮

1）电动机

转向助力电动机就是一般的永磁电动机（原理不再叙述），电动机的输出转矩控制是通过控制其输入电流来实现，而电动机的正转和反转则是由电子控制单元输出的正反转触发脉冲控制。图 4-28 是一种比较简单实用的正反转控制电路。

a_1、a_2 为触发信号端。从电子控制单元得到的直流信号输入到 a_1、a_2 端，用以触发电动机产生正反转。当 a_1 端得到输入信号时，晶体管 T_3 导通，T_2 管得到基极电流而导通，电流经 T_2 管的发射极和集电极、电动机 M、T_3 管的集电极和发射极搭铁，电动机有电流通过而正转。当 a_2 端得到输入信号时，晶体管 T_4 导通，T_1 管得到基极电流而导通，电流经过 T_1 管的发射极和集电极，电动机 M、T_4 管的集电极和发射极搭铁，电动机有反向电流通过而反转。控制触发信号端的电流大小，就可以控制电动机通过电流的大小。

2）离合器

一般使用干式单片电磁离合器，如图 4-29 所示。其工作电压为 12V，额定转速时传递的转矩为 15 N·m，线圈电阻（20℃时）为 19.5Ω。

其工作原理是：当电流通过滑环进入离合器线圈时，主动轮产生电磁吸力，带花键的压板

被吸引与主动轮压紧,电动机的动力经过轴、主动轮、压板、花键、从动轴传给执行机构。

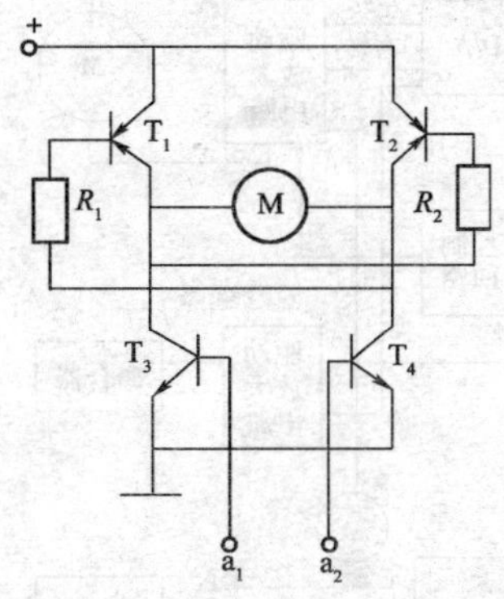

图 4-28　电动机正反转控制电路

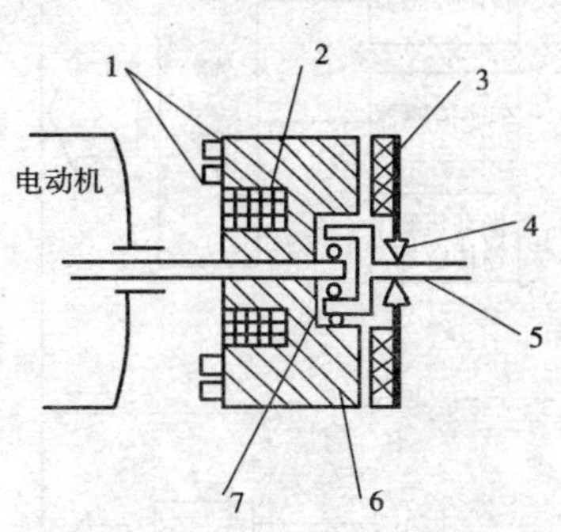

图 4-29　电磁离合器的结构

1-滑环;2-线圈;3-压板;4-花键;5-从动轴;6-主动轮;7-滚珠轴承

由于转向助力的工作范围限定在一速度区域内,所以离合器一般设定一个速度范围,如当车速超过 30km/h 时,离合器便分离,电动机也停止工作,这时就没有转向助力的作用。当电动机停止工作时,为了不使电动机及离合器的惯性影响转向系的工作,离合器也应及时分离,以切断辅助动力。当系统中电动机等发生故障时,离合器会自动分离,这是仍可恢复手动控制转向。

3)减速机构

目前使用的减速机构有多种组合方式,一般采用涡轮蜗杆与转向轴驱动组合式,也有的采用双级行星齿轮与传动齿轮组合式,如图 4-30 所示,图 4-27 是涡轮与斜齿轮组合方式。涡轮与固定在转向输出轴上的斜齿轮相啮合,它把电机的回转运动减速后传递到输出轴上。为了抑制噪声和提高耐久性,减速机构中的齿轮有的采用特殊齿形,有的采用树脂材料制成。

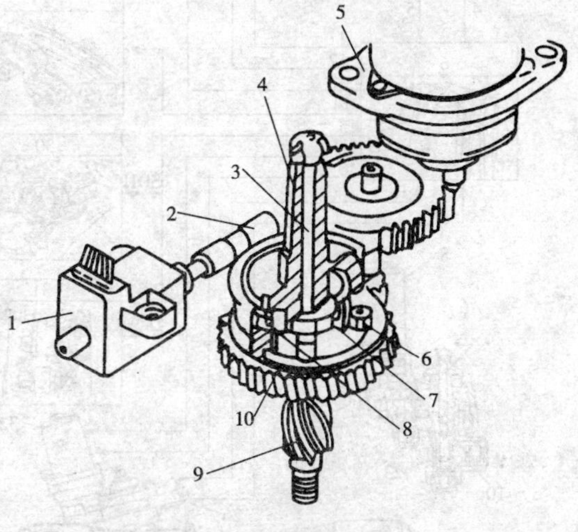

图 4-30　双级行星齿轮减速机构

1-转矩传感器;2-转轴;3-扭力杆;4-输入轴;5-电动机与离合器;6-行星小齿轮 A;7-太阳轮;8-行星小齿轮 B;9-驱动小齿轮;10-齿圈

4.5.2.3　控制系统

电动动力转向的控制系统如图 4-31 所示。该系统的核心是一个由 4K ROM 和 256RAM 组成的 8 位微机。

转向盘转矩信号和车速信号经过输入接口送入微机,随着车速的升高,微机控制相应地降低助力电动机电流,以减少助力转矩。发动机转速信号也被送入微机,当发动机处于怠速时,由于供电不足,助力电动机和离合器不工作。因此,电动动力转向工作时,电子控制单元必须控制发动机处于高怠速工作状态。点火开关的通断(ON/OFF)信号经 A/D 转换接口送入微机。当点火开关断开时,电动机和离合器不能进入工作。微机输出控制指令经 D/A 转换接口送入电动机和离合器的驱动放大电路中,控制电动机的旋转转向和离合器的离合。电动机的电流经驱动放大回路、电流表 A、A/D 转换接口反馈给微机,即电动机的实际电流与按微机指令应给的电流相比较,调节电动机的实际电流,使两者接近一致。

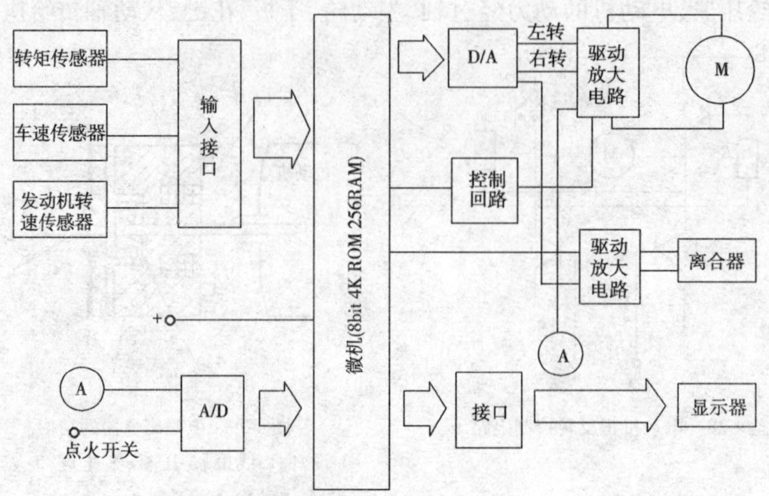

图 4-31 电动动力转向的控制系统

三菱"米尼卡"车的电动动力转向系如图 4-32 所示,控制系统简图如图 4-33 所示。

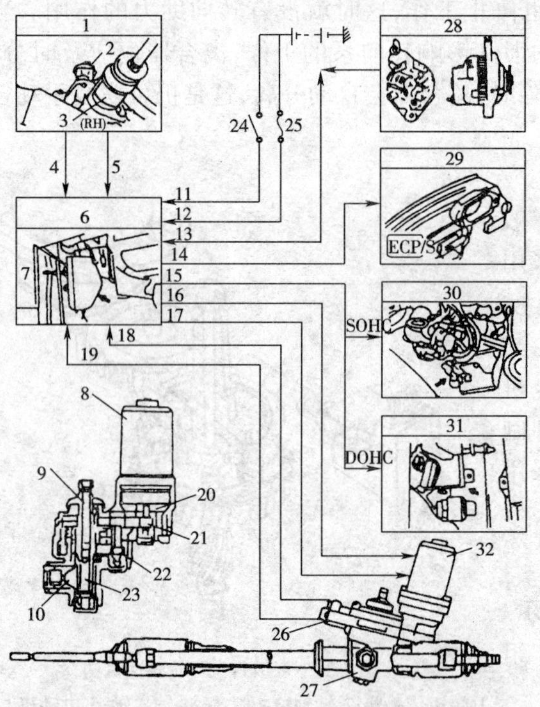

图 4-32 三菱"米尼卡"车电动动力转向系的组成

1-车速传感器;2-速度表引出电缆的部位;3-传动轴;4-车速信号(主);5-车速信号(副);6-电子控制单元;7-副驾驶员脚下部位;8-电动机;9-扭杆;10-齿条;11-点火电源信号 12-蓄电池信号;13-发电信号;14-指示灯电流;15-高怠速电流;16-电动机电流;17-离合器电流;18-转矩信号(主);19-转矩信号(副);20-离合器;21-电动机齿轮;22-传动齿轮;23-小齿轮;24-点火开关;25-熔断丝;26-转矩传感器;27-转向器齿轮总成;28-交流发电机(L端子);29-指示灯;30-怠速提高电磁阀;31-发动机电子控制单元;32-电动机与离合器

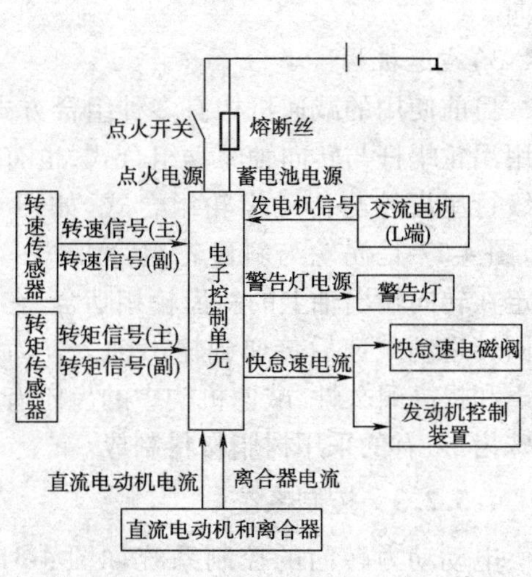

图 4-33 三菱"米尼卡"车电动动力转向系的电子控制系统

由图4-32和4-33可知：交流发电机的L端子可视为向电子控制单元输入信号的一个传感器，利用交流发电机的L端子电压可以判断发动机是否转动。当发动机还未发动时，该系统不能工作。

电动机和离合器接受电子控制单元输出的控制电流，产生助力转矩，经传动齿轮减速后，再经过小齿轮实现动力转向，电动机的动力是通过行星齿轮机构传递的。离合器是由电磁铁和弹簧等组成的电磁离合器。

当点火开关接通时，电源加于电子控制单元上，电动助力转向系才能进行工作。在发动机已起动时，交流发电机的L端子的电压加到电子控制单元上。当检测到发动机处于起动状态时，动力转向系转为工作状态。

行车时，电子控制单元按不同车速下的转向盘转矩，控制电动机的电流，并完成电子控制转向和普通转向控制之间的转换。当车速高于30km/h时，则转换成普通的转向控制，电子控制单元没有离合器信号和电动机电流输出，离合器处于分离状态。当车速低于27km/h时，电子控制单元又输出离合器信号和电动机电流，普通转向控制又转换为动力转向的工作方式。

电子控制单元还具有自我修正的控制功能。当电动动力转向系出现故障时，可自动断开电动机的输出电流，恢复到通常的转向功能；同时速度表内的电动动力转向报警灯点亮，以通知驾驶员，动力转向系统发生故障。

测试题：1. 对照实物或图片说出电动动力转向系的组成，说出部件名称和工作原理。

2. 以三菱微型汽车上使用的电动动力转向系为例，叙述电动动力转向系的控制原理。

4.6 电动动力转向系的检测与故障诊断

4.6.1 电动动力转向系的部件检测

以三菱“米尼卡”微型汽车的电动动力转向系为例进行说明。

4.6.1.1 转矩传感器的检查

1）检测转矩传感器线圈电阻

从转向器总成上拔下转矩传感器插接器，其端子排列如图4-34a）所示。测量转矩传感器3号与5号端子之间、8号与10号端子之间的电阻，其标准值应为2.18±0.66kΩ。若不符合要求，则应更换转矩传感器。

2）检测转矩传感器电压

用万用表直流电压挡测量上述各端子之间的电压，将转向盘置于中间位置，测得电压约2.5V为良好，4.7V以上为断路，0.3V以下为短路。

4.6.1.2 电磁离合器的检查

从转向器上断开电磁离合器插接器，其端子排列参见图4-34a）。将蓄电池的正极接到1号端子上，蓄电池的负极与6号端子相接，在接通与断开6号端子的瞬间，离合器应有工作声音。若没有声

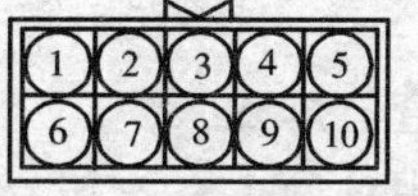

a)转矩传感器与电磁离合器

b)电动机

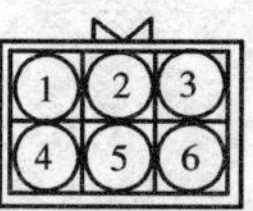

c)车速传感器

图4-34 电动动力转向系插接器端子排列

音,表明电磁离合器有故障,应更换转向器总成。

4.6.1.3 直流电动机的检查

从转向器上断开电动机插接器,其端子排列如图4-34a)所示。给电动机加上蓄电池电压时,电机应有转动声音。若没有声音,应更换转向器总成。

4.6.1.4 车速传感器的检查

1)检查车速传感器转动情况

从变速器拆下车速传感器,用手转动车速传感器的转子检查其能否顺利转动,若有卡滞应予更换。

2)检测车速传感器电阻

拔开车速传感器插接器,其端子排列如图4-34c)所示。测量车速传感器插接器1号与2号端子之间、4号与5号端子之间的电阻值,其值等于165±20Ω为良好。若与上述不符则必须更换车速传感器。

4.6.2 电动动力转向系的故障诊断

以三菱"米尼卡"微型汽车的电动动力转向系为例,说明电动动力转向系的故障诊断与排除方法。

4.6.2.1 故障警告灯的检查

当点火开关处于ON位置时,故障警告灯应点亮,发动机起动后,警告灯熄灭为正常。警告灯不亮时,应检查灯泡是否损坏,熔断丝和导线是否断路。若发动机起动后,警告灯仍亮时,首先应考虑系统是否处于保险状态(只有常规转向工作,无电动助力),然后进行自诊断操作。

4.6.2.2 自诊断操作

将指针式万用表直流电压挡的正表笔接在诊断插座的2号端子上,负表笔接铁,如图4-35a)所示。接通点火开关,通过表针的摆动显示故障码。如果有多个故障码,将以由小到大的顺序显示出来。故障码波形如图4-35b)所示,故障码的含义见表4-2。

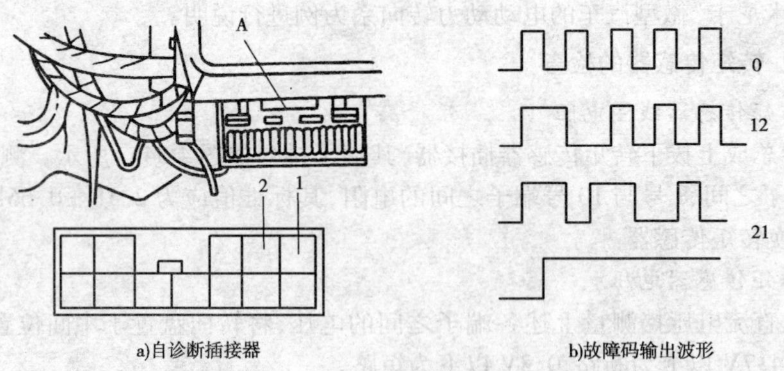

a)自诊断插接器　　b)故障码输出波形

图4-35　自诊断操作

1-多点燃油喷射;2-电动动力转向;A-连接片

4.6.2.3 故障检查与排除

确知故障码后,首先把蓄电池负极线拆下30s以上,即清除故障码后,再进行一次自诊断操作,若故障码又重复显示,即证明故障确实存在(永久性故障),需进一步检查。下面以故障码 41、42、43、44 为例说明如何检查、排除故障。

故障码的含义　　表 4-2

故障码	检查诊断项目	故障码	检查诊断项目
0	正常	41	直流电动机
11	转矩传感器(主)	42	直流电动机电路
12	转矩传感器(副)	43	直流电动机过电流
13	转矩传感器主副侧电压差过大	44	直流电动机锁止
21	车速传感器(主)	51	电磁离合器
22	车速传感器主副侧电压差过大	54	电子控制单元
23	车速传感器(主)电压急减	55	转矩传感器 E/F 回路不良
31	交流发电机 L 端子		

1)故障码 41 的检查

(1)起动发动机,不转动转向盘,观察故障码是否再次出现。再现时,按照故障码含义检查有关部件。不再现时,直接进入第 4)步检查。

(2)拆下电动机插接器,检查电动机的两接线端子之间和端子与搭铁(外壳)之间的导通状态。用万用表电阻挡测试电动机两接线端子之间的电阻。正常时,应有一定电阻,若不通,则表明内部断路;电动机接线端子与搭铁之间应不通,否则,表明两接线端子与外壳之间有短路故障。

(3)若电动机及其接线端子均正常,应检查转向器总成到电子控制单元之间的导线是否良好,若导线正常,则表明电子控制单元不良。

(4)检查导线无异常时,再进行行驶试验,若故障码不再出现时,转动转向盘,检查电动机是否工作。

2)故障码 42 的检查

(1)起动发动机,用 1rad/s 以下的速度转动转向盘观察故障码是否再现,不再现时,按 1)中所述检查导线,无异常时,通过行驶,进行再现试验。

(2)通过诊断,若故障码 42 再现,而且又发生 11 号、13 号故障码时,可考虑是由转矩传感器系统的导线,或者是转向器总成异常所致。

3)故障码 43 的检查

起动发动机,不转动转向盘,检查故障码是否再现;若再现,则表示电子控制单元不良。不再现时,试转动转向盘,若此时故障码再现,应检查导线。

4)故障码 44 的检查

起动发动机,不转动转向盘,检查故障码是否再现;再现时,应检查与电动机有关的导线,若导线没有异常,用良好的电子控制单元换下原车上的电子控制单元,进行对比检查判断。若故障码不再现时,将点火开关重复通、断 6 次,并使点火开关在 OFF 位置时的时间在 5s 以上。如此反复检查即可把某种故障的部位查清楚。

测试题:1. 实际操作并说明如何进行转矩传感器、电磁离合器、直流电动机和车速传感器的检测。

2. 就车进行电动动力转向系故障的诊断与排除。

4.7　电控液力式动力转向系的基本结构和工作原理

电控液力式转向系统是电子控制动力转向的另外一种形式。它通过控制电磁阀的动作，使动力转向液压控制回路油压根据车速而变化，在低速时操纵力减轻，在中低速以上时操纵力不致过小，即保持一定的手感。

4.7.1　电控液力式动力转向系统的组成

如图4-36所示，电控液力式动力转向系主要由转向控制阀、电磁阀、分流阀、转向动力缸、转向油泵、储油罐、车速传感器和电子控制单元等组成。

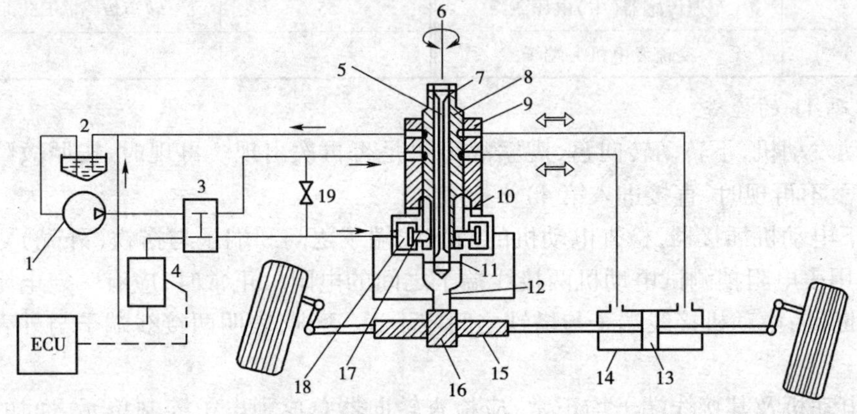

图4-36　电控液力式动力转向系的组成

1-转向油泵；2-储油罐；3-分流阀；4-电磁阀；5-扭力杆；6-转向盘；7、10、11-销；8-转阀阀杆；9-控制阀阀体；12-转向齿轮轴；13-活塞；14-转向动力缸；15-转向齿条；16-转向齿轮；17-柱塞；18-油压反力室；19-阻尼孔

4.7.1.1　转向控制阀

转向控制阀的结构如图4-37所示，其基本结构是在传统的整体式动力转向控制阀的基础上，在内部增加了一油压反力室和四个小柱塞，四个小柱塞位于控制阀阀体下端的油压反力室内。输入轴部分有两个小凸起顶在柱塞上。在油压反力室受到高压作用时，柱塞将推动控制阀阀杆。此时，扭杆即使受到转矩作用，由于柱塞推力的影响，也会抑制控制阀阀杆与阀体的相对回转。

提示：转向控制阀的基本结构可参考前面的动力转向器。

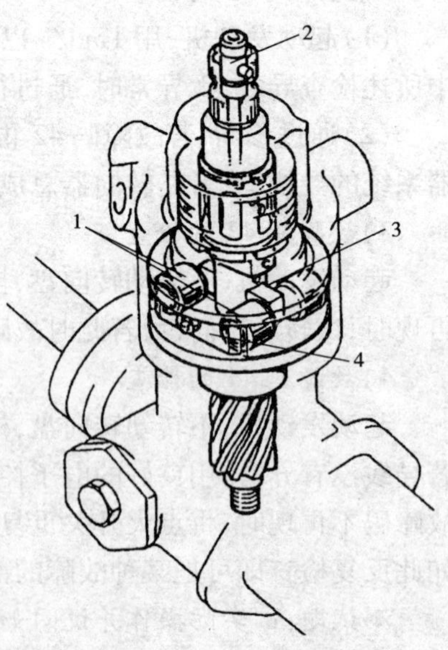

图4-37　转向控制阀

1-柱塞；2-扭杆；3-凸起；4-油压反力室

4.7.1.2　分流阀

分流阀的作用是将来自转向油泵输出的液压油向控制阀一侧和电磁阀一侧分流，按照车速和转向要求，改变控制阀一侧与电磁阀一侧的油压，确保电磁阀一侧具有稳定的油液流量。阻尼孔的作用是把供给转向控制阀的一部分分流量分配到油压反力室一侧。

4.7.1.3 电磁阀

电磁阀由滑阀、电磁线圈、油路通道等构成。电磁阀油路的阻尼面积,可随电磁线圈通电电流占空比(通断比)变化。车速低时,通电电流大,滑阀被吸引,油路的阻尼增大,流向油箱的回流量增加。随着车速的升高,电流减小,油液回流量也减少。

4.7.2 电控液力式动力转向系统的工作原理

电控液力式动力转向系具有三种控制状态。电子控制单元(ECU)根据车速传感器信号判断出车辆停止、低速状态与中高速状态,控制电磁阀通电电流。

4.7.2.1 停车与低速状态

电子控制单元(ECU)使电磁阀通电电流增大,经分流阀分流的油液通过电磁阀流回油箱,柱塞受到的背压小(油压低),柱塞推动控制阀阀杆的力矩小,因此只需要较小的转向力就可使扭杆扭转变形,使阀体与阀杆发生相对转动而使控制阀打开,油泵输出油压作用到动力缸右室(或左室),使动力缸活塞左移(或右移),产生转向助力。

4.7.2.2 中高速直行状态

车辆直行时,转向偏摆角小,扭杆相对转矩小,控制阀油孔开度减小,控制阀侧油压升高。由于分流阀的作用,使电磁阀侧油量增加。同时,随着车速的升高,通电电流减小,通过电磁阀流回油箱的阻尼增大,油压反力室的反力增大,使柱塞推动控制阀阀杆的力矩增大,转向盘手感增强。

4.7.2.3 中高速转向状态

从存在油压反力的中高速直行状态转向时,扭杆的扭转角更加减小,控制阀开度更加减小,控制阀侧油压进一步升高。随着该油压升高,将从固定阻尼孔向油压反力室供给油液。这样,除从分流阀向油压反力室供给的一定流量油液外,增加了从固定阻尼孔侧供给的油液,导致柱塞推力进一步增强。此时需要较大的转向力才能使阀体与阀杆之间作相对转动而实现转向助力作用,使得在中高速时驾驶员可获得良好的转向手感和转向特性。

测试题:1. 电控液力式动力转向系主要由哪几部分组成?对照实物指出电控力式动力转向系统各部件的名称,简述其作用原理。

2. 叙述电控液力式动力转向系的工作原理。

4.8 四轮转向系

四轮转向系使汽车低速行驶转向并且转向盘转动角度很大时,后轮相对于前轮反向偏转,并且偏转角度随转向盘转角增大而在一定范围内增大。如汽车急转弯、掉头行驶、避障行驶或进出车库时,从而使汽车转向半径减小,转向机动性能提高。汽车在高速行驶转向时,后轮应相对于前轮同向偏转,从而使汽车车身的横摆角度和横摆角速度大为减小,使汽车高速行驶时的操纵稳定性显著提高。

从后轮转向装置的控制方法上,四轮转向系可分为转角随动型四轮转向系和车速感应型四轮转向系。转角随动型四轮转向系都是采用机械式的;而车速感应型四轮转向系有液压式、电子控制液压式和全电子控制式。下面介绍不同类型的四轮转向系。

4.8.1 机械式四轮转向系

4.8.1.1 机械式四轮转向系统的组成

如图 4-38 所示,机械式四轮转向系主要由转向盘、前轮转向器、后轮取力器齿轮箱、后轮转向传动轴、后轮转向器等组成。后轮转向也是绕转向节主销偏转的,其结构与前轮相似。

4.8.1.2 后轮转向取力器齿轮箱

1)结构

后轮转向取力器齿轮箱的结构如图 4-39 所示。后轮转向取力器齿轮箱中只有一对齿轮—齿条传动机构,其齿条与前轮转向器中的齿条共用,取力器齿轮固定在与后轮转向传动轴相连的齿轮轴上,齿轮轴通过衬套支撑在齿轮箱壳的轴承孔中,后轮转向取力器齿轮箱固定在车架上。

2)工作原理

当转动转向盘使前轮转向时,后轮转向取力器齿轮箱中的齿条在前轮转向器中转向齿条的带动下左、右移动,驱动与其啮合的取力器齿轮旋转,并带动后轮转向传动轴旋转,转向盘的转向操纵力的方向、大小、快慢就由后轮转向传动轴传给后轮转向器。

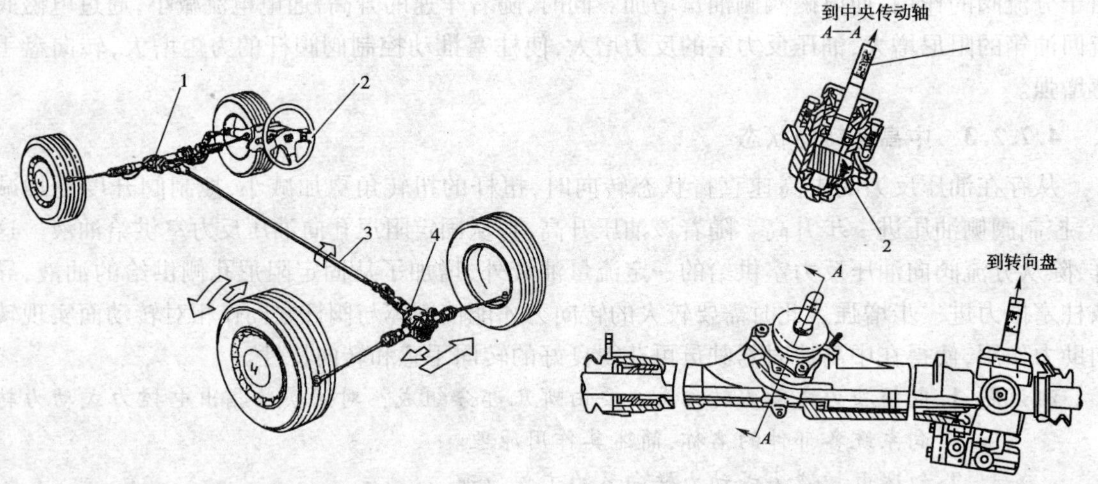

图 4-38 机械式四轮转向系的组成

1-后轮转向取力器齿轮箱;2-转向盘;3-后轮转向传动轴;4-后轮转向器

图 4-39 后轮转向取力器齿轮箱

1-小齿轮输出轴;2-齿条

4.8.1.3 后轮转向器

1)功用

后轮转向器的功用是利用后轮转向传动轴传来的转向操纵力,驱动后轮偏转并实现后轮转向。另外,还要控制后轮在转向盘的不同转角下,相对于前轮作同向或异向偏转。

2)结构

后轮转向器的结构如图 4-40 所示,主要由偏心轴、齿圈、行星齿轮、滑块、导向块、转向横拉杆和后轮转向器壳等组成。

3)工作原理

后轮转向器的工作原理如图 4-41 所示。

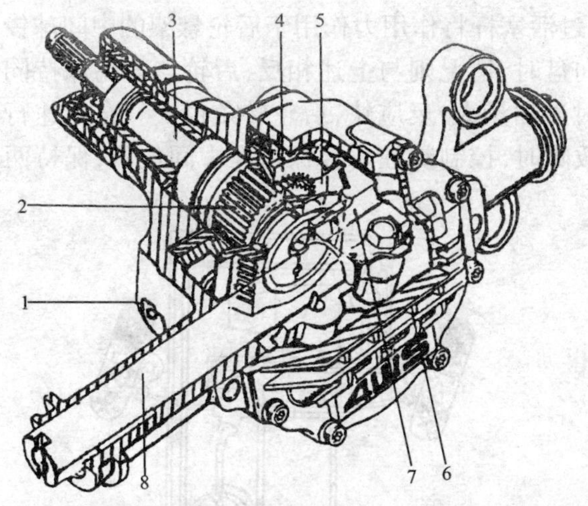

图 4-40 后轮转向器结构

1-后轮转向器壳;2-行星齿轮;3-偏心轴;4-齿圈;5-滑块;6-齿轮箱盖;7-导向块;8-转向横拉杆

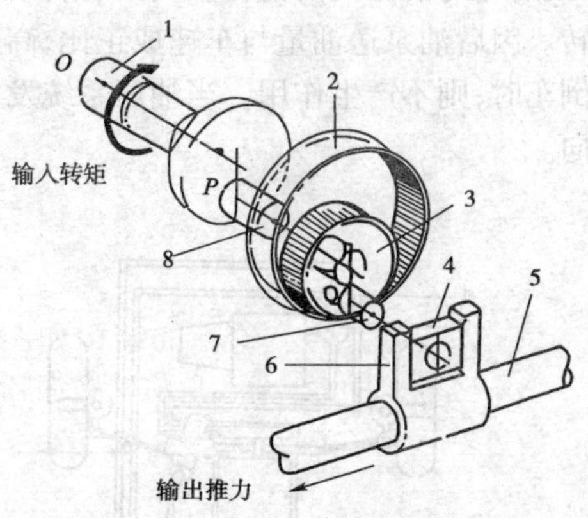

图 4-41 后轮转向器的工作原理

1-偏心轴;2-齿圈(固定);3-行星齿轮;4-滑块;5-转向横拉杆;6-导向块;7、8-偏心轴

后轮转向传动轴输入的转向操纵力首先驱动偏心轴使其绕轴线 O 转动,这时行星齿轮在偏心销的带动下绕轴线 O 公转,同时还与齿圈啮合绕轴线 P 自转,偏置在行星齿轮上的偏心销穿过滑块的中心孔并带动滑块运动,滑块的水平运动通过导向块传给转向横拉杆,驱动后轮作转向运动。

当转向盘转角很大时(行驶速度很低,处于急转弯状态),后轮相对于前轮反向偏转,汽车转向半径减小,转向机动性能提高。当转向盘转角很小时(高速调整行车方向或移线行驶),后轮与前轮同向偏转,使汽车高速行驶的操纵稳定性显著提高。

4.8.2 液压式四轮转向系

机械式四轮转向系的后轮偏转是依靠机械传动将前轮偏转运动传到后轮上。由于机械部分不可避免地存在磨损,传动间隙增大,而使后轮实际偏转角不准确,性能下降。因此将被车速感应型四轮转向装置所取代。

4.8.2.1 液压式车速感应型四轮转向系统的结构

液压式车速感应型四轮转向系统的结构如图 4-42 所示,主要由前轮动力转向器、前轮转向油泵、控制阀及后轮转向动力缸、后轮转向油泵等组成。

后轮转向系统由控制阀、后轮转向油泵和后轮转向动力缸组成。控制阀的内腔被柱塞分割成几个工作油腔,左、右油腔分别与前轮转向动力缸的左、右油腔相通,柱塞的位置由前轮动力缸内的油压进行控制。后轮转向油泵由后轴差速器驱动,其输出油量只受车速影响。

前轮为齿轮齿条式动力转向器,其结构与普通液压动力转向系相同。

液压式四轮转向系的特点是低速时汽车只采用两轮转向,只在汽车行驶达到一定车速(50km/h)后才进行四轮转向。

4.8.2.2 液压式车速感应型四轮转向系的工作原理

当向左转动转向盘时,如图 4-43 所示,前轮动力缸及控制阀侧压力腔压力升高。控制柱塞向右移动,柱塞的移动量受前轮动力缸左右腔压力差控制,同时受转向盘操纵力大小的控制。转向盘操纵力越大,同时后轮转向动力缸输出的油液经过控制阀的相应通道进入后轮转向动力缸的右腔，使动力缸活塞向左移动，通过活塞杆将作用力作用于后轮悬架的中间球铰接头，使后轮与前轮同向偏转。当向右转动转向盘时，情况则与上述相反，后轮与前轮保持同向偏转。因后油泵送油量与车速成正比，高速时送油量大，反应快，后轮转角也大。在低速行驶或倒车时，则不产生作用。当油压系统发生故障时，控制阀柱塞会保持在中间位置，保持两轮转向。

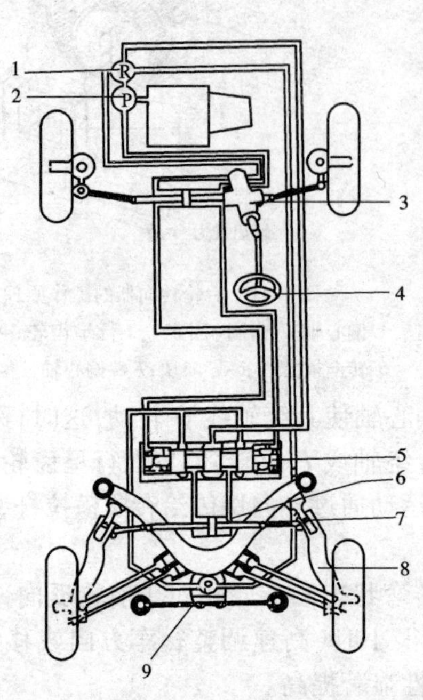

图 4-42　液压式四轮转向系示意图
1-储油罐；2-转向油泵；3-前轮动力转向器；4-转向盘；5-后轮转向控制阀；6-后轮转向动力缸；7-铰接头；8-从动臂；9-后轮转向专用油泵

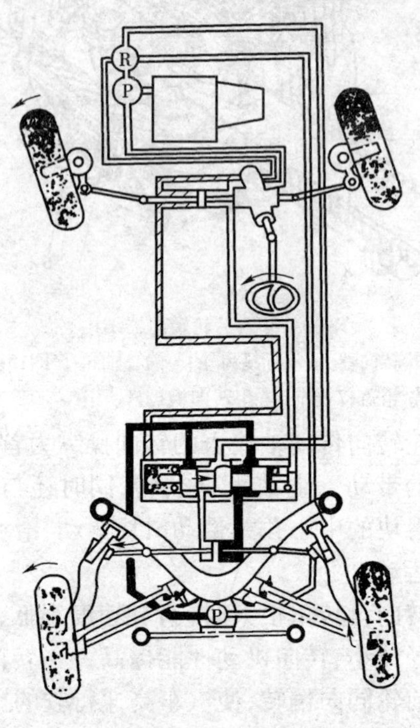

图 4-43　液压式车速感应型四轮转向系的工作原理

4.8.3　电子控制液压式四轮转向系

随着电子技术的发展，电子控制技术也应用于四轮转向系。在前两种四轮转向系中，由于采用机械和随车速变化的油压控制，使后轮偏转角的控制不够精确。在电子控制液压式四轮转向系中，由于采用了电子相位控制系统，使后轮偏转角度控制更精确。

4.8.3.1　电子控制液压式四轮转向系的组成及结构

如图 4-44 所示，电子控制液压式四轮转向系主要由转向盘、转向油泵、前动力转向器、后轮转向传动轴、车速传感器、电子控制单元、后轮转向系统组成。

1）前轮转向器和后轮转向传动轴

前轮转向器（图 4-45）为齿轮齿条式，但将齿条加长，与固定在后轮转向传动轴上的小齿轮啮合。当转动转向盘使齿条水平移动时，齿条一方面控制前轮转向动力缸工作，推动前轮转向，同时将转向盘转动的方向、快慢和转动的角度传给后轮转向传动轴，驱动该轴转动，以控制后轮转向。

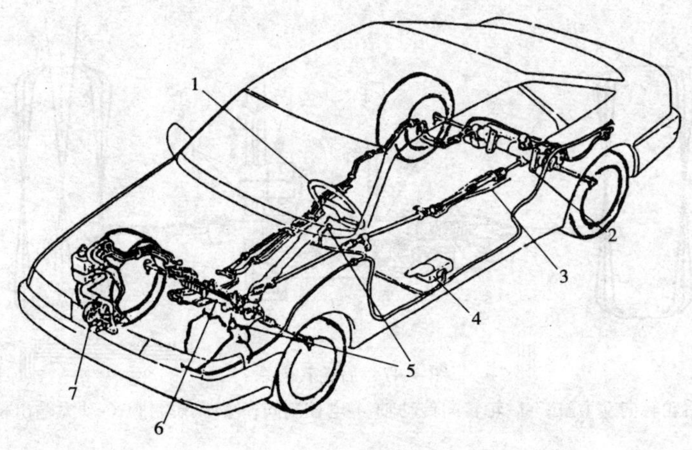

图 4-44 电子控制液压式四轮转向系

1-转向盘;2-后轮转向系;3-后轮转向传动轴;4-电子控制单元;5-车速传感器;6-前动力转向器;7-转向油泵

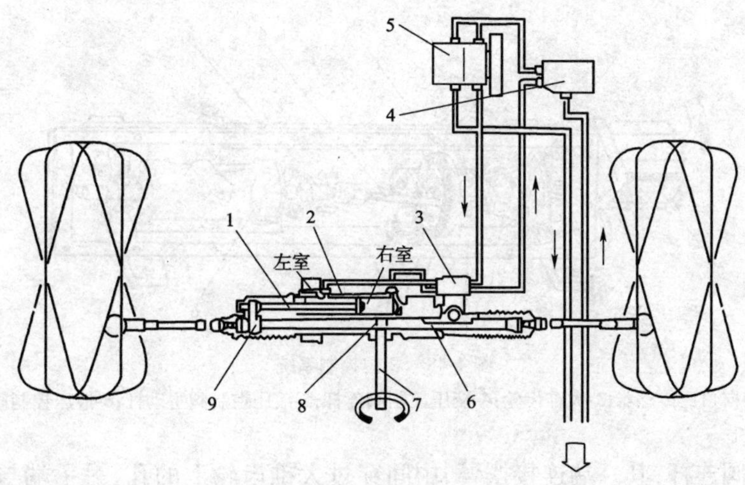

图 4-45 前轮转向器

1-转向动力缸活塞杆;2-转向动力缸;3-转向控制阀;4-转向油泵;5-储油罐;6-转向齿条;7-后轮转向传动轴;8-转向齿轮;9-连接板

2)后轮转向系

后轮转向传动轴的结构如图 4-46 所示。后轮转向系如图 4-47 所示,它主要包括相位控制系统、液压控制阀、后轮转向动力缸等组成。

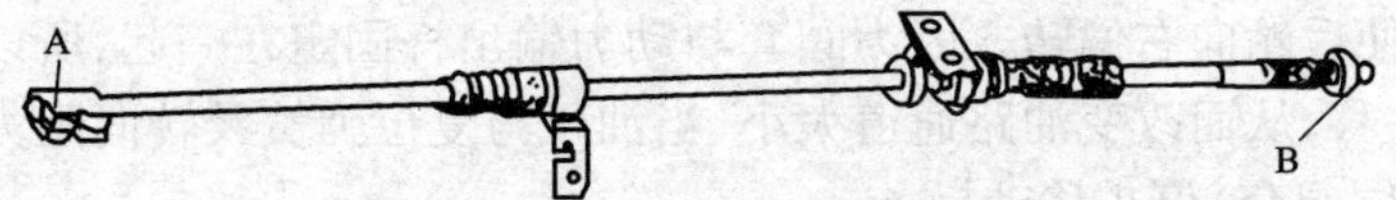

图 4-46 后轮转向传动轴

A-接前轮转向系;B-接后轮转向系

(1)相位控制系统。相位控制系统包括步进电机、扇形控制齿板、摆臂、大锥齿轮、小锥齿轮、液压控制阀连杆等组成,如图 4-48 所示。后轮转向传动轴与转向齿轮连接并输入前转向齿条的运动状态。一个前、后车轮转向角比传感器安装在扇形控制齿板旋转轴上。

①步进电机:用螺栓固定在壳体一端,电机输出轴装一锥齿轮,与固定在蜗杆轴上的另一

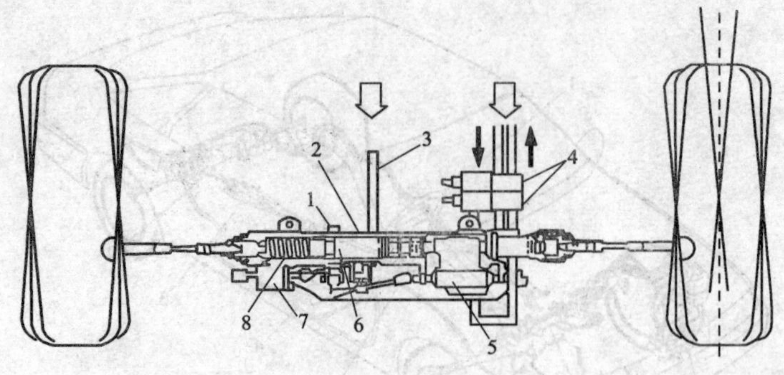

图 4-47 后轮转向系

1-转向角比传感器;2-后轮转向动力缸;3-后轮转向传动轴;4-电控制阀;5-液压控制阀;6-动力输出杆;7-步进电机;8-复位弹簧

锥齿轮啮合,蜗杆轴的转动将使扇形控制齿板摆动。步进电机接受车速传感器的电信号而转动,转动结果使扇形控制齿板正向摆动或逆向摆动一定角度,从而将摆臂拉向或推离步进电机。

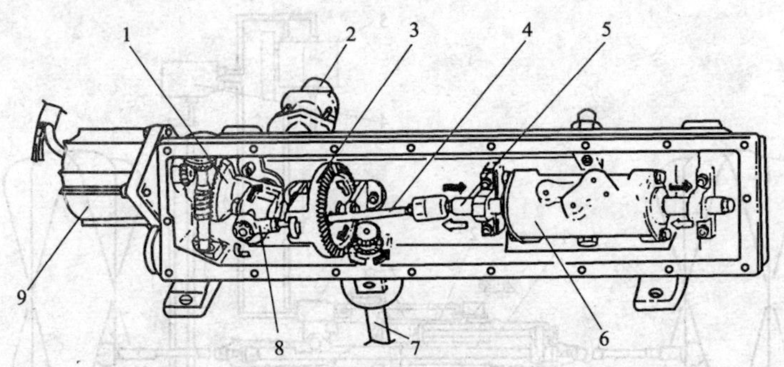

图 4-48 相位控制系统

1-扇形控制齿板;2-转向角比传感器;3-大锥齿轮;4-液压控制阀连杆;5-液压控制阀主动杆;6-液压控制阀;7-后轮转向传动轴;8-摆臂;9-步进电机

②液压控制阀连杆:其一端连接摆臂,中间穿过大锥齿轮上的孔,另一端与液压控制阀主动杆连接。大锥齿轮的旋转运动是由小锥齿轮驱动的,而小锥齿轮的转动是由后轮转向传动轴驱动的。由此可见,液压控制阀连杆的运动是摆臂运动和大锥齿轮运动的合成,即液压控制阀连杆的运动受车速和前轮转向运动的综合影响。

(2)液压控制阀。如图 4-49 所示,液压控制阀是一滑阀结构,其滑阀的位置取决于车速和前轮转向系转角。图中表示滑阀向左移动的过程,此时油泵送来的油液通过液压控制阀进入动力缸右腔,同时动力缸左腔通过液压控制阀与储油罐相通。在动力缸左右腔压力的作用下,动力输出杆左移,使后轮向右偏转。因为阀套与动力输出杆固定在一起,所以当动力输出杆左移时将带动阀套左移,从而改变油路通道大小,当油压与复位弹簧及转向阻力的合力达到平衡时动力输出杆(连同阀套)停止移动。

提示:上述作用原理与液压常流滑阀式动力转向装置基本一致。

(3)后轮转向动力缸。阀套将滑阀密封,阀套内含有连接相位控制系统和动力缸的油道。输出杆穿过动力缸活塞(输出杆与动力缸活塞固定连接),两端分别与左、右转向横拉杆连接,在动力缸两腔的压差作用下,输出杆向左或向右移动,从而使得后轮作相应偏转。当汽车直线行驶时,在动力缸两腔的复位弹簧及油压作用下,使后轮处于直线行驶位置。此功能也使得当电子控制系统或液压回路出现故障时,后轮回到直线行驶位置,使四轮转向变成一般的两轮转

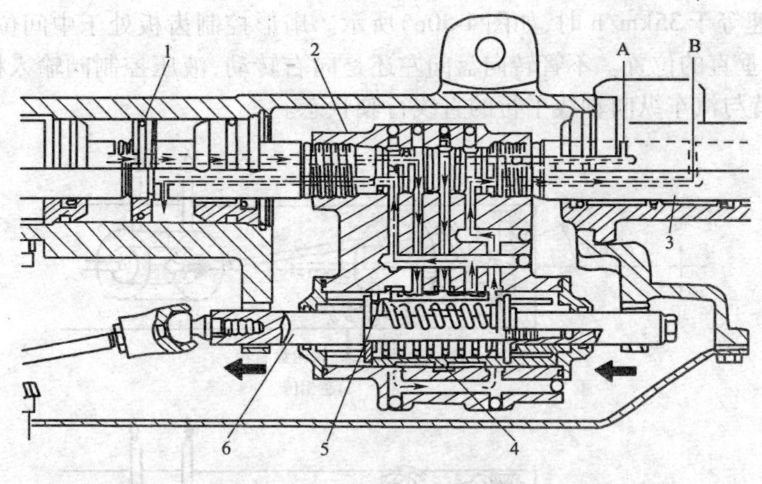

图 4-49　液压控制阀结构示意图

1-动力缸活塞;2-阀套;3-动力输出杆;4-滑阀;5-回油道;6-液压控制阀主动杆;A-进油口;B-回油口

向工作状态。

3)电子控制系统

电子控制系统由四轮转向电子控制单元、转角比传感器和电控油阀组成。

(1)四轮转向电子控制单元。四轮转向电子控制单元的功用有以下几点。

①根据车速传感器送来的电脉冲信号计算汽车的车速,再根据车速的高低计算汽车转向时前后轮的转角比。

②比较前后轮理论转角比与当时的前后轮实际转角比,并向步进电机发出正转或反转及转角大小的运转指令。另外还起监视控制四轮转向电控系统工作是否正常的作用。

③发现四轮转向机构工作出现异常时,点亮警告信号灯,并断开电控油阀的电源,使四轮转向处于两轮转向状态。

(2)转角比传感器。转角比传感器的功用是检测相位控制系统中的扇形控制齿板的转角位置,并将检测出的信号反馈给四轮转向电子控制单元,作为监督和控制信号使用。

(3)电控油阀。电控油阀的功用是控制由转向油泵输向后轮转向动力缸的油路通断。当液压回路或电子控制线路出现故障时,电控油阀就切断由转向油泵通向液压控制阀的油液通道,使四轮转向装置处于一般两轮转向工作状态,起到失效保护的作用。

4.8.3.2　后轮转向系统的工作原理

(1)当车速低于 35km/h 时,后轮转向系统的工作原理如图 4-50a)所示,扇形控制齿板在步进电机的控制下向负方向偏转。假设转向盘向右转动,则小锥齿轮、大锥齿轮分别向空白箭头方向转动,摆臂在扇形齿板和大齿轮的带动下最终向右上方摆动,液压控制阀输入杆和滑阀也向右移动,由转向油泵输送的高压油液进入后轮转向动力缸的左腔,使后轮向左偏转,即后轮相对于前轮反向偏转。使车辆转向半径减小,提高了低速时的机动性。

提示:液压控制阀移动的行程大小与扇形齿板的转角大小成正比。

(2)当车速高于 35km/h 时,后轮转向系统的工作原理如图 4-50b)所示。扇形控制齿板在步进电机的控制下向图中正方向移动。假设这时转向盘仍向右转动,摆臂向左上方摆动,将液压控制阀输入杆和滑阀向左拉动,由转向油泵输送的高压油液进入后轮转向动力缸的右腔,结果使后轮向右偏转,即后轮相对于前轮同向偏转。使汽车高速行驶时的操纵稳定性显著提高。

(3)当车速等于35km/h时,如图4-50c)所示。扇形控制齿板处于中间位置,摇臂处于与大锥齿轮轴线垂直的位置。不管转向盘向左还是向右转动,液压控制阀输入杆均不产生轴向位移,后轮保持与汽车纵向轴线平行的直线行驶状态。

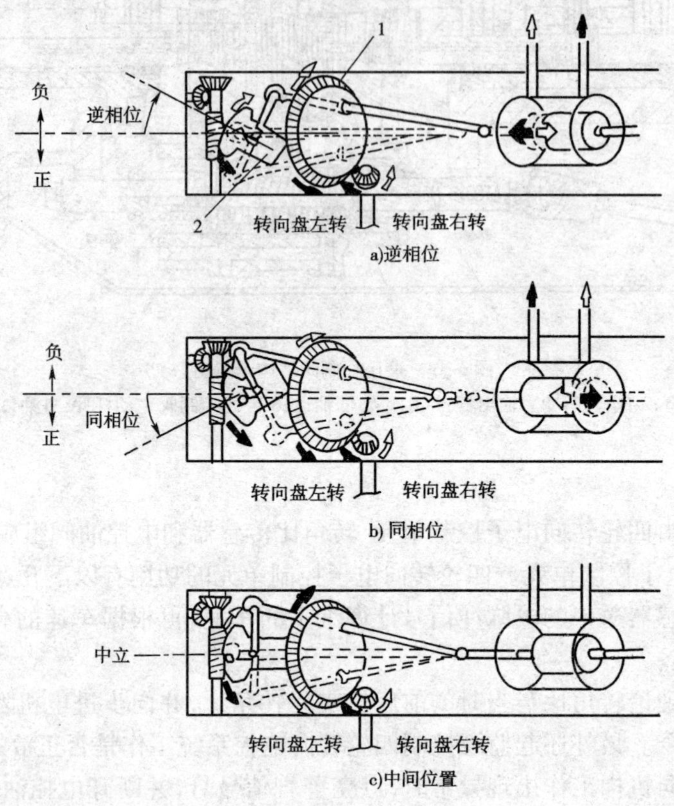

图4-50 后轮转向系统的工作原理

1-大锥齿轮;2-扇形控制齿板

测试题:1. 说明机械式和液压式车速感应型四轮转向系的基本组成。

2. 对照实物或图片说明电子控制液压式四轮转向系的组成、各主要机件的名称和工作原理。

学习情境5　汽车行驶中制动力不足故障诊断与修复

学习目标

1. 掌握制动系的功用、组成；
2. 了解制动系的分类；
3. 掌握制动系统的基本组成和工作原理；
4. 掌握车轮制动器的功用；
5. 掌握各类型制动器的结构和工作原理；
6. 能正确调整和检修各类型制动器；
7. 了解驻车制动器的功用、类型；
8. 掌握驻车制动器的结构、原理；
9. 掌握驻车制动器及主要零部件的检修方法；
10. 掌握制动传动装置的功用、分类、结构组成及工作原理；
11. 掌握制动传动装置的检修方法；
12. 掌握常规制动系的维护检查的内容、方法；
13. 掌握液压制动系制动不灵、制动跑偏、制动拖滞故障的诊断与排除；
14. 熟悉驻车制动不良故障的诊断与排除。

学习重点和难点

1. 制动系的功用、组成、类型、工作原理；
2. 各类型制动系的元件名称；
3. 制动器的功用、组成、结构、工作原理；
4. 制动器的拆装、调整、检修；
5. 驻车制动器的功用、组成、结构、工作原理；
6. 驻车制动器的拆装、各零件的检修方法；
7. 制动传动装置的功用、分类、组成、结构、工作原理；
8. 制动传动装置的拆装、各零件的检修方法；
9. 常规制动器的维护检查；
10. 液压制动系制动不灵、制动跑偏、制动拖滞故障的现象与原因；
11. 液压制动系制动不灵、制动跑偏、制动拖滞故障的诊断。

5.1　汽车制动系概述

5.1.1　制动系的功用

汽车制动系的功用是：按照需要使汽车减速或在最短距离内停车；下坡行驶时保持车速稳

定;使停驶的汽车可靠驻停。

当汽车行驶在宽阔平坦、车流和人流又较少的路况下,可以通过高速行驶提高运输生产效率。但汽车行驶过程中也会遇到复杂多变的路面状况,如进入弯道、行经不平道路、两车交会、突遇障碍物等,为了保证行驶安全,就要求汽车在尽可能短的距离内将车速降低,甚至停车。

此外,汽车下长坡时,在重力产生的下滑力作用下,汽车有不断加速到危险程度的趋势,此时应将车速限定在安全值内,并保持相对稳定;对停驶的车辆,特别是在坡道上停驶的汽车应使之可靠地驻留原地不动。

5.1.2 制动系的基本组成

为充分发挥汽车制动系的作用,现代汽车上一般设有以下几套独立的制动系。

5.1.2.1 行车制动系

用于使行驶中的车辆减速或停车,制动器安装在全部的车轮上,通常由驾驶员用脚操纵。

5.1.2.2 驻车制动系

用于使停驶的汽车驻留原地,通常由驾驶员用手操纵。

5.1.2.3 应急制动、安全制动和辅助制动系

应急制动装置是用独立的管路控制车轮的制动器作为备用系统,其作用是当行车制动装置失效的情况下保证汽车仍能实现减速或停车。

安全制动装置是当制动气压不足时起制动作用,使车辆无法行驶。

辅助制动装置是为了下长坡时减轻行车制动器的磨损而设,其中利用发动机排气制动应用最广。

汽车上设置有彼此独立的制动系统,它们起作用的时刻不同,但它们的组成却是相似的。它们一般由以下四个组成部分。

(1)供能装置:包括供给、调节制动所需能量以及改善传能介质状态的各种部件。如气压制动系中的空气压缩机、液压制动系中的液压制动泵。

(2)控制装置:包括产生制动动作和控制制动效果的各种部件,如制动踏板等。

(3)传动装置:将驾驶员或其他动力源的作用力传到制动器,同时控制制动器的工作,从而获得所需的制动力矩。包括将制动能量传输到制动器的各个部件,如制动主缸、制动轮缸等。

(4)制动器:产生阻碍车辆的运动或运动趋势的力的部件。

较为完善的制动系还包括制动力调节装置以及报警装置、压力保护装置等。

5.1.3 制动系的分类

制动系可以从不同的角度分类,上面已经提及,制动系按功能的不同可以分为:行车制动系、驻车制动系以及应急制动、安全制动和辅助制动系。

按照制动能源分类,汽车制动系又可以分为人力制动系、动力制动系和伺服制动系。人力制动系是以驾驶员的肌体为作为唯一制动能源的制动系;动力制动系是完全靠由发动机的动力转化而成的气压或液压形式的势能进行制动的制动系;伺服制动系是兼用人力和发动机动力进行制动的制动系。

5.1.4 制动系的工作原理

制动力是如何产生的呢?

图5-1为行车制动系的基本组成,我们就借这个图简要说明制动力的是如何形成的。行车制动系由车轮制动器和液压传动机构两部分组成。车轮制动器的旋转部分是制动鼓8,它固定于轮毂上,与车轮一起旋转。固定部分是制动蹄10和制动底板11等。制动蹄上铆有摩擦片,其下端套在支承销上,上端用复位弹簧拉紧压靠在轮缸6内的活塞上。支承销和轮缸都固定在制动底板上,制动底板用螺钉与转向节凸缘(前桥)或桥壳凸缘(后桥)固定在一起。制动蹄靠液压轮缸使其张开。

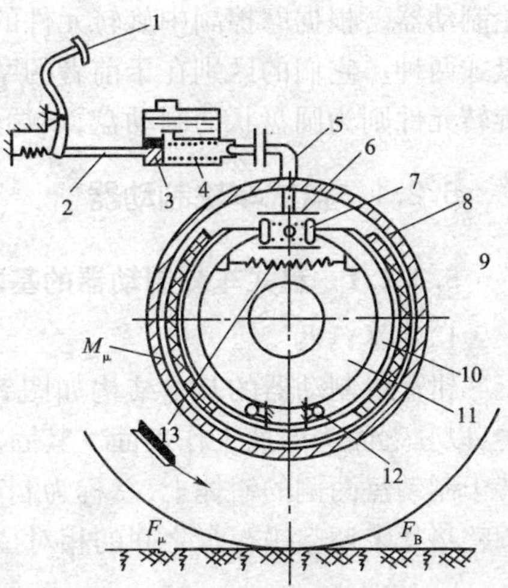

图5-1　行车制动系的组成及工作原理

1-制动踏板;2-主缸推杆;3-主缸活塞;4-制动主缸;5-油管;6-制动轮缸;7-轮缸活塞;8-制动鼓;9-摩擦片;10-制动蹄;11-制动底板;12-支承销;13-制动蹄复位弹簧

不制动时,制动鼓的内圆柱面与摩擦片之间保留一定间隙,制动鼓可以随车轮一起旋转。

制动时,驾驶员踩下制动踏板,主缸推杆便推动制动主缸内的活塞7前移,迫使制动液经管路进入轮缸,推动轮缸的活塞向外移动,使制动蹄克服复位弹簧的拉力绕支承销转动而张开,消除制动蹄与制动鼓之间的间隙后压紧在制动鼓上。此时,不旋转的制动蹄摩擦片对旋转的制动鼓就产生一个摩擦矩,其方向与车轮的旋转方向相反。制动鼓将此力矩传到车轮后,由于车轮与路面的附着作用,车轮即对路面作用一个向前的圆周力 F_{μ},与此相反,路面会给车轮一个向后的反作用力,这个力就是车轮受到的制动力 F_{B}。各车轮制动力的总和就是汽车受到的总的制动力。

放松制动踏板,在复位弹簧的作用下,制动蹄与制动鼓的间隙又得以恢复,从而解除制动。

提示:为了掌握制动器的工作原理,此处可观看课件、录像或剖开的实物。

5.1.5　对制动系的要求

为保证汽车能在安全的条件下发挥出高速行驶的能力,制动系必须满足下列要求。

(1)具有良好的制动效能——迅速减速直至停车的能力。

(2)操纵轻便——操纵制动系所需的力不应过大。

(3)制动稳定性好——制动时,前、后车轮制动力分配合理,左右车轮上的制动力矩基本相等,使汽车制动过程中不跑偏、不甩尾。

(4)制动平顺性好——制动力矩能迅速而平稳的增加,也能迅速而彻底的解除。

(5)散热性好——连续制动时,制动鼓和制动蹄上的摩擦片因高温引起的摩擦系数下降要小;水湿后恢复要快。

(6)对挂车的制动系,还要求挂车的制动作用略早于主车;挂车自行脱挂时能自动进行应急制动。

测试题:1.对照实物或图片说明制动系的组成和工作原理。

2.说明制动系的功用。

5.2　车轮制动器

旋转元件固装在车轮或半轴上,将制动力矩直接分别作用于两侧车轮上的制动器称为车轮制动器。根据摩擦副中旋转元件的结构形式不同,汽车上所用的车轮制动器可分为鼓式和盘式两种。它们的区别在于前者的摩擦副中旋转元件为制动鼓,其工作表面为圆柱面;后者的旋转元件则为圆盘状的制动盘,以端面为工作表面,如图5-2所示。

5.2.1 盘式车轮制动器

5.2.1.1 盘式车轮制动器的基本结构和工作原理

1)基本结构

钳盘式制动器的基本结构如图5-3所示,其旋转元件是制动盘,它和车轮固装在一起旋转,以其端面为摩擦工作表面。其固定元件是:制动块、导向支承销和轮缸及活塞,它们均被安装于制动盘两侧的钳体上,总称为制动钳。制动钳用螺栓与转向节或桥壳上的凸缘固装,并用调整垫片来调整钳与盘之间的相对位置。

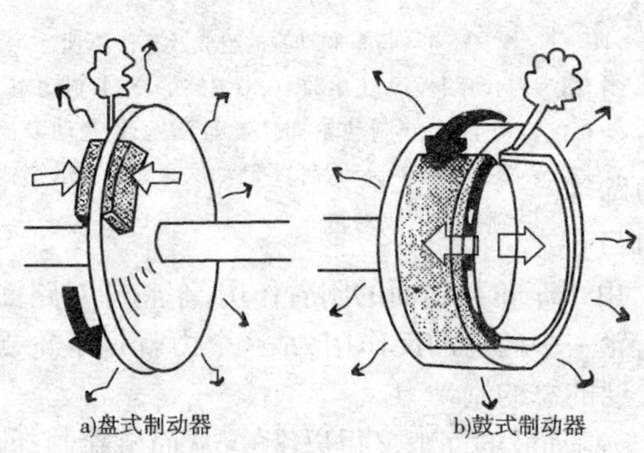

图5-2 制动器的类型

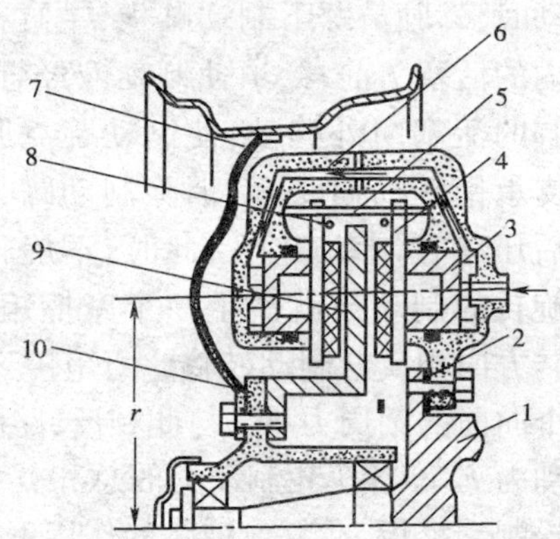

图5-3 钳盘式制动器基本结构

1-转向节或桥壳凸缘;2-调整垫片;3-活塞;4-制动块;5-导向支承销;6-钳体;7-轮辐;8-复位弹簧;9-制动盘;10-轮毂凸缘

2)工作原理

如图5-3所示,制动时,油液被压入内、外两轮缸中,经液压作用的活塞朝制动盘方向移动,推动制动块紧压制动盘,产生摩擦力矩而制动。在此过程中,轮缸槽内的矩形橡胶密封圈的刃边在摩擦力的作用下产生微量的弹性变形,如图5-4a)所示。

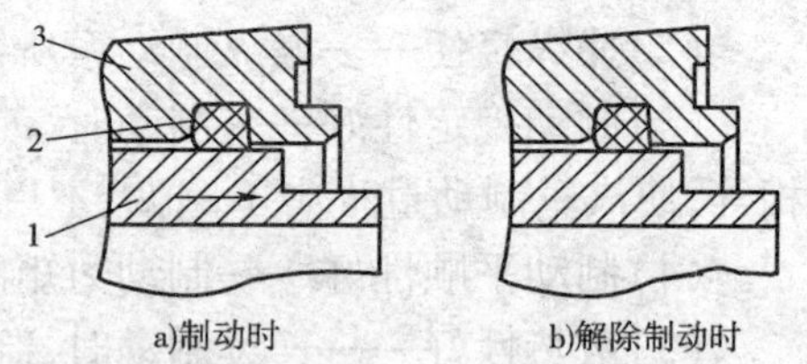

图5-4 活塞密封圈的工作情况

1-活塞;2-矩形橡胶密封圈;3-轮缸

放松制动时,液压系统压力消除,密封圈恢复到其初始位置,活塞和制动块依靠密封圈的弹力和弹簧的弹力回位,如图5-4b)所示。由于矩形密封圈刃边的变形量很微小,在不制动时,摩擦片与盘之间的间隙每边只有0.1mm左右,它足以保证制动的解除。

5.2.1.2 盘式制动器的类型

盘式制动器根据其固定元件的结构形式可分为钳盘式制动器和全盘式制动器。

钳盘式制动器的固定元件为制动钳,制动钳中的制动块由工作面积不大的摩擦块与其金属背板组成,每个制动器中有2~4块。钳盘式制动器按制动钳固定在支架上的结构形式可分为定钳盘式和浮钳盘式两种。图5-3即为定钳盘式制动器。

全盘式制动器的固定元件的金属背板和摩擦片都做成圆盘形,因而其制动盘的全部工作面可同时与摩擦片接触。全盘式制动器由于制动钳的横向尺寸较大,主要应用在重型车上。

5.2.1.3 典型盘式制动器

以桑塔纳轿车前轮制动器为例进行介绍。

1)制动器的结构

图5-5为桑塔纳轿车的前轮盘式制动器,该制动器为浮钳盘式制动器。它由制动盘、内外摩擦块、制动钳壳体、制动钳支架、前制动轮缸等组成。

制动盘固定在轮毂上,夹在内外摩擦衬块中间,与前轮一起转动。制动钳通过螺栓(兼作导向销)与制动钳支架相连(支架固定于转向节凸缘上),钳体可沿螺栓相对于制动盘做轴向移动。轮缸布置在制动钳的内侧。固定支架上有导轨,通过两根特制弹簧安装内、外制动块,内、外制动块可沿导轨做轴向移动。

制动器的工作情况如图5-6所示。制动时,来自制动主缸的制动液通过油道进入制动轮缸,推动活塞及其制动块向左移动,并压到制动盘上,于是制动盘给活塞一个向右的反作用力P_2,使得活塞连同制动钳体沿导向销向右移动,直到制动盘左侧的制动块也压到制动盘上。此时,两侧的制动块都压在制动盘上,夹住制动盘使其制动。

2)制动器的检修

(1)制动盘厚度的检查。制动盘使用磨损会使其厚度减小,厚度过小会引起制动踏板振动、制动噪声及颤动。

检查制动盘厚度时,可用游标卡尺或千分尺直接测量,如图5-7所示。桑塔纳轿车前制动盘标准厚度为10mm,使用极限为8 mm,超过极限尺寸时应予更换。

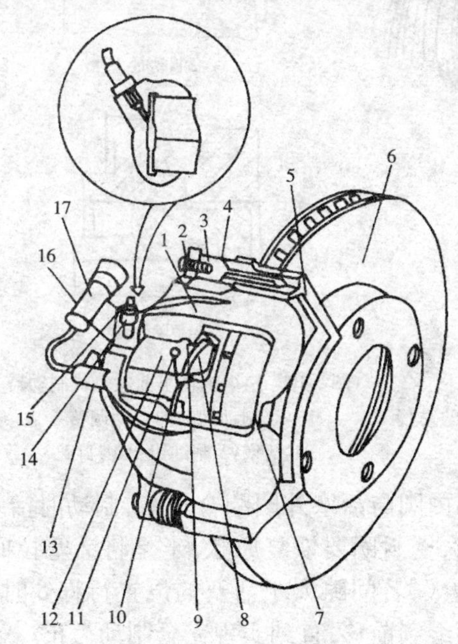

图5-5 桑塔纳轿车前轮制动器

1-制动钳体;2-紧固螺栓;3-导向销;4-防护套;5-制动钳支架;6-制动盘;7-固定制动块;8-消声片;9-防尘套;10-活动制动块;11-密封圈;12-活塞;13-电线导向夹;14-放气螺钉;15-放气螺母;16-报警开关;17-电线夹

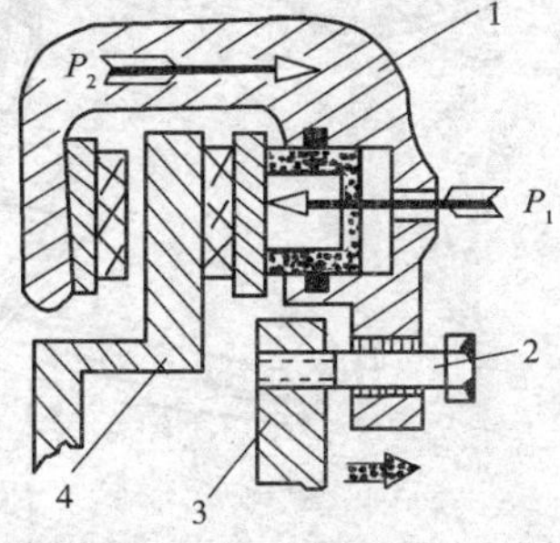

图5-6 浮钳盘式制动器工作原理

1-制动钳体;2-导向销;3-制动盘

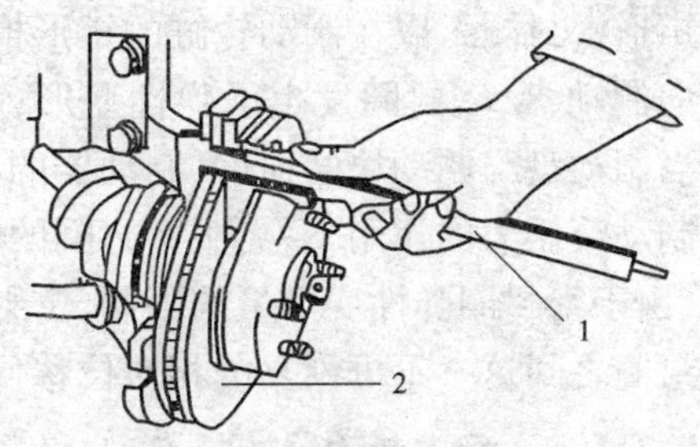

图5-7 制动盘厚度的检查

1-游标卡尺;2-制动盘

(2)制动盘端面圆跳动的检查。制动盘端面圆跳动过大会使制动踏板抖动或使制动衬片磨损不均匀。

检查制动盘端面圆跳动可用百分表进行，如图5-8所示。轴向跳动量应不大于0.06mm。不符合要求可进行机加工修复(加工后的厚度不得小于8 mm)或更换。

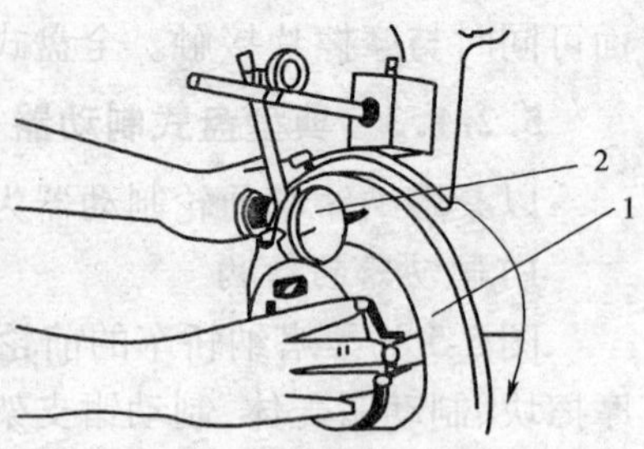

图5-8 制动盘端面圆跳动的检查

1-制动盘;2-百分表

(3)制动块厚度的检查。制动块厚度的检查如图5-9所示。若制动块已拆下，可直接用游标卡尺测量。制动块摩擦片的厚度为14mm(不包括底板)，使用极限为7mm。若车轮未拆下，对外侧的摩擦片，可通过轮辐上的检视孔，用手电筒目测检查。内侧摩擦片，利用反光镜进行目测。

(4)制动器间隙的调整。制动过程中，制动块与制动盘间存在着相对的运动，两者均有不同程度的磨损，制动盘、制动块磨损后，制动器的间隙会增大，制动时活塞的行程增加，制动器开始起作用的时间滞后，制动效果下降。因此，制动器的间隙应随时调整。

桑塔纳轿车的前轮制动器制动间隙为自动调整，工作过程如图5-10所示。

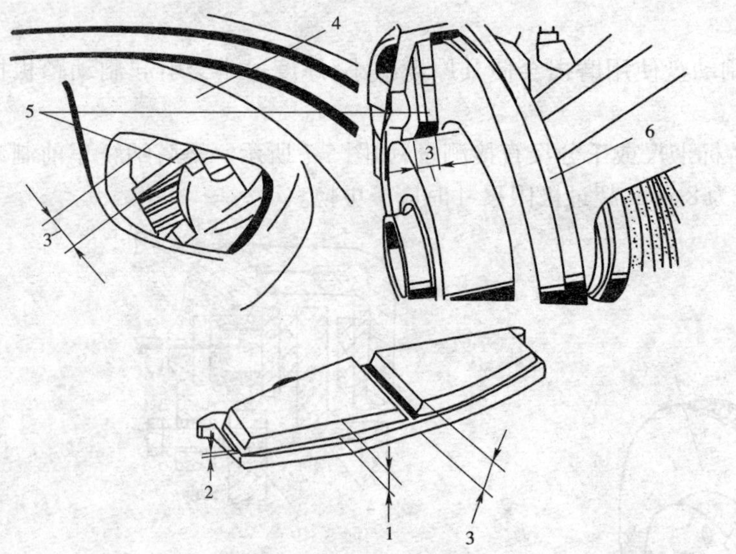

图5-9 制动块厚度的检查

1-制动块摩擦片厚度;2-制动块摩擦片磨损极限厚度;3-制动块的总厚度;4-轮辐;5-外制动块;6-制动盘

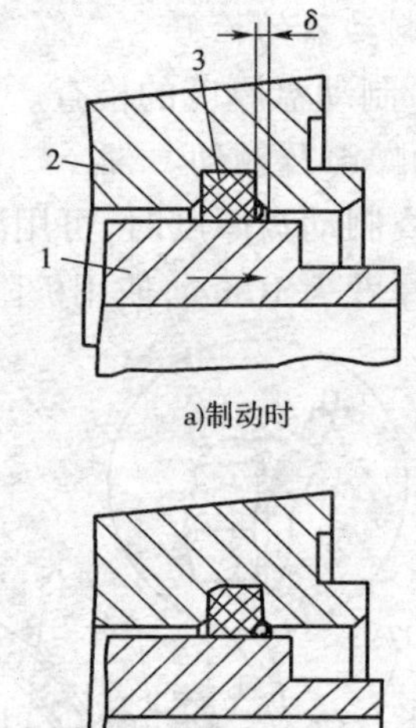

图5-10 桑塔纳轿车前轮盘式制动器制动间隙的自动调整

1-活塞;2-制动钳;3-密封圈

矩形密封圈3嵌在制动轮缸的矩形槽内，密封圈内圆与活塞外圆配合较紧，制动时活塞1被压向制动盘，密封圈发生了弹性变形;解除制动时，密封圈要恢复原状，于是将活塞拉回原位。当制动盘与制动块磨损后，制动器的制动间隙增大，若间隙大于活塞的设置行程δ时，活塞在制动液压力的作用下，克服密封圈的摩擦阻力而继续前移，直到实现完全制动为止。解除制时，由于密封圈弹性变形量的限制，密封圈将活塞拉回的距离小于活塞前移的距离，则活塞与密封圈之间这一不可恢复的相对位移便补偿了过量的间隙。

5.2.1.4 盘式制动器的特点

盘式制动器的优点有如下几点。

(1)散热能力强，热稳定性好。受热后，制动盘只在径向膨胀，不会影响制动间隙。

(2)抗水衰退能力强。受水浸后,在离心力作用下被很快甩干,摩擦衬片上的剩水也由于压力高而容易挤出,一般仅需要 1 ~2 次制动后即可恢复正常。

(3)制动时的平顺性好。

(4)结构简单,维修方便。

(5)制动间隙小,便于自动调节。

盘式制动器的不足之处有以下两方面。

(1)制动时无助势作用,故要求管路液压较高。

(2)防污性差,制动衬片磨损较快。

5.2.2 鼓式车轮制动器

5.2.2.1 鼓式车轮制动器的结构

简单的鼓式车轮制动器由旋转部分、固定部分、促动装置和定位调整机构组成。

1)旋转部分

旋转部分多为制动鼓。制动鼓通常为浇铸件,对于受力小的制动鼓也可用钢板冲压而成,如图 5-11 所示。

2)固定部分

固定部分是制动底板和制动蹄。制动底板固装在车桥的凸缘盘上,通过支承销与制动蹄相连。制动蹄常用钢板冲压后焊接而成或由铸铁或轻合金烧铸,采用 T 形截面,以增大刚度,摩擦片采用粘接或铆接的方式固定于制动蹄上。

3)促动装置

促动装置的作用是对制动蹄施加力使其向外张开。常用的促动装置有制动凸轮和制动轮缸,如图5-12所示。

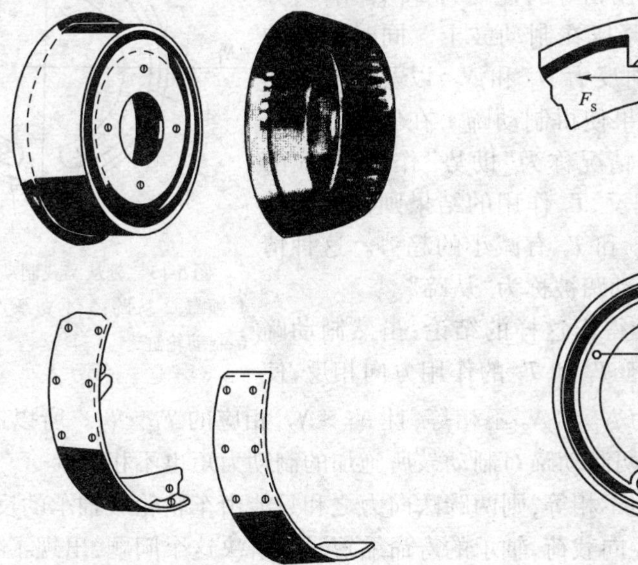

图 5-11 制动鼓和制动蹄

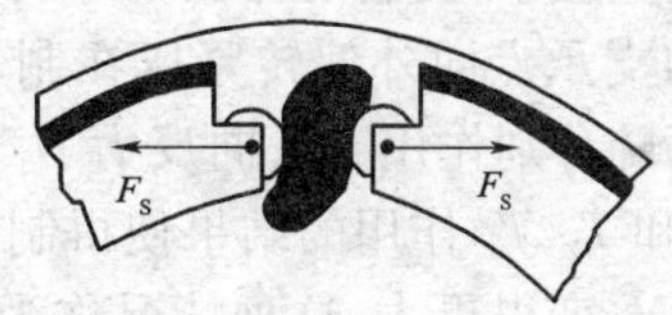

a)制动凸轮

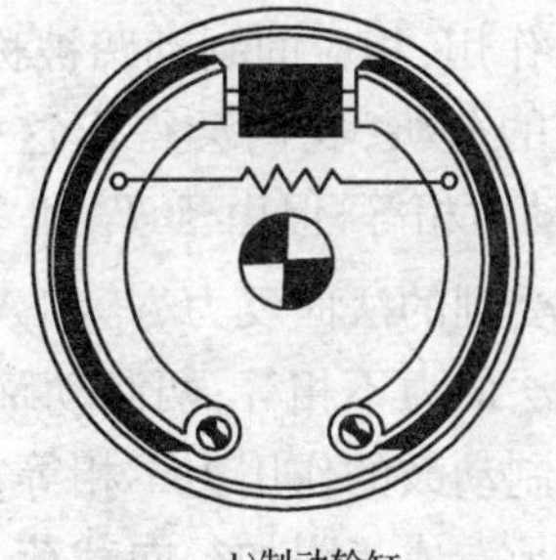

b)制动轮缸

图 5-12 制动蹄的促动装置

4)定位调整装置

制动蹄在不工作时,其摩擦片与制动鼓之间应有合适的间隙,此间隙一般在 0.25 ~ 0.5mm 之间。间隙过小易造成制动解除不彻底;但间隙过大又将使制动踏板行程过大,以致使驾驶员操作不便,同时也会推迟制动器起作用的时刻。但是在制动过程中,摩擦片的不断磨损必将导致此间隙逐渐增大。因此,各种形式的制动器均设有检查、调整此间隙的装置。

定位调整装置的作用是保持和调整制动蹄和制动鼓间正确的相对位置。

提示1:定位调整装置的结构、工作情况、调整方法及调整要求在以下的典型制动器结构中介绍。

提示2:为了掌握车轮制动器的组成,此处应观看课件或实物。

测试题:结合鼓式制动器的实物,说出制动器旋转、固定、促动、定位调整各部分零件的名称。

5.2.2.2 鼓式制动器的工作原理

1)制动器的工作过程

如图5-1所示,汽车行驶中不需要制动时,制动踏板处于自由状态,制动主缸无制动液输出,制动蹄在复位弹簧13的作用下压靠在轮缸活塞上,制动鼓的内圆柱面与摩擦片之间保留一定间隙,制动鼓可以随车轮一起旋转。

制动时,驾驶员踩下制动踏板,主缸推杆2便推动制动主缸内的活塞前移,迫使制动液经管路进入制动轮缸,推动轮缸的活塞向外移动,使制动蹄克服复位弹簧的拉力绕支承销转动而张开,消除制动蹄与制动鼓之间的间隙后压紧在制动鼓上。此时,不旋转的制动蹄摩擦片对旋转的制动鼓就产生一个摩擦矩,其方向与车轮的旋转方向相反。

放松制动踏板,在复位弹簧的作用下,制动蹄与制动鼓的间隙又得以恢复,从而解除制动。

提示:为了掌握车轮制动器的工作过程,此处应观看课件或解剖的实物。

测试题:结合解剖实物,叙述车轮动器的工作过程。

2)制动蹄的增势和减势

如图5-13所示,汽车前进时制动鼓的旋转方向如箭头所示。在制动过程中,两制动蹄在相等的促动力 F_S 作用下,分别绕各自的支承点向外偏转紧压在制动鼓上。同时旋转的制动鼓对两蹄分别作用着法向反力 N_1 和 N_2,以及相应的切向反力 T_1 和 T_2,T_1 作用的结果使得制动蹄1在制动鼓上压得更紧,则 N_1 变得更大,这种情况称为“助势”作用,相应的制动蹄被称为“领蹄”;与此相反,T_2 作用的结果则使得制动蹄2有放松制动鼓趋势,即 N_2 和 T_2 有减小的趋势。这种情况称为“减势”作用,相应的制动蹄被称为“从蹄”。

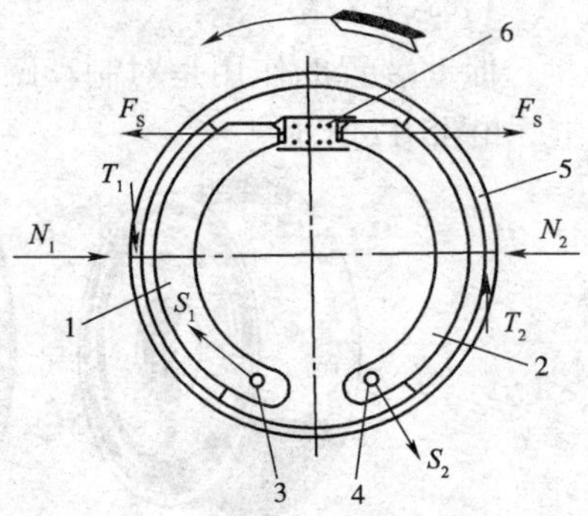

图5-13 领从蹄式制动器示意图

1-领蹄;2-从蹄;3、4-支承点;5-制动鼓;6-制动轮缸

通过以上的分析,我们会得出这样的结论:虽然制动蹄1、2所受的促动力相等,但由于 T_1 和 T_2 的作用方向相反,使得两制动蹄所受到的法向反力 N_1 和 N_2 不相等,且 $N_1 > N_2$,相应的 $T_1 > T_2$。所以制动蹄作用到制动鼓上的法向力不相等;两制动蹄对制动鼓所施加的制动力矩也不相等。

制动蹄对制动鼓的作用力不相等,则两蹄法向力之和只能由车轮轮毂轴承的反力来平衡,这样对轮毂轴承造成了附加径向载荷,轴承的寿命缩短。为解决这个问题,出现了各种不同的鼓式制动器

5.2.2.3 鼓式车轮制动器类型

鼓式车轮制动器按其制动蹄促动装置的形式可分为轮缸式车轮制动器和凸轮式车轮制动器。

根据制动时两制动蹄对制动鼓的径向作用力之间的关系，鼓式制动器可分为：简单非平衡式、平衡式和自增力式。

1）非平衡式制动器

制动鼓受来自两制动蹄的法向力不能互相平衡的制动器称为非平衡式制动器。

非平衡式车轮制动器的工作过程如图 5-13 所示，其结构特点是：两制动蹄的支承点都位于蹄的下端，而促动装置的作用点在蹄的上端，共用一个轮缸张开，且轮缸活塞直径是相等的；其性能特点是：汽车前进或倒车制动时，各有一个“领蹄”和“从蹄”。领、从蹄对制动鼓的法向作用力不相等，而这个不平衡的法向作用力只能由车轮的轮毂轴承来承担。

2）平衡式制动器

制动鼓受来自两蹄的法向力互相平衡的制动器称为平衡式制动器。

（1）单向平衡式制动器。单向平衡式制动器的结构如图 5-14 所示，其结构特点是：两制动蹄各用一个单向活塞制动轮缸，且前后制动蹄与其轮缸、调整凸轮零件在制动底板上的布置是中心对称的，两轮缸用油管连接；其性能特点是：前进制动时两蹄均为“领蹄”，有较强的增力，倒车制动时两蹄均为“从蹄”制动力较小。

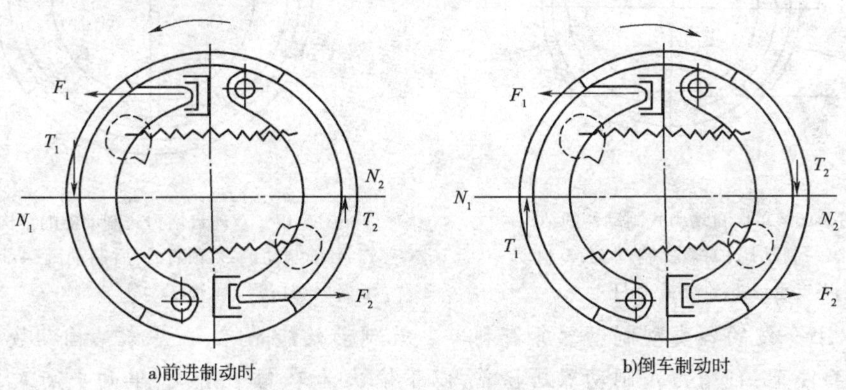

图 5-14　单向平衡式车轮制动器的结构

（2）双向平衡式制动器。双向平衡式制动器的结构如图 5-15 所示，其结构特点是：制动蹄、制动轮缸、复位弹簧均为成对地对称布置，两制动蹄的两端采用浮式支承，且支点在周向位置浮动，用复位弹簧拉紧；其性能特点是：汽车前进或倒车中制动时，两个制动蹄均为“领蹄”，均有较强的增力，制动效果好，蹄片磨损均匀。

图 5-15　双向平衡式车轮制动器的结构

3）自增力式制动器

（1）单向自增力式制动器。单向自增力式制动器的结构如图 5-16 所示。制动蹄 1 和制动蹄 2 的下端分别浮支在浮动的顶杆两端。制动器只在上方有一个支承销 4。不制动时，两蹄上端均靠各自的复位弹簧拉靠在支承销上。

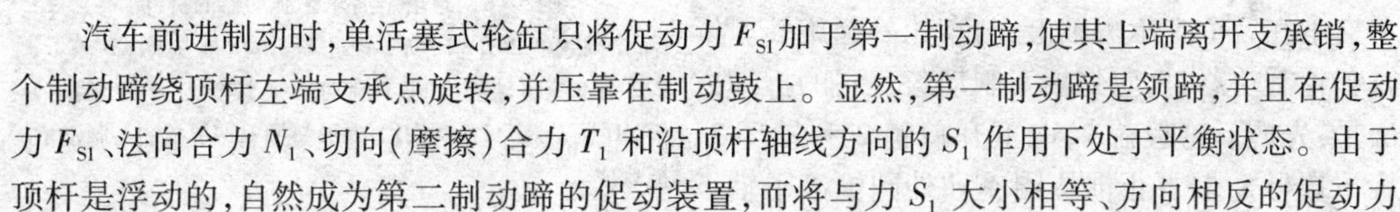

汽车前进制动时，单活塞式轮缸只将促动力 F_{S1} 加于第一制动蹄，使其上端离开支承销，整个制动蹄绕顶杆左端支承点旋转，并压靠在制动鼓上。显然，第一制动蹄是领蹄，并且在促动力 F_{S1}、法向合力 N_1、切向（摩擦）合力 T_1 和沿顶杆轴线方向的 S_1 作用下处于平衡状态。由于顶杆是浮动的，自然成为第二制动蹄的促动装置，而将与力 S_1 大小相等、方向相反的促动力

F_{S2}施于第二制动蹄的下端，故第二制动蹄也是领蹄。

（2）双向自增力式制动器。双向自增力式制动器的结构如图 5-17 所示。前进制动时，两制动蹄在促动力 F_S 的作用下张开压力制动鼓，此时两蹄的上端均离开支承销，沿图中箭头方向旋转的制动鼓对两蹄产生摩擦力矩，带动两蹄沿旋转方向转过一个不大的角度，直到后蹄又顶靠到支承销上为止。此时，前蹄为"领蹄"，但其支承为浮动的推杆。制动鼓作用在前蹄的摩擦力和法向力的一部分对推杆形成一个推力 S，推杆又将此推力完全传到后蹄的下端。后蹄在推力 S 的作用下也形成"领蹄"，并在轮缸液压促动力 F_S 的共同作用下进一步压紧制动鼓。推力 S 比促动力 F_S 大得多，从而使后蹄产生的制动力矩比前蹄更大。

倒车制动时，作用过程与此相反，与前进制动时具有同等的自增力作用。

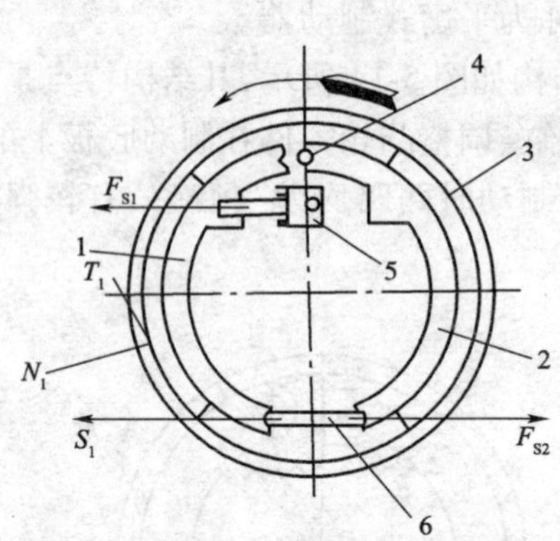

图 5-16　单向自增力式制动器的结构

1-第一制动蹄；2-第二制动蹄；3-制动鼓；4-支承销；5-轮缸；6-顶杆

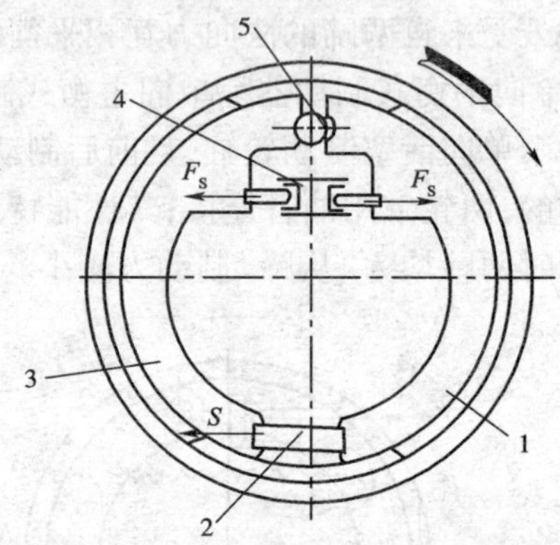

图 5-17　双向自增力式制动器的结构

1-前制动蹄；2-顶杆；3-后制动蹄；4-制动轮缸；5-支承销

总结：以上介绍的各类型制动器各有利弊。就制动效能而言，在基本结构参数和轮缸工作压力相同的条件下，自增力式制动器居榜首，以下依次为双向平衡式、单向平衡式、非平衡式；但就制动效能的稳定性而言，自增力式车轮制动器对摩擦系数的依赖性最大，因而其制动效能的稳定性最差；非平衡式车轮制动器制动效能的稳定性居中；平衡式车轮制动器的制动效能稳定性最好。

5.2.2.4　典型车轮制动器

本部分只介绍在轿车中常见的轮缸式车轮制动器。

1）桑塔纳后轮制动器

（1）制动器的结构。

桑塔纳后轮制动器为鼓式非平衡式车轮制动器。如图 5-18 所示，制动器的制动毂通过轴承支承在后桥支承短轴上，与车轮一起旋转。拆解车轮制动器时，应先拆下制动毂。它的拆卸方法是：先撬下轮毂盖 1，取下开口销 2 和锁环 3，旋下螺母 5，取下止推垫圈 4 和外圆锥滚子轴承

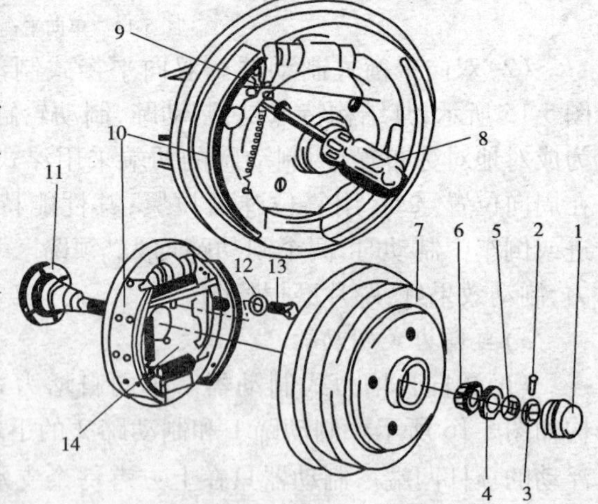

图 5-18　桑塔纳后车轮制动器的拆卸

1-润滑脂盖；2-开口销；3-锁止环；4-止推垫圈；5-螺母；6-外圆锥滚子轴承内圈；7-制动鼓；8-螺丝刀；9-楔形调节板；10-制动蹄；11-短轴；12-碟形垫圈；13-螺栓；14-制动底板总成

内圈6。用螺丝刀插入制动鼓7上的小孔,向上压楔形调节板,使制动蹄外径缩小后,再取下制动鼓。

取下制动鼓后,我们再来了解制动器的结构。

制动器底板用螺栓固定在后桥轴端支承座上,制动轮缸用螺钉固定在制动底板上方,其型式为双活塞内张型液压轮缸。支架、止挡板用螺钉紧固在底板的下方。下复位弹簧使制动蹄的下端嵌入固定板的切槽中。复位弹簧使两制动蹄的上端压靠到压力杆上,楔形件在其拉簧作用下,向下拉紧在制动蹄与压力杆之间。定位销、弹簧及弹簧座用以限制制动蹄的轴向移动,并保持蹄面与制动底板的垂直。

制动时,轮缸活塞在制动液压力的作用下向外推动制动蹄,制动力克服复位弹簧的弹力使制动蹄向外张开,压向制动鼓,产生制动力矩使汽车制动。

解除制动时,制动液压力消失,在复位弹簧的作用下制动蹄复位。

若要进一步的分解,可按以下步骤进行,如图5-19所示。

先从驻车制动器拉杆上摘下驻车制动器钢索,再用钳子压下弹簧座,并转动90°后,取下定位销钉、弹簧座和弹簧。从制动底板上取下制动片总成,并将其夹紧在虎钳上。依次拆下复位弹簧、楔形调整板的拉簧,从前制动蹄上摘下定位弹簧,取下推杆和楔形调整板。最后旋下螺栓,从制动底板上取下制动分泵。

提示:为掌握制动器的结构,此处应结构实物边拆卸边讲解制动器的结构。

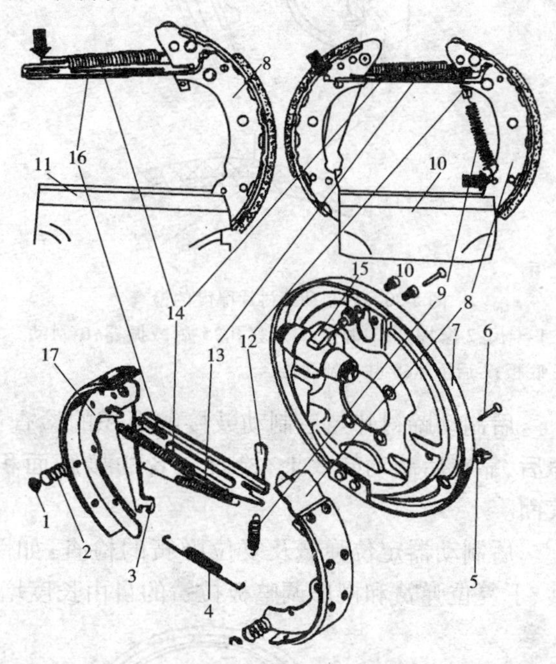

图5-19 桑塔纳后车轮制动器的分解

1-弹簧座;2-弹簧;3-驻车制动拉杆;4-下复位弹簧;5-检查孔盖;6-销钉;7-制动底板;8-前制动蹄;9-楔形调整板拉簧;10-螺栓;11-虎钳;12-楔形调整板;13-上复位弹簧;14-定位弹簧;15-后制动轮缸;16-推杆;17-后制动器

(2)制动器的检修。使用车轮制动器时,制动蹄与制动鼓间存在着磨损,磨损引起制动蹄上摩擦片厚度减小,制动鼓内径增大,使得蹄、鼓间的间隙增大,制动器的起作用时刻推迟,制动效能下降。因此,汽车行驶一定里程或出现制动不良的故障时,应对车轮制动器进行必要的调整和检修。

车轮制动器的检修内容和方法如下:

制动蹄衬片厚度的检查:如图5-20所示,用游标卡尺测量制动蹄片的厚度,标准值为5mm使用极限为2.5mm。其铆钉与摩擦片的表面深度不得小于1mm,以免铆钉头刮伤制动鼓内表面。在未拆下车轮时,后制动蹄摩擦片的厚度可从制动底板6的观察孔4中检查。

制动鼓内孔磨损及尺寸的检查:如图5-21所示,首先检查制动鼓1内孔有无烧损、刮痕和凹陷,若不能修磨应更换新件;检查制动鼓内孔尺寸及圆度误差时,用游标卡尺2检查内孔尺寸,标准值为$\Phi=180$mm,使用极限为$\Phi=181$mm。用工具3测量制动鼓内孔的圆度误差,使用极限为0.03mm,超过极限应更换新件。

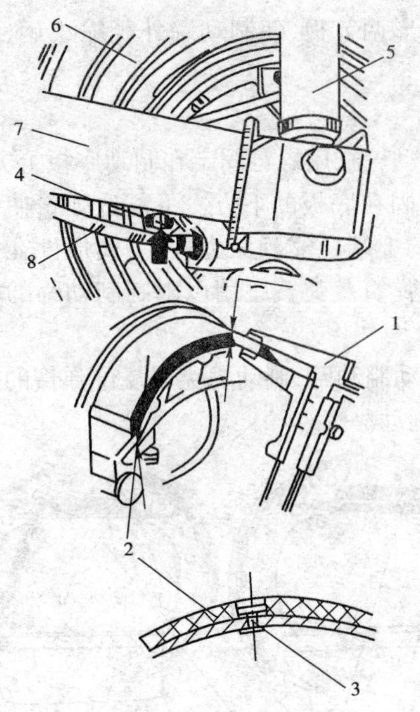

图 5-20　后制动蹄衬片厚度的检查

1-卡尺;2-摩擦片;3-铆钉;4-观察孔;5-后减振器;6-制动底板;7-后桥体;8-驻车制动器

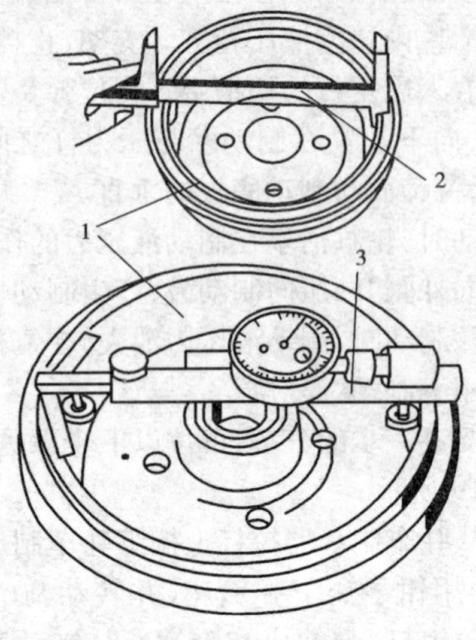

图 5-21　后制动鼓内孔磨损及尺寸的检查

1-后制动鼓;2-游标卡尺;3-测量不圆度工具

后制动蹄衬片与后制动鼓接触面积的检查:如图 5-22 所示,将后制动蹄片 1 表面打磨干净后,靠在后制动鼓 2 上,检查二者的接触面积,应不小于 60%,否则应继续打磨蹄片 1 的表面。

后制动器定位弹簧及复位弹簧的检查:如图 5-23 所示,若后制动器定位弹簧、上复位弹簧、下复位弹簧和楔形调整板拉簧的自由长度增长率达到 5%,则应更换新弹簧。

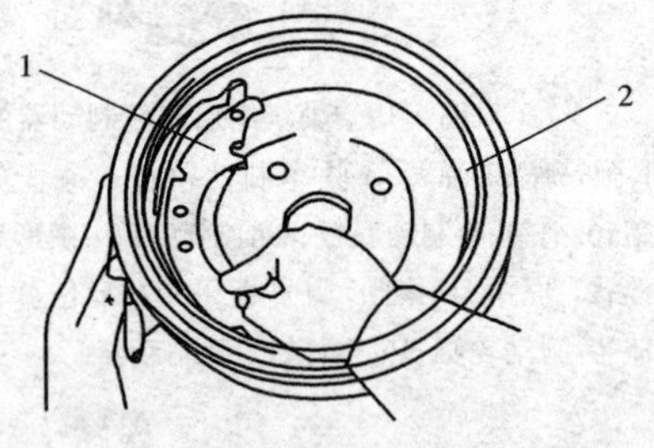

图 5-22　后制动蹄衬片与后制动鼓接触面积的检查

1-后制动蹄片;2-制动鼓

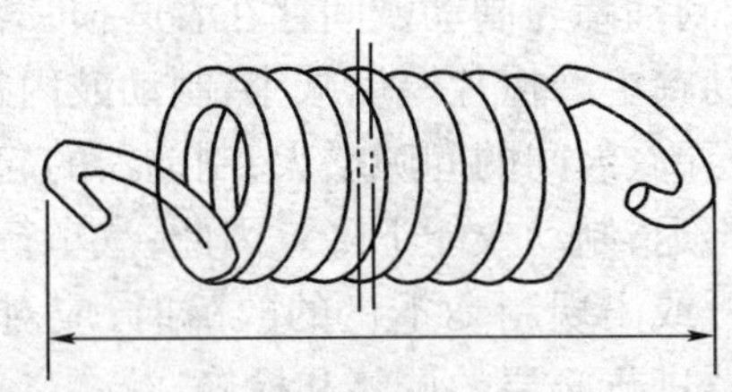

图 5-23　后制动器定位弹簧的检查

提示:为掌握制动器的检修方法,此处应结构实物进行讲解。

(3)制动器的调整。车轮制动器装配完毕后,为保证制动蹄衬片与制动鼓之间具有合适的间隙,应对其进行必要的调整,调整的方法有人工调整法和自动调整法。

桑塔纳轿车后轮制动器的间隙调整装置为在推力板上装楔杆的自调装置,其结构和工作情况如下:如图 5-24 所示,楔杆的水平拉簧使楔杆与推力板间产生摩擦防止楔杆下移,垂直拉簧随时力图拉动楔杆下移。当蹄鼓间隙正常时,楔杆静止于相对应位置;当蹄鼓间隙大于规定值时,蹄片张开的行程被加大,垂直拉簧的力 F_2 增大, $F_2 > F_1$,楔杆下移,楔杆的下移使得水平拉簧的力也被加大，摩擦力 F_1 相应加大，则楔杆在新的位置静止。

放松制动后，制动蹄在复位弹簧的作用下收拢。由于推力板已变长，只能被顶靠在新的位置，从而保持规定的制动间隙值。

此类自调装置属于一次性调准的结构，前进或倒车制动均能自调。

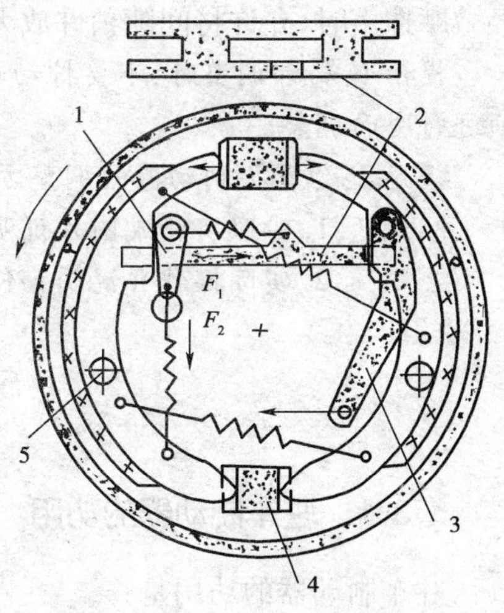

图 5-24　在推力板上装楔杆的自调装置

1-楔杆；2-推力板；3-驻车制动杠杆；4-浮式支承座；5-定位件；F_1-水平拉簧的摩擦力；F_2-楔形杆的垂直拉簧力

2）BJ2020S 汽车的后轮制动器

（1）结构。图 5-25 为该车型后轮制动器的结构。冲压成形的制动底板用螺栓与驱动桥壳上的凸缘连接。制动蹄下端孔分别与支承销上的偏心轴颈作间隙配合，上端顶靠在轮缸的活塞顶块上。制动鼓用螺栓固定在车轮轮毂的凸缘上，随同车轮旋转。促动装置为用螺钉固定在制动底板上的轮缸。定位调整机构包括安装在制动底板上的调整凸轮、限位杆及支承制动蹄的偏心支承销。转动调整凸轮可使制动蹄内外摆动；转动偏心支承销可使制动蹄上下、内外移动。通过转动调整凸轮和偏心支承销不仅能改变制动器的间隙，还能使摩擦副的实际工作区域发生变化，有利于蹄鼓工作面全面贴合。在偏心支承销的尾端有轴线偏移标记，两标记相对时为制动蹄收拢到最小位置。

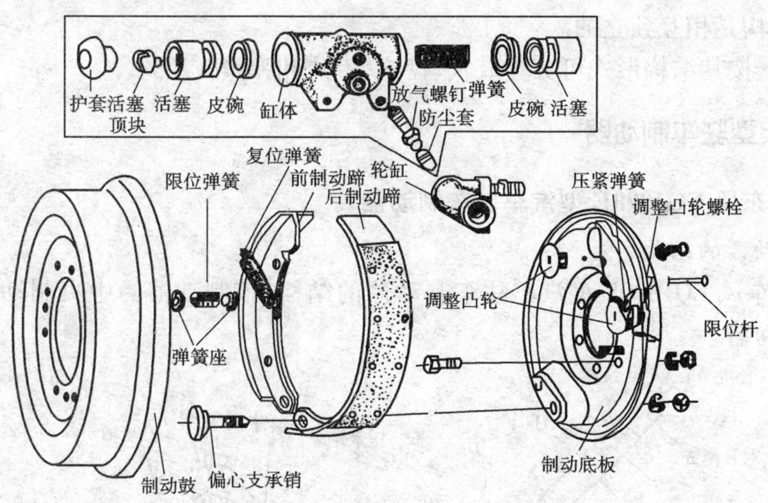

图 5-25　BJ2020S 型汽车的后轮制动器

（2）调整。该车轮制动器的调整分为局部调整和全面调整。

全面调整的方法是：架起车桥，使制动鼓能自由转动；松开蹄片的偏心支承销轴锁紧螺母；转动支承销使轴端标记位相互靠近的位置；转动上端调整凸轮，使蹄片压向制动鼓，从动鼓的检查孔用厚薄规检查每个蹄片两端与制动鼓是否贴紧。如果蹄片轴端发现间隙，则用转动蹄片支承销的方法消除；反向转动调整凸轮，使蹄片上端与鼓脱离接触，产生合适的间隙为止。

局部调整的方法是：架起车桥，使制动鼓能自由转动，用规定厚度的厚薄规通过制动鼓上的检查孔，在蹄片上、下端检查间隙；转动上端的调整凸轮，使制动鼓与制动蹄的间隙增大或减小，调整时用规定厚度的厚薄规反复测量，当拉动时感到稍有阻力，即为合适。间隙调好后，有轻微摩擦声时,允许将间隙稍许放大一些。

提示1:局部调整时,不要拧动蹄片支承销轴。一旦蹄片支承销轴的安装位置改变,就必须进行全面调整。

提示2:为掌握制动器的调整方法,此处应结合实物或多媒体课件进行讲解。

测试题:1. 对照实物或图片说明典型车轮制动器的结构和工作原理。

2. 实际操作并说明如何检修、调整典型车轮制动器。

5.3 驻车制动器

5.3.1 驻车制动器的功用

驻车制动器的功用是:

(1)车辆停驶后防止滑溜。

(2)使车辆在坡道上能顺利起步。

(3)行车制动系失效后临时使用或配合行车制动器进行紧急制动。

5.3.2 驻车制动器的类型

驻车制动器按其安装位置可分为中央制动式和车轮制动式两种。中央制动式通常安装在变速器的后面,其制动力矩作用在传动轴上;车轮制动式通常与车轮制动器共用一个制动器总成,只是传动机构是相互独立的。

驻车制动器按其结构形式可分为鼓式、盘式、带式和弹簧作用式。

5.3.3 典型驻车制动器

5.3.3.1 东风 EQ1090E 型汽车驻车制动器

1)驻车制动器的结构

图5-26为东风EQ1090E型汽车驻车制动器的结构,该制动器为中央制动、鼓式、简单非平衡式驻车制动器。

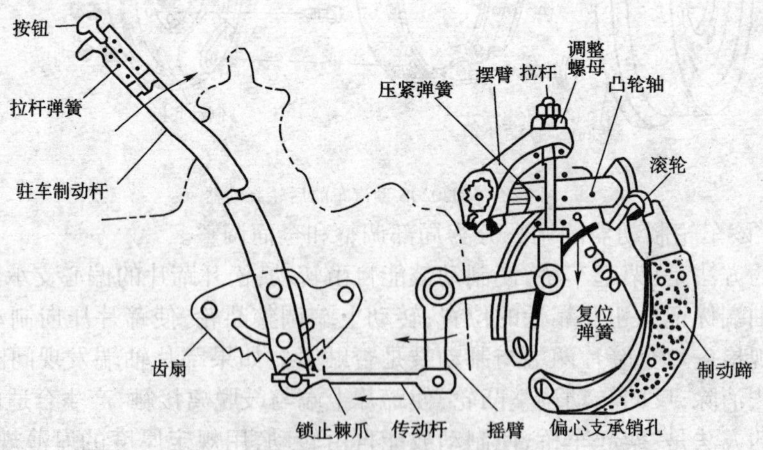

图5-26 东风EQ1090E型汽车驻车制动器

制动鼓通过螺栓与变速器输出轴的凸缘盘紧固在一起,制动底板固定在变速器输出轴轴承盖上，两制动蹄通过偏心支承销支承在制动底板上，其上端装有滚轮，在复位弹簧的作用下滚轮紧靠在凸轮的两侧，凸轮轴支承在制动底板的上部，轴外端与摆臂连接，摆臂的另一端与穿过压紧弹簧的拉杆相连，拉杆再通过摇臂、传动杆与驻车制动杆相连。驻车制动杆上连有棘爪，驻车制动器工作时，棘爪嵌入齿扇上的棘齿内，起锁止作用。解除制动时，需按下驻车制动杆上的按钮使棘爪脱离棘齿才能搬动驻车制动杆。

2）驻车制动器的工作原理

驻车制动时，将驻车制动杆上端向后拉动，则制动杆的下端向前摆动，传动杆带动摇臂顺时针转动，拉杆则带动摆臂顺时针转动，凸轮轴亦顺时针转动，凸轮则使两制动蹄以支承销为支点向外张开，压靠到制动鼓上，产生制动作用。当制动杆拉到制动位置时，棘爪嵌入齿扇上的棘齿内，起锁止作用。

解除制动时，按下驻车制动杆上的按钮使棘爪脱离棘齿，向前推动制动杆，则传动杆、拉杆、凸轮轴按逆时针方向转动，制动蹄在复位弹簧的作用下复位，制动蹄与制动鼓间恢复制动间隙，制动解除。

3）驻车制动器的调整

制动器的调整如图5-27所示，其调整方法如下：

（1）驻车制动器拉杆长度的调整。当驻车制动器蹄鼓间隙过大时，可以将驻车制动器拉杆上的锁紧螺母松开，将驻车制动器操纵杆放松到最前端，然后，拧动拉杆上的调整螺母，即可实现制动间隙调整。将调整螺母拧紧，蹄鼓间隙减小；反之，则蹄鼓间隙增大。调整完毕后，将锁紧螺母锁紧。

（2）摇臂与凸轮相互位置的调整。通过拉杆长度的调整后，若操纵杆自由行程仍然偏大，则应调整摇臂与凸轮的相互位置。

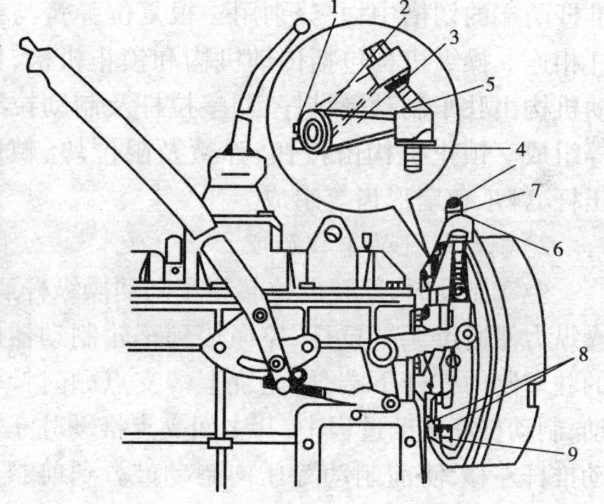

图5-27　鼓式驻车制动器的调整

1-夹紧螺栓；2-凸轮轴；3-摇臂；4-拉杆；5-调整垫；6-调整螺母；7-锁紧螺母；8-驻车制动蹄支承销；9-锁紧螺母

将驻车制动杆向前放松至极限位置；将摇臂从凸轮轴上取下，逆时针方向错开一个或数个齿后，再将摇臂装于凸轮轴上，并将夹紧螺栓紧固；重新调整拉杆上的调整螺母，直到有合适的驻车制动拉杆行程为止。调好后，制动间隙应为0.2～0.4mm。

驻车制动器调好后，完全放松驻车制动杆时，制动器蹄鼓间隙为0.2～0.4mm。向后拉驻车制动杆时，应有两“响”的自由行程，从第三“响”时应开始产生制动，第五“响”时汽车应能在规定的坡道上停住。

（3）驻车制动器的全面调整。先拧松偏心支承轴的锁紧螺母，用扳手转动偏心支承轴。当在摆臂未端用力转动摆臂张开凸轮时，两个制动蹄的中部同时与制动鼓接触。然后用扳手固定偏心支承销，同时拧紧偏心支承销的锁紧螺母。在拧紧锁紧螺母时，偏心支承销不得转动。

4）驻车制动器性能的检查。

汽车每行驶12 000km左右时，应对驻车制动器的性能进行检查。驻车制动器应满足以下性能：

（1）在空载状态下，驻车制动装置应能保证车辆在坡度为20%（总质量为整备质量的1.2倍以下的车辆为15%）、轮胎与路面间的附着系数≥0.7的坡道上，正、反两个方向保持固定不动的时间应≥5min。

(2)拉紧驻车制动器操纵杆,空车平地用二挡应不能起步。

(3)驻车制动器操纵杆的工作行程不能超过全行程的3/4。

(4)放松驻车制动器操纵杆,变速器处于空挡;支起一支驱动轮,制动鼓应能用手转动且无摩擦声。

提示:结合实物进行驻车制动器的拆卸、检修、装配、调整及性能检查。

5.3.3.2 一汽奥迪100型轿车驻车制动装置

1)制动装置的组成

该制动装置由驻车制动器和操纵机构组成。图5-28为带驻车制动器的车轮制动器。驻车制动杠杆上端通过平头销与后制动蹄相连,中上部卡入驻车制动推杆右端的切槽中作为支点,下端与拉绳相连。前后制动蹄的腹板卡在驻车制动推杆两端的切槽中,并分别用一根复位弹簧与推杆相连。操纵机构包括传动机构和锁止机构,传动机构由驻车制动操纵杆、调整拉杆及制动拉绳等组成。锁止机构由按钮、弹簧及限位块、棘爪压杆、棘爪和扇形齿等组成。

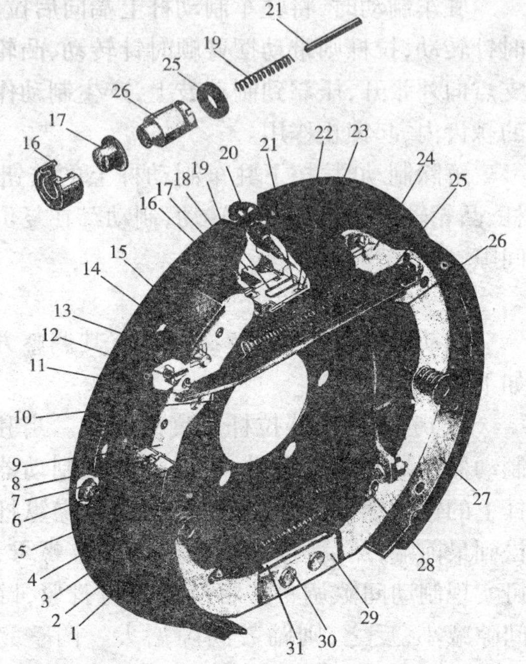

图5-28 一汽奥迪100型轿车后轮制动器

1-限位弹簧座;2-限位弹簧;3-限位销钉;4-制动底板;5-摩擦片;6-调节齿板拉簧;7-密封堵塞;8-铆钉;9-制动蹄腹板;10-调节齿板;11-驻车制动推杆;12-驻车制动推杆内弹簧;13-调节支承板;14-铆钉;15-前制动蹄;16-密封罩;17-支承座;18-轮缸壳体;19-活塞复位弹簧;20-放气螺钉;21-支承杆;22-皮圈;23-活塞;24-平头销;25-驻车制动器推杆外弹簧;26-驻车制动杠杆;27-后制动蹄;28-制动蹄复位弹簧;29-限位板;30-平头销;31-支承板

2)制动装置的工作原理

驻车制动时,驾驶员拉起驻车制动操纵杆后,操纵力便通过调整拉杆、拉绳传到车轮制动器内的驻车制动杠杆下端,使之绕上端支点顺时针转动,制动杠杆转动过程中,其中间支点推动驻车制动推杆左移,使前制动蹄压向制动鼓。到前制动蹄压向制动鼓后,推杆停止运动,则驻车制动杠杆的中间支点变成其继续转动的新支点。于是驻车制动杠杆的上端右移使后制动蹄压靠到制动鼓上,施以驻车制动。此时,驻车制动操纵杆上的棘爪与扇形齿啮合,驻车制动操纵杆处于锁止状态。

解除制动时,须先将驻车制动操纵杆向后扳动少许,再压下驻车制动操纵杆端头的按钮,通过棘爪压杆使棘爪与齿板脱开,然后将驻车制动操纵杆推到释放位置后松开按钮。与此同时,制动蹄在复位弹簧作用下复位。

3)制动装置的检修

传动机构中的拉绳通常是涂有塑料材料的钢丝索。拉紧或松开驻车制动时,拉绳既不能松弛也不能受阻滞。因此,拉绳不得有磨损或腐蚀,不得有扭结或卡住现象。

锁止机构中的棘爪和扇形齿不得有磨损和断齿。

制动器的检修见参考车制动器中的鼓式车轮制动器。

4)制动装置的调整

后轮制动器的蹄鼓间隙为自由调整式,调整时驻车制动装置时只需调整拉绳的长度即可。调整时,先松开驻车制动操纵杆,用力踩制动踏板一次,然后将驻车制动操纵杆拉紧2个齿,转动拉杆上的调整螺母,直至用手不能转动后轮为止。放松驻车制动拉杆后,两后轮应能自由转动。

提示:结合实物进行驻车制动器的拆卸、检修、装配、调整及性能检查。

测试题:1. 说明驻车制动器的功用。

2. 对照实物或图片说明典型驻车制动器的结构和工作原理。

3. 实际操作并说明然后对典型驻车制动器进行、检修调整和性能检查。

5.4 制动传动装置

5.4.1 制动传动装置的功用和分类

5.4.1.1 功用

制动传动装置的功用是将驾驶员或其他动动力源的作用传到制动器,同时控制制动器的工作,从而获得所需要的制动力矩。

5.4.1.2 分类

制动传动装置按传力介质的不同可分为液压式、气压式和气—液综合式;按制动管路的套数可分为单管路和双管路制动传动装置。按照交通法规的要求,现代汽车的行车制动系须采用双管路制动传动装置,因而单管路制动传动装置已被淘汰。

5.4.2 液压式制动传动装置

液压式制动传动装置是利用制动液将制动踏板力转换为制动液压力,通过管路传至车轮制动器,再将制动液压力转变为制动蹄张开的机械推力。

5.4.2.1 液压式制动传动装置的基本组成

如图 5-29 所示,液压式制动传动装置由制动踏板、主缸推杆、制动主缸、储液罐、制动轮缸、油管、制动灯开关、指示灯、比例阀等组成。

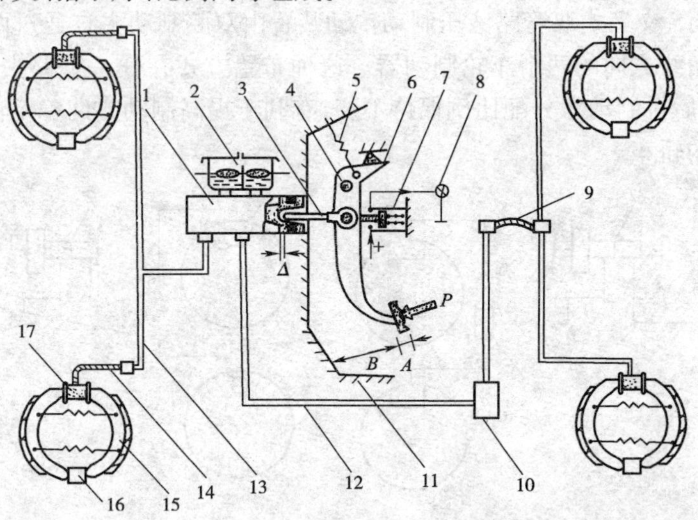

图 5-29 液压式制动传动装置的组成

1-制动主缸;2-储液罐;3-主缸推杆;4-支承销;5-复位弹簧;6-制动踏板;7-制动灯开关;8-指示灯;9-软管;10-比例阀;11-地板;12-后桥油管;13-前桥油管;14-软管;15-制动蹄;16-支承座;17-制动轮缸;Δ-自由间隙;A-自由行程;B-有效行程;P-施加在制动踏板上的压力

5.4.2.2 液压式制动传动装置的工作原理

如图5-30所示,液压制动传动装置以帕斯卡定律为基础,并且在传力过程中对驾驶员的踏板力进行了放大,使传递到制动轮缸及制动蹄上的制动力大于踏板力。

提示:帕斯卡定律即在封闭的系统中,液体朝各个方向传递的压力相等。

如果以10kg脚踏力踩制动踏板,踏板与支点力臂相当于主缸活塞与支点力臂的3倍,则作用到制动主缸活塞上的力为30kg。如果主缸活塞的截面积为$2cm^2$,而轮缸活塞的截面积为$4cm^2$,那么,推动车轮制动蹄的力可达60kg。

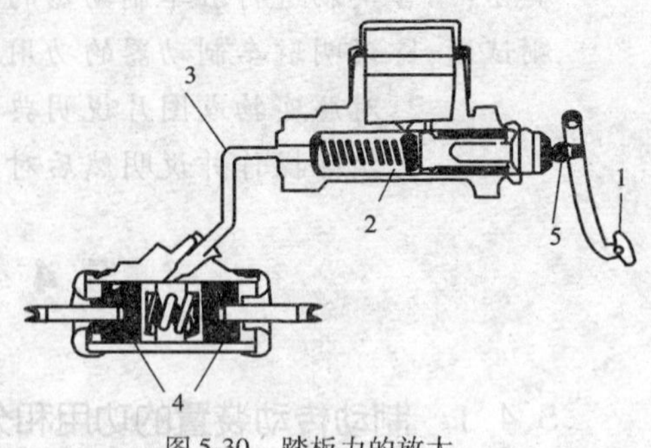

图5-30 踏板力的放大

1-制动踏板;2-主缸活塞;3-制动管路及制动液;4-轮缸活塞;5-制动蹄推杆

5.4.2.3 液压式制动传动装置的类型

双管路液压制动传动装置是利用彼此独立的双腔制动主缸,通过两套独立管路,分别控制两桥或三桥的车轮制动器。其特点是若其中一套管路发生故障而失效时,另一套管路仍能继续起制动作用,从而提高了汽车制动的可靠性和行车的安全性。

双管路的布置方案在各型汽车上各有不同,常见的有前后独立式和交叉式两种形式:

1)前后独立式

如图5-31所示,前后独立式双管路液压制动传动装置由双腔制动主缸通过两套独立的管路分别控制前桥和后桥的车轮制动器。这种布置方式结构简单,如果其中一套管路损坏漏油,另一套仍能起作用,但会破坏前后桥制动力分配的比例,主要用于发动机前置后轮驱动的汽车,如南京依维柯等。

2)交叉式(对角线式)

如图5-32所示,交叉式双管路液压制动传动装置由双腔制动主缸通过两套独立的管路分别控制前后桥对角线方向的两个车轮制动器。这种布置方式在任一管路失效时,仍能保持一半的制动力,且前后桥制动力分配比例保持不变,有利于提高制动方向稳定性。主要用于发动机前置前轮驱动的轿车。

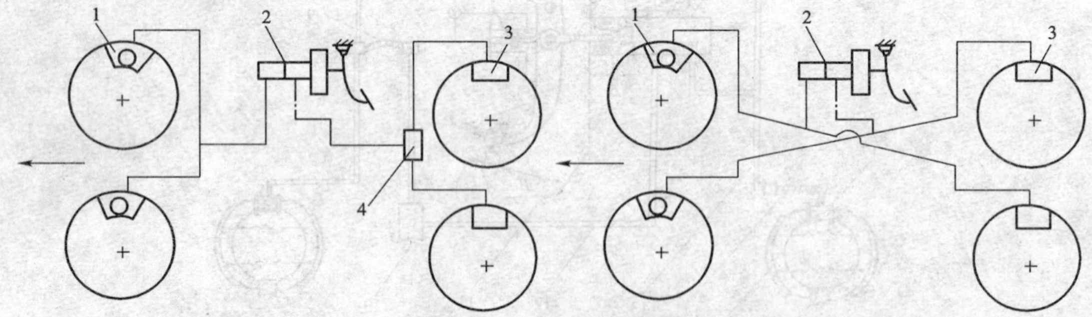

图5-31 前后独立式的双管路液压制动传动装置

1-盘式制动器;2-双腔制动主缸;3-鼓式制动器;4-制动力调节器

图5-32 交叉式的双管路液压制动传动装置

1-盘式制动器;2-双腔制动主缸;3-鼓式制动器

5.4.2.4 液压式制动传动装置主要部件

1)制动主缸

制动主缸又称为制动总泵,它处于制动踏板与管路之间,其功用是将制动踏板输入的机械力转换成液压力。

(1)结构。如图5-33和图5-34所示,串联式双腔制动主缸主要由储液罐、制动主缸外壳、前活塞、后活塞及前后活塞弹簧、推杆、皮碗等组成。

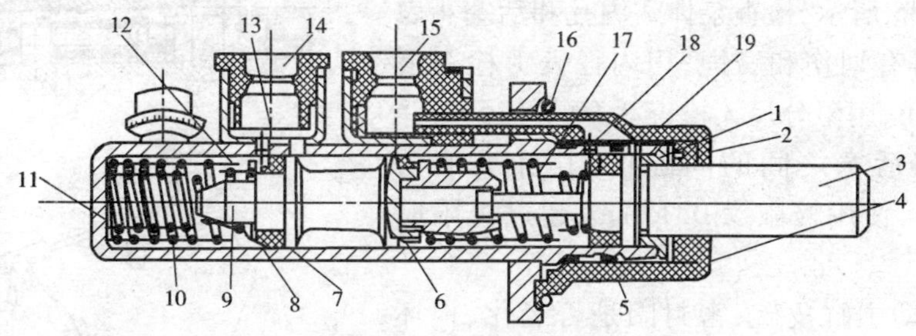

图5-33 串联式双腔制动主缸

1-隔套;2-密封圈;3-后活塞(带推杆);4-防尘罩;5-防动圈;6、13-密封圈;7-垫圈;8-皮碗护圈;9-前活塞;10-前活塞弹簧;11-缸体;12-前腔;14、15-进油孔;16-定位圈;17-后腔;18-补偿孔;19-回油孔

主缸的壳体内装有前活塞、后活塞及复位弹簧,前后活塞分别用皮碗密封,前活塞用限位螺钉保证其正确位置。储油罐分别与主缸的前、后腔相通,前出油口、后出油口分别与轮缸相通,前活塞靠后活塞的液力推动,而后活塞直接由推杆推动。

(2)工作原理。不制动时,两活塞前部皮碗均遮盖不住其旁通孔,制动液由储液罐进入主缸。

正常状态下制动时,操纵制动踏板,经推杆推动后活塞左移,在其皮碗遮盖住旁通孔之后,后腔制动液压力升高,制动液一方面经出油阀流入制动管路,一方面推动前活塞左移。在后腔液压和弹簧弹力的作用下,前活塞向左移动,前腔制动液压力也随之升高,制动液推开出油阀流入管路。于是两制动管路在等压下对汽车制动。

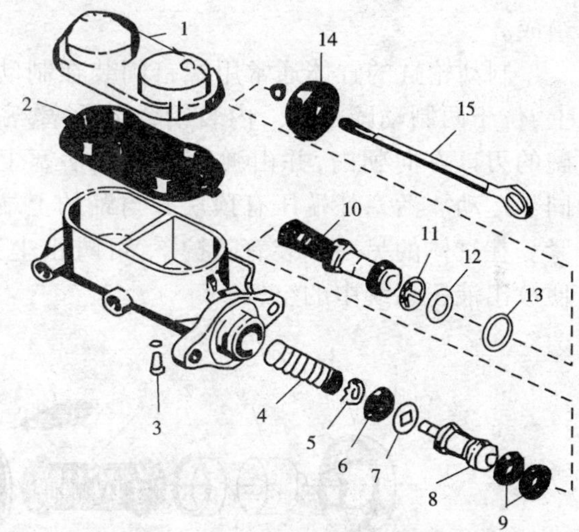

图5-34 串联式双腔制动主缸的分解图

1-储液罐盖;2-膜片;3-限位螺钉;4-弹簧;5-皮碗护圈;6-前皮碗;7-垫圈;8-前活塞;9-后皮碗;10-后活塞;11-推杆座;12-垫圈;13-锁圈;14-防尘套;15-推杆

解除制动时,抬起制动踏板,活塞在弹簧作用下复位,高压制动液自制动管路流回制动主缸。如活塞复位过快,工作腔容积迅速增大,而制动管路中的制动液由于管路阻力的影响,来不及充分流回工作腔,使工作腔内油压快速下降,便形成一定的真空度,于是储液罐中的油液便经补偿孔和活塞上的轴向小孔推开垫片及皮碗进入工作腔。当活塞完全复位时,旁通孔开放,制动管路中流回工作腔的多余油液经补偿孔流回储液罐。

若与前腔连接的制动管路损坏漏油,则在踩下制动踏板时只有后腔中能建立液压,前腔中无压力。此时,在压力差的作用下,前活塞迅速移到其前端顶到主缸缸体上。此后,后工作腔中液压方能升高到制动所需的值。

若与后腔连接的制动管路损坏漏油，则在踩下制动踏板时，起先只是后活塞前移，而不能推动前活塞，因而后腔制动液压不能建立。但在后活塞直接顶触前活塞时，前活塞便前移，使前腔建立必要的制动液压而制动。

(3)制动主缸的检修。

①检查储液罐是否破损，出现破损应更换。

②如图5-35所示，检查泵体2内孔和活塞4表面，其表面不得有划伤和腐蚀；用内径表1检查泵体内孔的直径B，用千分尺3检查活塞的外径C，并计算出内孔与活塞之间的间隙值，其标准值为0.0～0.106mm，使用极限为0.15mm，超过极限应更换。

③检查制动主缸皮碗、密封圈是否老化、损坏与磨损，否则应更换之。

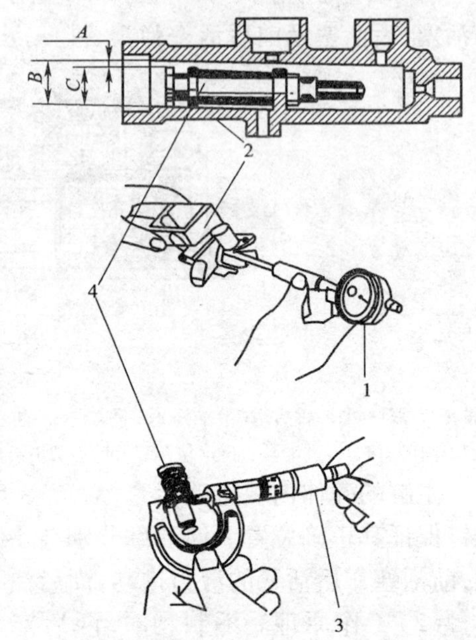

图5-35 制动主缸与活塞的检查

1-内径表；2-制动主缸泵体；3-千分尺；4-主缸活塞；*A*-泵体与活塞的间隙；*B*-泵体内孔的直径；*C*-活塞的外径

2)制动轮缸

制动轮缸的作用是将制动主缸传来的液压力转变为使制动蹄张开的机械推力。

(1)制动轮缸的结构。如图5-36所示，制动轮缸主要由缸体、活塞、皮碗、弹簧和放气螺钉等组成。

制动轮缸的缸体通常用螺钉固装在制动底板上，位于两制动蹄之间。内装铝合金活塞，密封皮碗的刃口方向朝内，并由弹簧压靠在活塞上与其同步运动。活塞外端压有顶块并与蹄的上端相抵紧。在缸体的另一端装有防护罩，可防止尘土及泥土的侵入。缸体上方装有放气螺塞，以便放出液压系统中的空气。

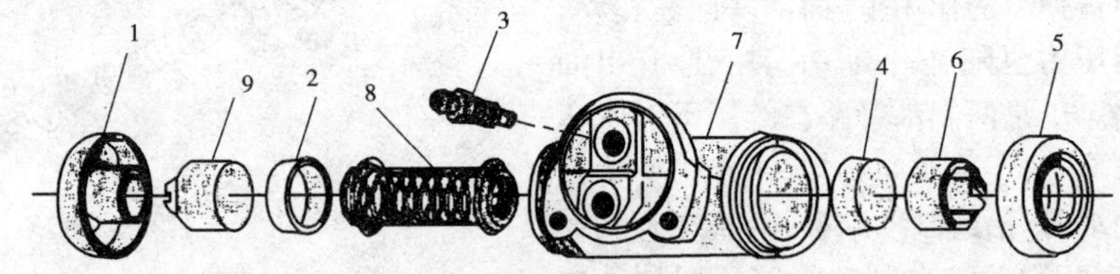

图5-36 双活塞制动轮缸的分解图

1、5-防尘罩；2、4-皮碗；3-放气螺钉；6、9-活塞；7-轮缸体；8-复位弹簧总成

提示：结合分解的实物或多媒体课件进行讲解。

(2)制动轮缸的类型。常见的制动轮缸类型有双活塞式、单活塞式和阶梯式等，如图5-37所示。

单活塞制动轮缸多用于单向助势平衡式车轮制动器，目前趋于淘汰；阶梯式轮缸用于简单非平衡式车轮制动器，它的大端推动后制动蹄，小端推动前制动蹄，其目的是为了前后蹄摩擦片均匀的磨损。

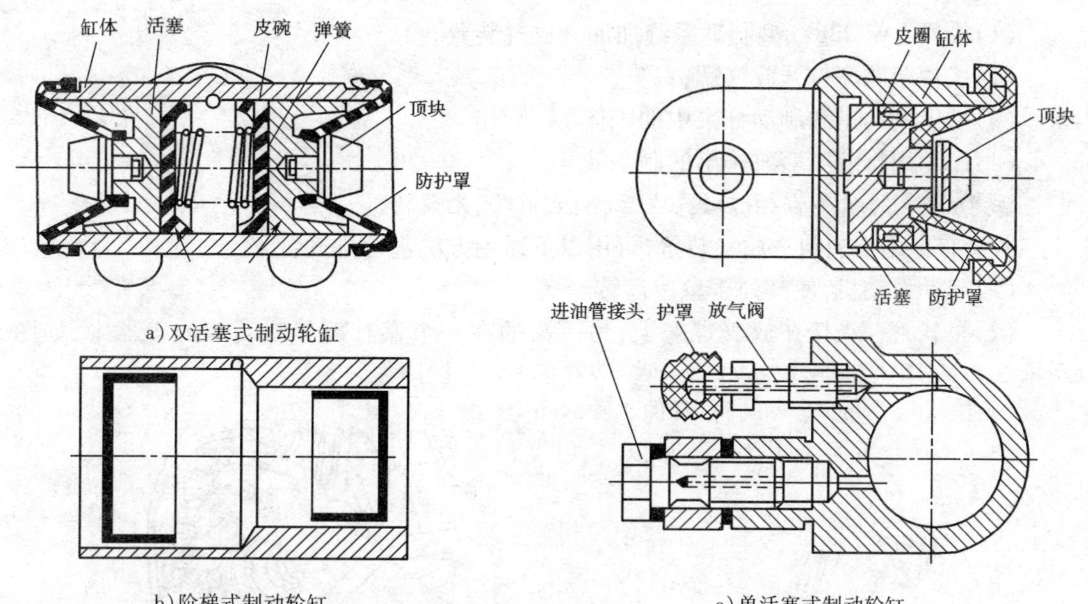

a）双活塞式制动轮缸

b）阶梯式制动轮缸

c）单活塞式制动轮缸

图 5-37　制动轮缸类型

（3）制动轮缸的工作情况。如图 5-38 所示，制动轮缸受到液压作用后，顶出活塞，使制动蹄扩张。松开制动踏板，液压力消失，活塞依靠制动蹄复位弹簧的力复位。

（4）制动轮缸的检修。制动轮缸分解后，用清洗液清洗轮缸零件。清洗后，检查制动轮缸 1 内孔与活塞 2 外圆表面的烧蚀、刮伤和磨损情况。如果轮缸内孔有轻微刮伤或腐蚀，可用细砂布磨光。磨光后的缸内孔应用清洗液清洗后，用无润滑油的压缩空气吹干。然后测出轮缸内孔孔径 B，活塞外圆直径 C，并计算出内孔与活塞的间隙值，标准值为 0.04 ~ 0.106mm，使用极限为 0.15mm，如图 5-39 所示。

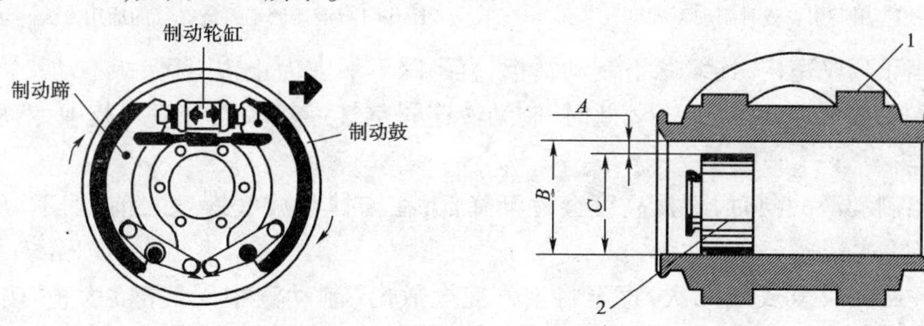

图 5-38　制动轮缸工作情况

图 5-39　制动轮缸缸体与活塞的检查

1-制动轮缸缸体；2-制动轮缸活塞；*A*-缸体与活塞的间隙；*B*-缸体内孔的直径；*C*-活塞的外径

5.4.2.5　液压传动装置的放气

液压制动系统中渗入空气，制动时系统中的空气被压缩，造成踏板行程增加，踏板发软，影响制动效果。在维修过程中，由于拆检液压制动系统、接头松动或制动液不足等原因，造成空气进入管路时，应及时将系统中的空气排出。

以桑塔纳轿车制动系统的排气为例。该车制动系统的排气应使用 VW/238/i 型制动系统加油—放气装置，如图 5-40 所示。

排气的方法和步骤为：

(1)接通 VW/238/i 型制动系统加油—放气装置。

(2)按规定顺序打开放气螺钉。

(3)排出制动钳和制动分泵中的气体。

(4)用专用排液瓶盛放排出的制动液。

注意:排气的顺序为:右后轮、左后轮、右前轮、左前轮。

若没有专用的加油—放气装置,可用以下通用方法进行排气:

(1)起动发动机,使其处于怠速运转。

(2)将软管一头接在放气螺塞上,另一头插在一个盛有部分制动液的容器中,如图 5-41 所示。

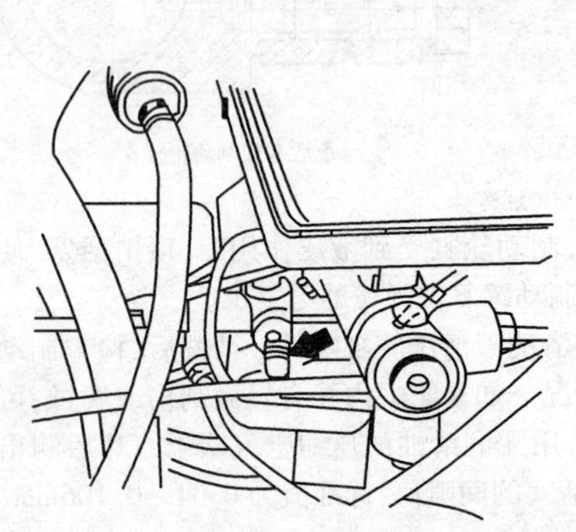
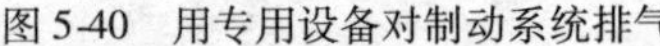

图 5-40　用专用设备对制动系统排气

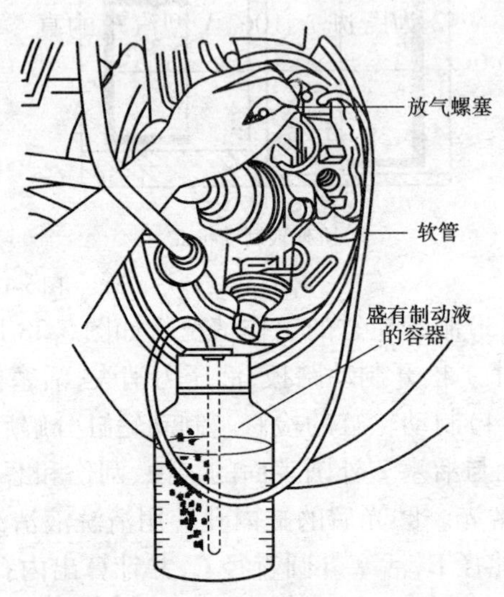

图 5-41　液压制动系统排气的通用方法

(3)一人坐于驾驶室内,连续踩下制动踏板,直到踩不下去为止,并且保持不动。

(4)另一人将放气螺塞拧松一下,此时,制动液连同空气一起从胶管喷入瓶中,然后,尽快将放气螺塞拧紧。

(5)在排出制动液的同时,踏板高度会逐渐降低,在未拧紧放气螺塞之前,切不可将踏板抬起,以免空气再次侵入。

(6)每个轮缸应反复放气几次,直至将空气完全放出(制动液中无气泡)为止,按照右后轮—左后轮—右前轮—左前轮的顺序逐个放气完毕。

(7)在放气过程中,应及时向储液罐内添加制动液,保持液面的规定高度。

注意:在装有制动压力调节器的汽车上,在放气过程中,应不断地按动汽车后部,要时刻观察制动液储液室内的制动液液面,随时添加制动液直至制动系统中的空气放净为止

5.4.2.6　液力制动的特点

液力制动柔和灵敏,结构简单,使用方便,不消耗发动机功率。但操纵较费力,制动力不很大,制动液流动性差,高温易产生气阻,如有空气侵入或漏油会降低制动效能甚至失效。

5.4.3　真空液压制动传动装置

汽车高速化后,采用人力液压制动的汽车,要求制动液压升高(可达 10 ~ 20MPa)方能产

生与车速相适应的制动力矩，靠人力制动是难以实现的。特别是盘式制动系统，因制动器无助势作用，更必须加大制动液压。

在普通的液压制动系统中，加装真空加力装置，可以减轻驾驶员施加于制动踏板上的力，增加车轮的制动力，达到操纵轻便、制动可靠的目的。

真空加力装置可分为增压式和助力式两种。增压式是通过增压器将制动主缸的液压进一步增加，增压器装在主缸之后；助力式是通过助力器来帮助制动踏板对制动主缸产生推力，助力器装在踏板与主缸之间。

5.4.3.1 真空增压式液压制动传动装置

1）真空增压式液压制动传动装置的组成和原理

图5-42为跃进NJ1061A型汽车的真空增压式液压制动传动装置。它在液压制动传动装置中加装了一套真空增压系统，包括由发动机进气歧管、真空止回阀、真空罐组成的供能装置；作为控制装置的控制阀；以及作为传动装置的真空伺服室、辅助缸和安全缸。

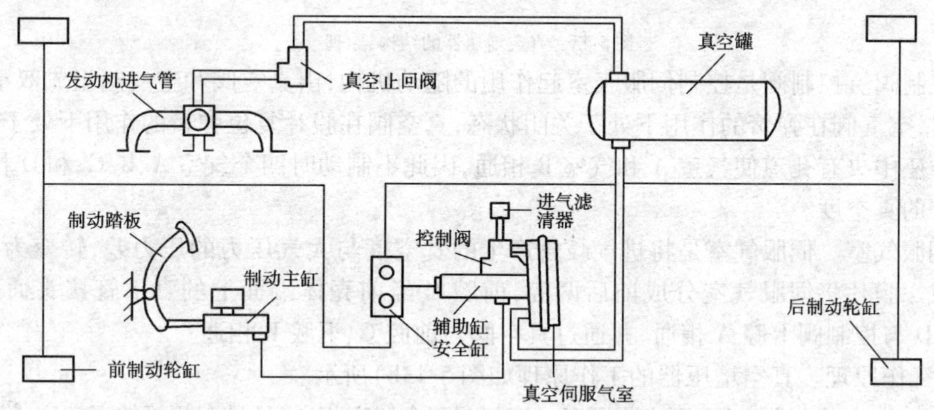

图5-42 跃进NJ1061A型汽车的真空增压式液压制动传动装置

发动机工作时，在进气歧管真空度作用下，真空罐中的空气经真空止回阀被吸入发动机，因而罐中也产生并积累一定的真空度，作为制动加力的力源。

踩下制动踏板时，制动主缸输出的制动液先进入辅助缸，由此一方面传入前后轮制动轮缸作为促动力，另一方面又作为控制压力输入控制阀，启动控制阀使真空伺服室产生的推力与来自制动主缸的液压力一起作用在辅助缸活塞上，从而使辅助缸输送到各制动轮缸的压力远高于制动主缸的压力。

安全缸的作用是当前后轮制动管路之一损坏漏油时，该管路上的安全缸即自动封堵，保证另一管路仍能保持其中的压力。

提示：柴油发动机进气管中的真空度不高，因而柴油车要采用真空增压时，必须装设由发动机驱动的真空泵。

2）真空增压器

真空增压器的作用是将发动机产生的真空度转变为机械推力，使从制动主缸输出的液力进行增压后再输入各轮缸，增大制动力。

（1）结构。真空增压器的结构如图5-43a）所示，它由辅助缸、控制阀和伺服气室等组成。

①辅助缸。辅助缸是将低压制动液变为高压的装置。装有皮圈的辅助缸活塞将辅助缸内腔分隔为两部分，左腔经出油管通向前后制动轮缸，右腔经进油接头与制动主缸相通。推杆后

端与伺服气室膜片相连,前端嵌装着球阀,其球座在辅助缸活塞上。不制动时,推杆前部的球阀与阀座之间保持一定距离,保证辅助缸两腔相通。

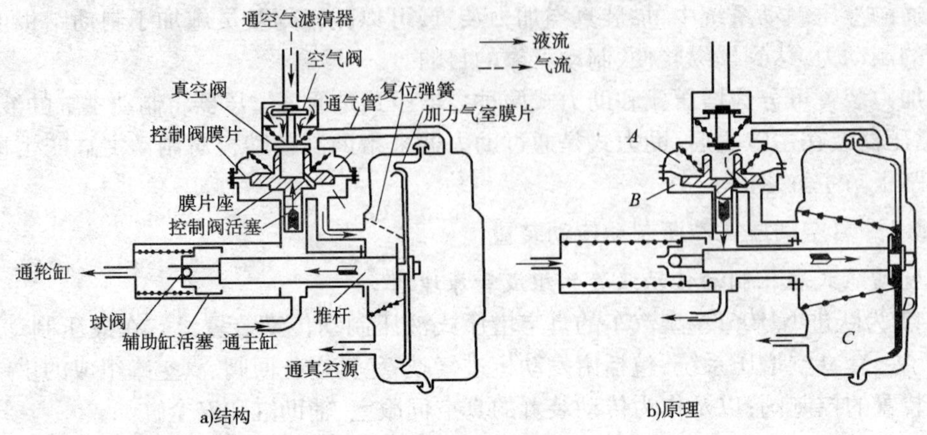

图 5-43 真空增压器的结构、原理

②控制阀。控制阀是控制伺服气室起作用的随动机构,由真空阀和空气阀组成双重阀门。不制动时,空气阀在弹簧的作用下处于关闭状态;真空阀在膜片复位弹簧的作用下处于开启状态。膜片座中央有孔道使气室 A 和气室 B 相通,因此不制动时四个气室 A、B、C、和 D 相通,且具有相等的真空度。

③伺服气室。伺服气室是将进气歧管产生的真空度与大气压力的压力差,转变为机械推力的总成。膜片将伺服气室分成前后两腔,前腔 C 经前壳体端面上的真空管接头通向真空源,后腔 D 与控制阀上腔 A 相通,并通过真空阀与前腔 C、下腔 B 相通。

(2)工作原理。真空增压器的工作原理如图 5-43b)所示。

①未制动时,空气阀关闭,真空阀开启。控制阀四个气室相通,且具有相等的真空度,推杆在复位弹簧的作用下处于最右端位置,推杆前部的球阀与阀座之间保持一定距离,辅助缸两腔相通。

②制动时,踩下制动踏板,制动主缸的制动油液输入到辅助缸体中,一部分油液经活塞中间的小孔进入各制动轮缸,轮缸液压即等于主缸液压。与此同时,液压还作用在控制阀活塞上,当油压力升到一定值时,活塞连同膜片上移,首先关闭真空阀,同时关闭 C、D 腔通道,膜片座继续上移将空气阀打开,于是空气经空气阀进入 A 腔并到 D 腔。此时,气室 B、C 的真空度仍保持不变,这样 D、C 两腔产生压力差,推动膜片使推杆左移,球阀关闭辅助缸活塞中孔,制动主缸与辅助缸左腔隔绝。此时在辅助缸活塞上作用着两个力:主缸液压作用力和伺服气室输出的推杆力。因此,辅助缸左腔及各轮缸的压力高于主缸压力。

③维持制动时,制动踏板踩到某一位置不动,制动主缸不再向辅助缸输送制动油液,作用在辅助缸活塞和控制阀活塞上的力为一定值。但随着进入空气室空气量的增加,A 和 B 气室的压力差加大,对控制阀膜片产生向下的作用力,因而使膜片座及活塞向下移动,空气阀、真空阀开度逐渐减小,直至落座关闭。此时处于"双阀关闭"状态。油压对控制活塞向上的压力与气室 A、B 压力差造成的向下压力相平衡。气室 D、C 压力差作用在膜片上的总推力与控制油压作用在辅助缸活塞右端的总推力之和,与高压油液作用在辅助缸左端的总阻力抗相平衡,辅助缸活塞即保持相对稳定状态,维持了一定的制动强度。这一稳定值的大小取决于控制活塞下面的液压(主缸油压),即取决于踏板力和踏板行程。

④放松制动踏板时,放松制动踏板后,控制油压下降,控制活塞连同膜片座下移,空气阀仍

处于关闭状态,而真空阀开启。于是 D、A 两气室的空气经 B、C 两气室被吸出,从而 A、B、C、D 各气室均具有一定的真空度。推杆、膜片及辅助缸活塞在弹簧的作用下各自回位,轮缸油液从辅助缸活塞的小孔流回,从而解除制动。

(3)检验。真空增压器的检验可分为简单试验和仪表试验。简单试验包括制动踏板高度试验、控制阀检验及膜片行程的检验。仪表试验包括气密性试验、油密性试验和止回阀气密性试验。

①简单试验。

a. 制动踏板高度试验。起动发动机,并使其怠速运转。此时,踩下制动踏板,并测出踏板距地板高度。然后,将发动机熄火,连续几次踩制动踏板,使真空度降为零,此时再踩下制动踏板,并测出踏板距地板的距离。正常情况下,后一次测得的距离应小于前一次,若两次距离相等,说明真空增压器不起作用。

b. 控制阀检验。起动发动机不踩下制动踏板,将一团棉丝置于增压器空气滤清器口处。此时,棉丝不被吸入;若棉丝被吸入,说明空气阀漏气。踏下制动踏板,棉丝应被吸入。若棉丝不被吸入,或者吸力过小,说明空气阀开度过小,或者助力器膜片破损。

c. 伺服气室膜片行程检查。发动机不工作而且不踩下制动踏板时,取下伺服气室加油孔橡胶盖,从该孔测出膜片位置。测完后再塞紧橡胶盖。将发动机起运转,并踩下制动踏板。取下伺服气室加油孔橡胶盖,再次测出膜片位置,两次测出的位置差,即为膜片行程。若膜片行程过小说明增压器工作不良;若膜片行程过大,说明制动系统存在泄漏,或者制动间隙过大。

②仪表试验。

a. 不工作情况下真空增压器的气密性试验。如图 5-44 所示,将真空表和开关串联于真空罐与伺服气室真空接孔之间。在真空增压器不工作的情况下,打开开关,使真空表达到 66.66kPa 的真空度,然后关闭开关。在 15s 之内,真空表读数应不低于 63.23kPa。若真空度下降过快,则可能存在膜片破裂和空气阀关闭不严的故障。

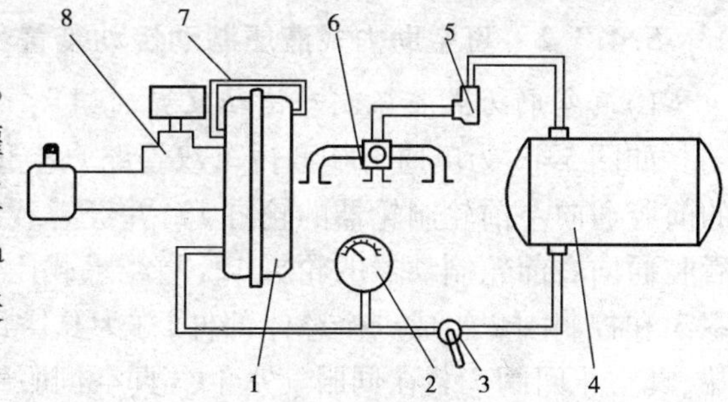

图 5-44 不工作情况下真空增压器气密性试验

1-真空加力气室;2-真空表;3-开关;4-真空储气筒;5-止回阀;6-发动机进气管;7-通气管;8-辅助缸

b. 油密性试验。如图 5-45 所示,在辅助缸出口处接压力表和开关。首先将开关关闭,使制动主缸至辅助出口之间充满压力油,并将气体从放气螺钉处放净。然后打开开关,从 A 处充入压力为 11.8kPa 的制动液,关闭开关。10s 内压力表数值不得低于 10.8kPa。否则,辅助缸存在泄漏问题。

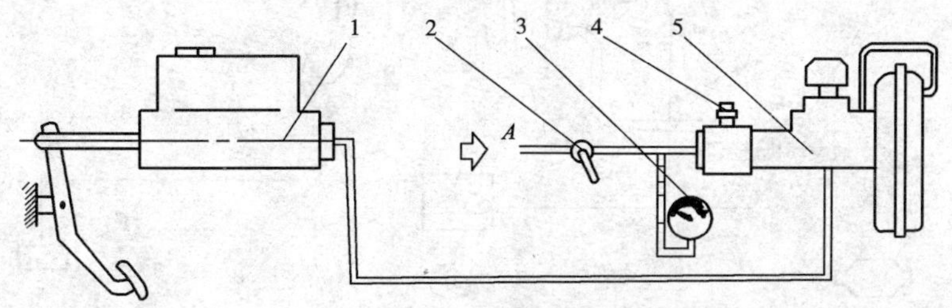

图 5-45 真空增压器油密性试验

1-制动主缸;2-开关;3-压力表;4-放气螺钉;5-真空增压器

c. 止回阀气密性试验。如图 5-46 所示,在发动机进气歧管与止回阀之间装一开关,在止回阀的另一端安装一个带真空表的容器。先打开开关,起动发动机,使密封容器上真空表的真空达 67kPa。然后关闭开关,真空表指针下降至 64kPa 的时间不得少于 15s。

d. 伺服气室的气密性试验。如图 5-47 所示,将伺服气室与控制阀之间的通气管拆下,并把控制阀一侧的管口堵住。打开开关,使真空表指针达 35kPa,然后再将开关关闭。此时,真空泵压力下降到 27kPa 时的时间应不小于 1min,否则,说明膜片密封不严。

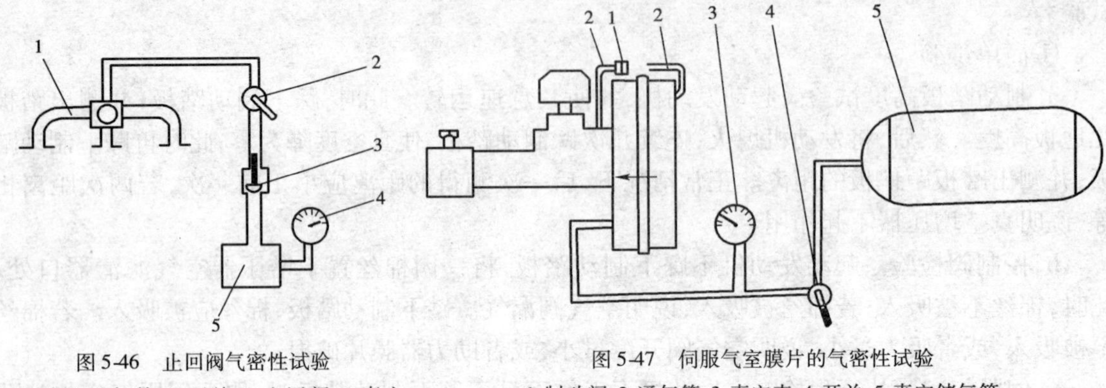

图 5-46　止回阀气密性试验

1-发动机进气管;2-开关;3-止回阀;4-真空表;5-密封容器

图 5-47　伺服气室膜片的气密性试验

1-制动阀;2-通气管;3-真空表;4-开关;5-真空储气筒

真空增压器工作性能的好坏将直接影响制动系的制动效能,行驶中使用行车制动器时,如果感到制动踏板较以前硬,且制动效能不良,则应检查真空增压器的工作性能。

5.4.3.2　真空助力式液压制动传动装置

1)真空助力式液压制动传动装置的组成

如图 5-48 为奥迪 100 型轿车双管路真空助力式液压制动传动装置。串联双腔制动主缸的前腔通向左前轮制轮器的轮缸 12,并经感载比例阀 9 通向右后轮制动器的轮缸 13。主缸的后腔通向右前轮制动器的轮缸 12,并经感载比例阀 9 通向左后轮制动器轮缸 11。真空伺服气室 3 和控制阀 2 组成一个整体部件,称为真空助力器。制动主缸直接装在真空伺服气室的前端,真空止回阀 7 装在伺服气室上。真空伺服气室工作时产生的推力,也同踏板力一样直接作用在制动主缸 4 的活塞推杆上。

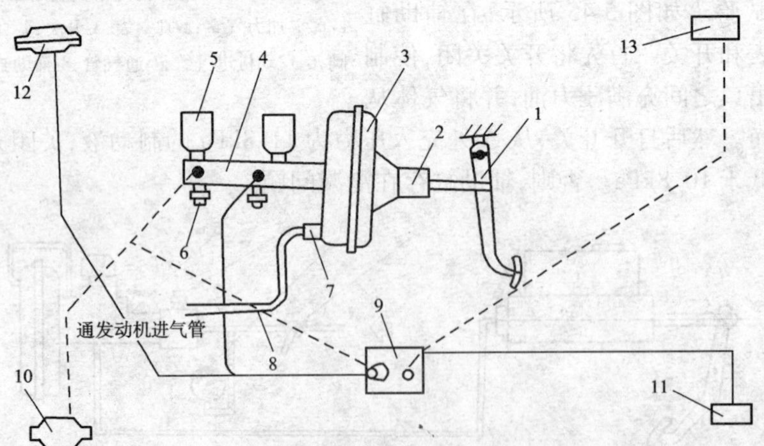

图 5-48　奥迪 100 型轿车真空助力式液压制动传动装置

1-制动踏板机构;2-控制阀;3-加力气室;4-制动主缸;5-储液罐;6-制动信号灯液压开关;7-真空止回阀;8-真空供能管路;9-感载比例阀;10-左前轮缸;11-左后轮缸;12-右前轮缸;13-右后轮缸

2）真空助力器的结构

图5-49为桑塔纳轿车所用的单膜片真空助力器。真空助力器和制动主缸用4个螺钉固定在车身前围上，借推杆与制动踏板连接。伺服气室由前、后壳体组成，其间夹装有膜片和座，它的前腔经止回阀通进气歧管或真空罐；后腔膜片座毂筒中装有控制阀，空气阀2与推杆6固接，橡胶阀门8与在膜片座上加工出来的阀座组成真空阀。

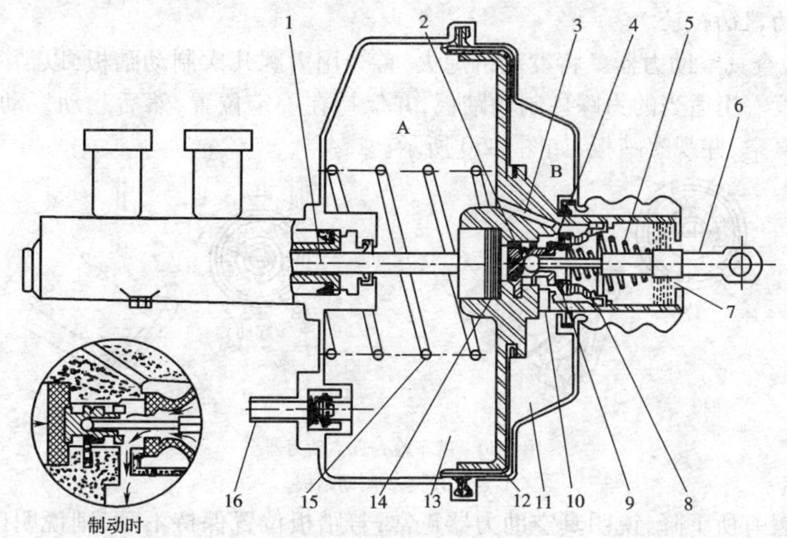

图5-49　真空助力器结构

1-推杆；2-空气阀；3-真空通道；4-真空阀座；5-复位弹簧；6-制动踏板推杆；7-空气滤芯；8-橡胶阀门；9-空气阀座；10-通气道；11-加力气室后腔；12-膜片座；13-加力气室前腔；14-橡胶反作用盘；15-膜片复位弹簧；16-真空口和止回阀

3）真空助力器的工作原理

（1）不制动时，未踩下制动踏板，控制阀处于非工作状态。复位弹簧5将推杆6连同空气阀2推至右极限位置，空气阀2紧压阀座9而关闭；橡胶阀门8被压缩离开阀座4而开启。真空通道3开启，伺服气室A、B两腔相通，并与大气隔绝。发动机运转后，真空止回阀被吸开，A、B两腔内均具有一定的真空度。

总结：不制动时，真空阀开，空气阀关。

（2）制动时，推杆6连同空气阀2向左移动，消除了与橡胶反作用盘14的间隙后，压缩橡胶反作用中心部分产生压凹变形，并推动推杆1向左移动，使制动主缸油压上升。与此同时，推杆6通过弹簧先将真空阀8压向阀座4而关闭，使A腔与B腔隔绝。进而空气阀2与阀座9分离而开启，外界空气经空气滤清器7、空气阀的开口和气道10进入B腔。随着空气的进入，在加力气室膜片的两侧出现压力差而产生推力，此推力通过膜片座12、橡胶反作用盘14推动推杆1左移。此时，推杆1上的作用力为踏板力和伺服气室推力之和，但伺服气室推力较踏板力大得多，从而使制动主缸输出的液压成数倍的增高。

总结：制动时，真空阀关，空气阀开。

（3）维持制动时，踏板踩下停止在某一位置，推杆6和空气阀2推压橡胶反作盘14的推力不再增加，膜片两边压力差使橡胶反作用盘中心部分的凹下变形恢复平，空气阀重新落座而关闭，出现“双阀关闭”的平衡状态。

总结：维持制动时，真空阀关，空气阀关。

（4）放松制动时，复位弹簧5使推杆6和空气阀2后移，真空阀8离开阀座4，伺服气室A、

B相通，成为真空状态。膜片和膜片座在复位弹簧15的作用下复位，主缸即解除制时。

总结：放松制动时，真空阀开，空气阀关。

真空助力器失效时，推杆6将通过空气阀2直接推动膜片座和推杆1移动，使主缸产生制动液压，但踏板力要大得多。

提示：为掌握真空助力器的工作情况，此处应结合多媒体课件讲解。

4）真空助力器的试验

（1）就车检查真空助力器。将发动机熄火，首先用力踩几次制动踏板，以消除真空助力器中残余的真空度。用适当的力踩住制动踏板，并保持在一定位置，然后起动发动机，使真空系统重新建立起真空，并观察踏板，如图5-50所示。

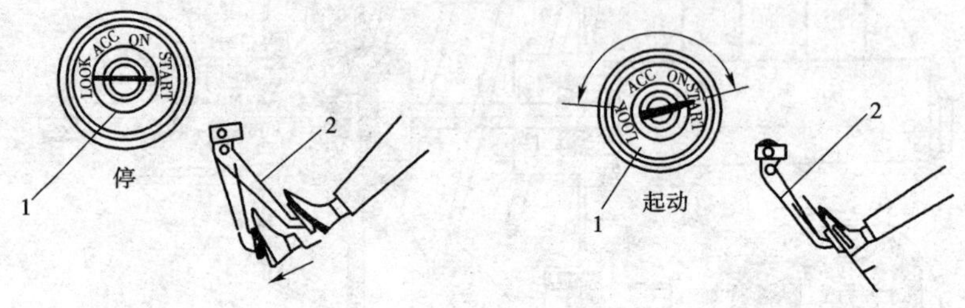

图5-50　就车检查真空助力器

1-点火开关；2-制动踏板

若踏板位置有所下降，说明真空助力器正常；若踏板位置保持不动，则说明助力器或真空止回阀损坏。

（2）真空助力器就车真空试验。

①将T形管、真空表、软管及卡紧装置等按图5-51所示的图连接好。

②起动发动机，怠速运转1min。

③卡紧与进气歧管相连的真空管上的卡紧装置，切断助力器止回阀与进气歧管之间的通路。

④将发动机熄火，观察真空表的变化。如果在规定时间内真空度下降过多（BJ2020规定在15s内真空度下降不大于3386.35Pa），说明助力器膜片或真空阀损坏。

（3）真空助力止回阀试验。如图5-52所示，拆下与止回阀相连的真空管，将手动真空泵软管与止回阀真空源接口相连。

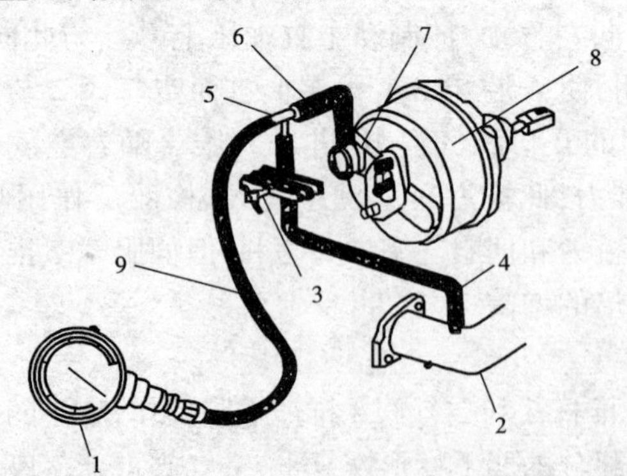

图5-51　真空助力器的就车真空试验

1-真空表；2-进气歧管；3-卡紧工具；4-软管；5-三通接头；6-软管；7-止回阀；8-真空助力器；9-软管

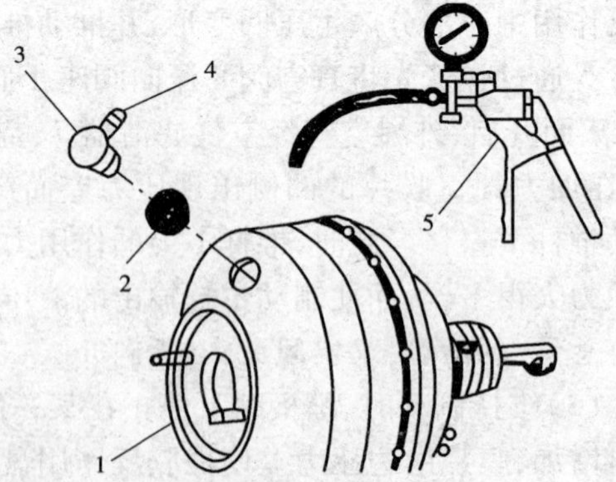

图5-52　真空助力器的止回阀试验

1-真空表；2-止回阀密封圈；3-真空助力器止回阀；4-止回阀真空源接口；5-手动真空泵

扳动手动真空泵手柄给止回阀加上 50.80 ~ 67.70kPa 的真空度，在正常情况下，真空应保持稳定。如果真空泵指示表上显示出真空度下降，则表明止回阀损坏。

5.4.4 制动力分配调节装置

汽车制动时，作用在车轮上的制动力随着踏板力的增加而增加，但最大制动力受到轮胎与路面附着力的限制，制动力不能超过附着力，否则，车轮将被“抱死”。无论前轮先抱死还是后先抱死都会严重影响汽车行驶的安全性，并加剧轮胎的磨损。

汽车既能得到尽可能大的制动力，又能保持行驶方向的稳定性，就必须使汽车前后轮同时达到抱死的边缘。其条件是：前后轮制动力之比等于前后轮对路面垂直载荷之比。

但是，汽车装载量的不同和汽车制动时减速度的不同，引起了载荷的转移。汽车前后轮的实际垂直载荷比是变化的。因此，要满足最佳制动状态的条件，汽车前后轮制动力的比例也应该是变化的。为使前后轮获得理想的制动力，现代汽车上采用了各种制动力调节装置，用以调节前后车轮制动管路的工作压力，常用的调节装置有限压阀、比例阀和感载比例阀等。

5.4.4.1 限压阀

限压阀串联在制动主缸与后轮制动器的管路之间，其功用是当前、后制动管路压力 P_1 和 P_2 由零同步增长到一定值后，自动将 P_2 限定在该值不变。

1）结构

图 5-53 为液压式限压阀的结构及特性曲线。阀体上有三个孔口，A 口与制动主缸连通；B 口通两后轮轮缸。阀体内有滑阀 3 和有一定预紧力的弹簧 2。滑阀被弹簧顶靠在阀体内左端。

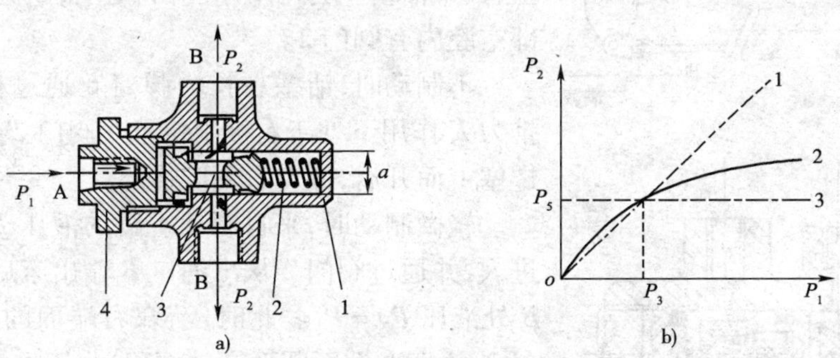

图 5-53 液压式限压阀及特性曲线

1-阀体；2-弹簧；3-滑阀；4-接头；A-通制动主缸；B-通制动轮缸

2）原理

当轻踩制动踏板时，制动主缸产生一定的液压力 P_1，滑阀左端面推力为 $P_1 \times a$（a 为滑阀左端面有效面积），滑阀右端承受弹簧力 F。此时，由于 $F > P_1 \times a$，滑阀不动，因而 $P_1 = P_2$，限压阀不起限压作用。

当踏板压力增大时，P_1 与 P_2 同步增长到一定值 P_S（限压点）后，活塞左方压力便超过右方弹簧的预紧力，即 $P_S \times a > F$，于是滑阀向右移动，关闭 A 腔与 B 腔的通路。此后，P_1 再增大时，P_2 也不再增大。

限压点 P_S 决定于限压阀的结构，与汽车的轴载质量无关。通常情况下，P_S 值低于理想值，不会出现后轮先抱死。

5.4.4.2 比例阀

比例阀也串联在制动主缸与后轮制动器的管路之间，其功用是当前、后制动管路压力 P_1 和 P_2 由零同步增长到一定值 P_S 后，即自动对 P_2 增长加以限制，使 P_2 的增量小于 P_1 的增量。

图 5-54 为比例阀的结构原理，比例阀通常采用两端承压面积不等的异径活塞。不工作时，异径活塞 2 在弹簧 3 的作用下处于上极限位置。此时阀门 1 保持开启，因而在输入控制压力 P_1 与输出压力 P_2 从 0 同步增长的初始阶段，$P_1=P_2$。但是压力 P_1 的作用面积小于压力 P_2 的作用面积，故活塞上方液压作用力大于活塞下方的液压作用力。在 P_1、P_2 同步增长的过程中，活塞上、下两端液压作用力之差超过弹簧 3 的预紧力时，活塞便开始下移。当 P_1 和 P_2 增长一定值 P_S 时，活塞内腔中阀座与阀门接触，进油腔与出油腔被隔绝。此即比例阀的平衡状态。

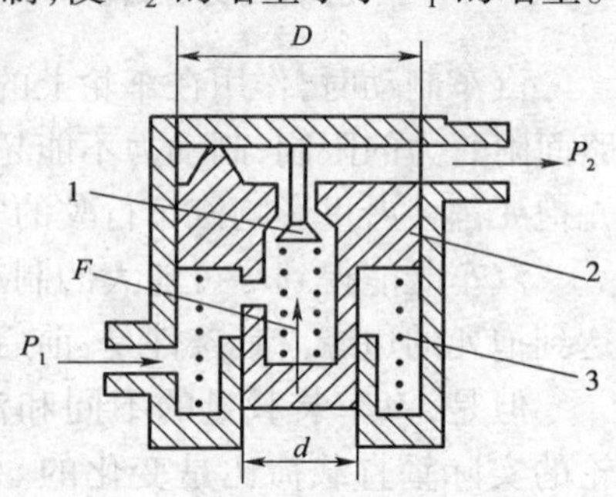

图 5-54　比例阀的结构原理

1-阀门；2-活塞；3-弹簧

若进一步提高 P_1，则活塞上升，阀门再度开启，油液继续流入出油腔，使 P_2 也升高，但由于活塞的下端面积小于其上端面积，因此 P_2 尚未增加到新的 P_1 值，活塞又下降到平衡位置。

5.4.4.3 感载比例阀

有些车辆在实际载质量不同时，其总质量和质心位置变化较大。因此，满载和空载时的前后轮制动力分配差距也较大，所以应采用随汽车实际装载质量变化而改变的感载比例阀。

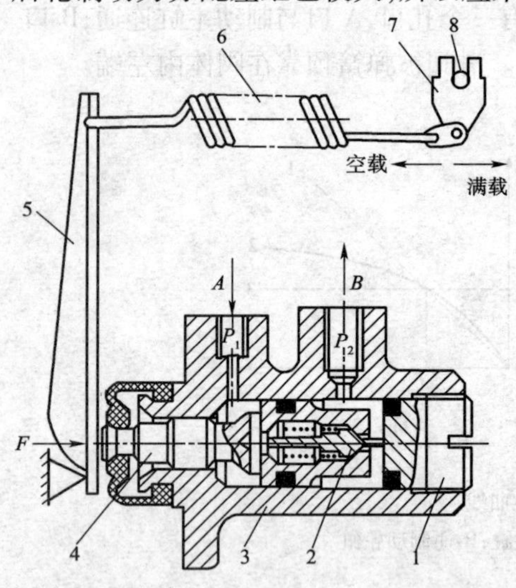

图 5-55　液压式感载比例阀及其感载控制机构

1-螺塞；2-阀门；3-阀体；4-活塞；5-杠杆；6-感载拉力弹簧；7-摇臂；8-后悬架横向稳定杆

图 5-55 为液压式感载比例阀。阀体 3 安装在车身上，其中活塞 4 为两端承压面积不等的差径结构，其右部空腔内有阀门 2。

不制动时，活塞在拉力弹簧 6 通过杠杆 5 施加的推力 F 作用下处于右极限位置。阀门 2 因其杆部顶触螺塞 1 而开启，使左右阀腔连通。

轻微制动时，来自制动主缸的液压 P_1 由进油口 A 进入，并通过阀门 2 从出油口 B 输出至后轮缸，出油口 B 处液压 $P_2=P_1$。此时，活塞右端面的推力为 $P_2\times b$（b 为活塞右端面圆形有效面积）小于左端的推力 $P_1\times a$（a 为活塞左端面圆形有效面积，$a<b$）与推力 F 之和。在此状态下，活塞不动，阀门 2 仍处于开启状态，$P_2=P_1$。

重踩制动踏板时，制动管路的液压 P_2 和 P_1 将同步增长，当增长至活塞左右两端面液压之差大于推力 F 时，活塞即左移一定距离。阀门 2 落座，将左右两腔隔绝。此时的液压为限压点的液压 P_S，活塞处于平衡状态。若进一步提高 P_1，则活塞将右移，阀门 2 再度开启，油液继续流入出油腔使 P_2 也升高。但由于 $a<b$，P_2 尚未升高到等于 P_1 时，阀门 2 又落座，将油道切断，活塞又处于平衡状态。这样，自动调节过程将随踏板力的变化反复不断的进行。在 P_1 超过 P_S 后，P_2 虽随 P_1 按比例的增长，但总是小于 P_1。

从上述过程得知，活塞处于平衡状态时，其两端的压力差和弹簧的推力 F 总维持着下述关系：

$$P_2 \times b = F + P_1 \times a$$

由此式得知,P_2 与弹簧推力 F 成正比关系,限压点液压 P_S 的大小也取决于弹簧推力 F 的大小。F 增大时,P_S 就愈大;反之则小。只要使弹簧的预紧力能随实际轴载质量变化,便能实现感载调节。

当汽车的轴载变化时,车身和车桥间的距离发生变化,利用此变化来改变弹簧的预紧力,即能实现感载调节。拉力弹簧 6 右端经吊耳与摇臂 7 相连,而摇臂则夹紧在汽车后悬架的横向稳定杆 8 的中部。当汽车的轴载质量增加时,后桥向车身移近,后悬架的横向稳定杆便带动摇臂 7 逆时针转过一个角度,将弹簧 6 进一步拉伸,作用于活塞 4 上的推力 F 便增加;反之,轴载质量减小,弹簧 6 的拉伸量和推力 F 即减小。因而,调节作用点 P_S 随轴载质量而变化。

5.4.4.4 惯性阀

汽车轴载质量的变化不仅与汽车总质量或实际装载质量有关,还与汽车制动时的减速度大小有关。当汽车制动减速度增加时,前轴的轴载质量增大,而后轴的轴载质量减小。

惯性阀的作用是使限压点液压值 P_S 取决于汽车制动时作用在汽车质心上的惯性力。即 P_S 不仅与汽车的实际质量有关,还与汽车制动减速度有关。

如图 5-56 所示,惯性限压阀内有一个惯性钢球 2,惯性钢球的支承面相对于水平面的仰角 θ 必须大于零,惯性阀方可起作用。汽车在水平路面上时,θ 应为 10°~13°。

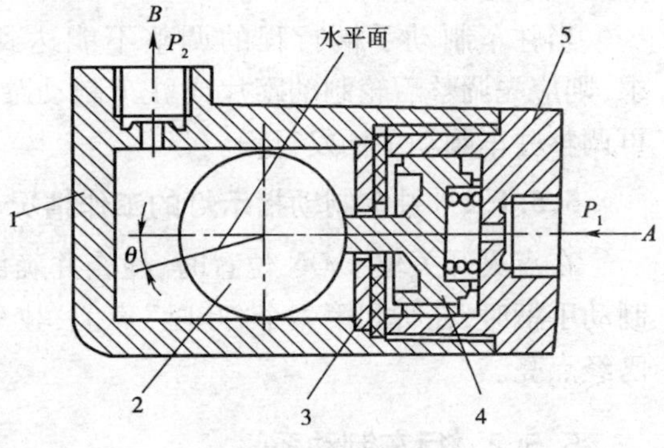

图 5-56 惯性限压阀

1-阀体;2-惯性球;3-阀座;4-阀门;5-阀盖

通常惯性钢球在其本身重力作用下处于下极限位置,并将阀门 4 推到与阀盖 5 接触,使得阀门 4 与阀座 3 之间保持一定间隙。此时进油口 A 与出油口 B 相通。

当汽车在水平路面上施行制动时,来自主缸方面的压力由进油口 A 输入惯性阀,再从油口 B 进入后制动管路。输出压力 P_2 即等于输入压力 P_1。当路面对车轮的制动力使汽车产生减速度时,作为汽车零件的惯性钢球也具有相同的减速度。在控制压力 P_1 较低,减速度较小时,惯性钢球向前的惯性力沿支承面的分力不足以平衡钢球的重力沿支承面的分力时,阀门仍保持开启状态,输出压力 P_2 仍等于输入压力 P_1。当 P_1 上升到一定值 P_S 时,制动减速度增大到足以实现上述二力平衡时,阀门弹簧便通过阀门将钢球推向前方,使阀门得以压靠阀座,切断液流通路。此后 P_1 继续升高,前轮制动力也即汽车汽车总制动力继续增大,钢球的惯性力使钢球滚到前上极限位置不动。阀门对阀座的压紧力也因 P_1 的升高而加大,但 P_2 就保持 P_S 值不变。

当汽车在上坡路上施行制动时,由于支承面仰角 θ 增大,惯性钢球重力沿支承面的分力也增大,使得惯性阀开始起作用所需的控制压力值 P_S 也升高,即所限定的输出压力 P_2 值更高。这正与汽车上坡时后轮附着力加大相适应。相反,当汽车在下坡路上施行制动时,后轮附着力减小,惯性阀所限定的 P_S 也正好相应地降低。

测试题:1. 对照实物或图片说明典型车辆液压制动传动装置的基本组成和工作原理。

2. 实际操作并说明典型液压制动装置的检修及排放气。

3. 汽车上为什么要设置制动力分配装置?

4. 简述限压阀、比例阀、感载比例阀、惯性阀的工作原理。

5.5 常规制动系的维护检查项目

常规制动器的维护检查包括主要驻车制动系和行车制动系两方面的维护项目。

5.5.1 驻车制动系

5.5.1.1 驻车制动手柄行程

1)检查

用手拉动驻车制动手柄,检查驻车制动手柄的行程是否在规定的槽数内(拉动手柄时可以听到“咔哒”声,一般为3~5声)。如果不符合标准,应调整驻车制动手柄的行程。

2)调整

驻车制动手柄行程的调整如图5-57所示,先松开锁紧螺母,然后根据需要转动调整螺母,行程合适后再紧固锁紧螺母。

当驻车制动手柄行程的调整不能达到标准的要求,则应先调整后轮制动蹄片或驻车制动蹄片的间隙,再调整驻车制动手柄发行程。

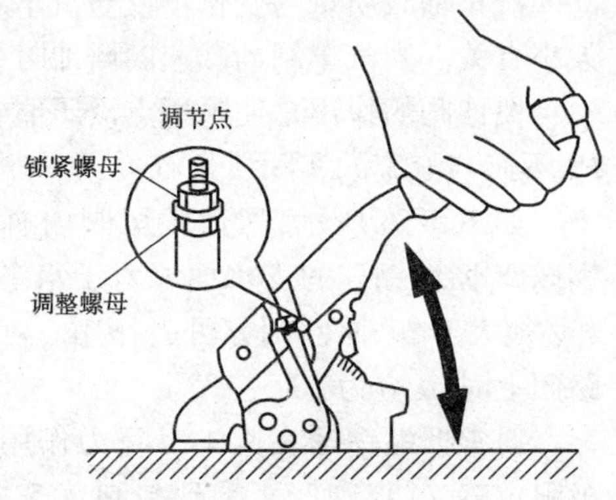

图5-57 驻车制动手柄行程的调整

5.5.1.2 驻车制动指示灯的工作情况

在点火开关位于ON位置时,检查并确保拉动驻车制动手柄时,在听到第一个“咔哒”声前,驻车指示灯就已经点亮。

5.5.2 行车制动系

5.5.2.1 制动踏板

1)制动踏板状况

通过踩下制动踏板检查以下内容。

(1)踏板反应的灵敏度。

(2)踏板是否能完全踩下。

(3)是否有异响。

(4)是否过度松动。

2)制动踏板高度

(1)检查。用直尺测量从地面到制动踏板上表面的距离。如果超出规定,应调整踏板高度。

提示:测量时应去除地板垫或地毯的厚度。

(2)调整。先拆下制动灯导线,松开制动灯开关锁紧螺母,视调整要求将制动灯开关旋进或旋出,直到调整合适。然后紧固制动灯锁紧螺母。最后检查制动灯开关与踏板的接触情况,确保工作正常。制动踏板高度调整后应再次检查踏板自由行程。

3)制动踏板自由行程

(1)检查。发动机熄火,踩下制动踏板几次,以消除真空助力器的真空,然后用手指轻轻按压制动踏板,感觉有阻力时测量此位置与制动踏板高度之差即为制动踏板的自由行程。如果踏板自由行程不符合要求,应进行调整。

(2)调整。松开推杆上的锁紧螺母,转动踏板推杆直到踏板自由行程正确,然后紧固锁紧螺母,如图 5-58 所示。

5.5.2.2 真空助力器

1)真空助力器工作情况检查

如图 5-59 所示,起动发动机,怠速运转 1 ~ 2min 后停机;踩下制动踏板数次,检查踏板是否升高;踩下踏板后,起动发动机,检查踏板是否下沉。

否则,说明真空助力器工作不良,应检查真空管路或更换真空助力器。

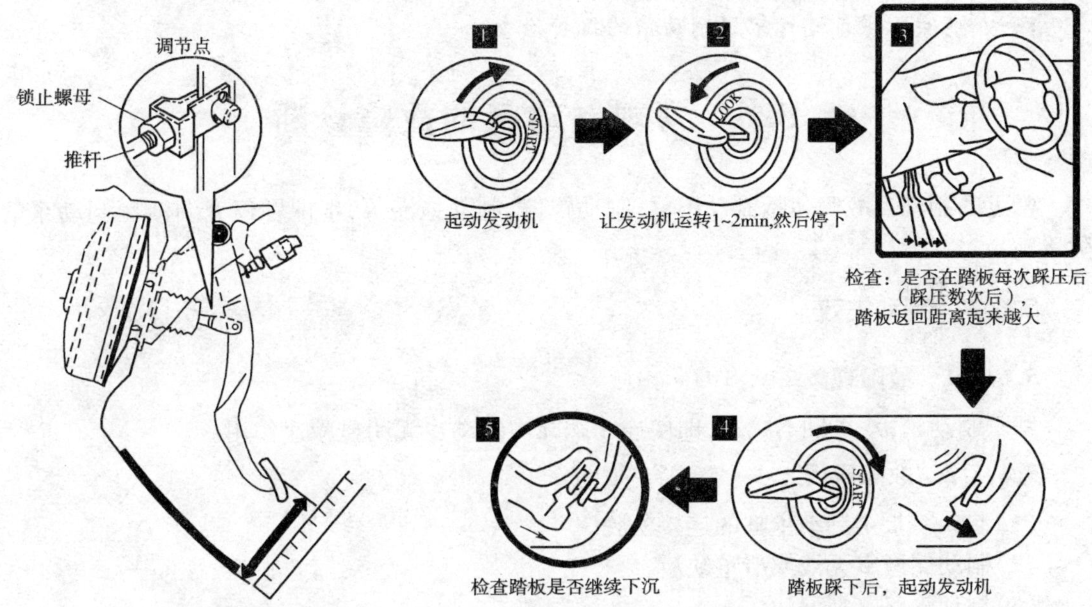

图 5-58 制动踏板自由行程的调整

图 5-59 真空助力器工作情况检查

2)真空助力器的真空检查

如图 5-60 所示,起动发动机,制动踏板踩下并保持 30s 后停止发动机,检查踏板高度是否不变。否则,说明真空助力器有真空泄漏。

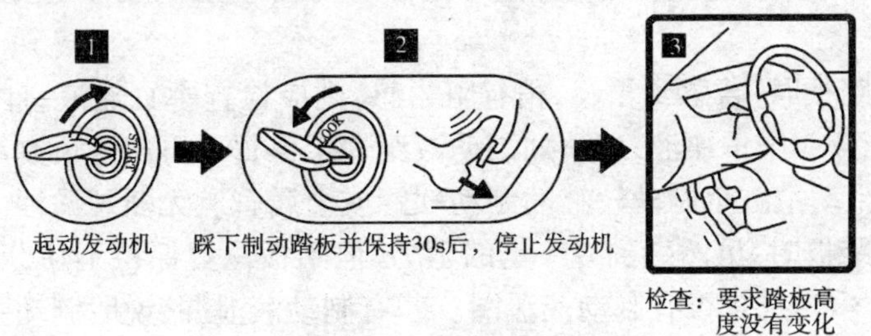

图 5-60 真空助力器的真空检查

5.5.2.3 制动管路

1)制动液渗漏

升起车辆,检查制动管路是否有制动液渗漏的部位,应重点检查管接头部位。

2)制动管路损坏

(1)升起车辆,检查制动管路是否有凹痕或其他损坏。

(2)检查制动软管是否存在扭曲、磨损、开裂、隆起等损坏。

3)制动管路安装

将转向盘左右转到极限位置,检查制动管路和制动软管是否会与车轮或车身接触。

5.5.2.4 盘式制动器和鼓式制动器

盘式及鼓式制动器的检查见前面所述的盘式车轮制动器和鼓式车轮制动器的检修部分。

5.5.2.5 液压制动系统的排放气

液压制动系统的排放气见前面所述的液压传动装置的放气部分。

测试题:实际操作进行常规制动系的维护检查。

5.6 常规制动系的故障诊断

常见的制动系故障包括制动不灵、制动跑偏、制动拖滞等,本课题仅介绍液压制动系的故障诊断。

5.6.1 制动失效

5.6.1.1 故障现象

踩下制动踏板,车辆不减速,即使连续踩几次制动也无明显减速作用。

5.6.1.2 故障原因

(1)制动踏板至制动主缸的连接松脱。

(2)制动储液室无液或严重缺液。

(3)制动管路断裂漏油。

(4)制动主缸皮碗破裂。

5.6.1.3 诊断与排除

首先踩动制动踏板试验,根据踩制动踏板时的感觉,相应的检查有关部位。

(1)若制动踏板与制动主缸无连接感,说明制动踏板至制动主缸的连接松脱,应检查修复。

(2)踩下制动踏板时,若感到很轻,稍有阻力感,则应检查主缸储液室内制动液是否充足。若主缸储液室内无液或严重缺液,应添加制动液至规定位置。再次踩下制动踏板时,若仍没有阻力感,则应检查制动主缸至制动轮缸的制动软管或金属管有无断裂漏油。

(3)踩下制动踏板时,虽然感到有一定的阻力,但踏板位置保持不住,明显下沉,则应检查制动主缸的推杆防尘套处是否有制动液泄漏。若有制动液泄漏,说明制动主缸皮碗破裂;若车轮制动鼓边缘有大量制动液,则应检查制动轮缸皮碗是否压翻、磨损是否严重。

5.6.2 制动不灵

5.6.2.1 故障现象

(1)汽车制动时,踩一次制动踏板不能减速或停车,连续踩几次制动踏板,效果也不好。

(2)汽车紧急制动时,制动距离太长。

5.6.2.2 故障原因

(1)制动踏板自由行程太大。

(2)制动主缸储液室内存油不足或无油。

(3)制动液变质(变稀或变稠)或管路内壁积垢太厚。

(4)制动管路内进入空气或制动液气化产生了气阻。

(5)制动主缸、轮缸、管路或管接头漏油。

(6)制动主缸、轮缸的活塞及缸筒磨损过度。

(7)制动主缸、轮缸的皮碗老化或磨损引起密封不良。

(8)制动主缸的进油孔、储液室的通气孔堵塞。

(9)制动主缸的出油阀、回油阀不密封,活塞复位弹簧预紧力太小,活塞前端贯通小孔堵塞。

(10)制动器的制动鼓与制动蹄片间隙不当;制动鼓与制动蹄片接触面积太小;制动蹄片质量不佳或沾有油污,制动蹄片铆钉松动;制动鼓产生沟槽磨损或失圆,制动时变形。

(11)真空增压器或助力器的各真空管路接头松动、脱落,管路有破裂处;膜片破裂或者密封圈密封不良;止回阀、控制阀密封不良;辅助缸活塞、皮碗磨损过度;单向球阀不密封。

5.6.2.3 诊断与排除

踩动制动踏板做制动试验,根据踩制动踏板时的感觉,检查相应的部位。

(1)一脚踩下制动踏板,踏板到底且无反力;连续几次踩制动踏板都能踩到底,且感觉阻力很小。则应检查储液室中制动液液面高度是否符合要求,若液面低于下线或 MIN 线以下,说明制动液液面太低;检查制动踏板连动机构有无松脱。

(2)连续几脚踩制动踏板时,踏板高度仍过低,并且在第一脚制动后,感到总泵活塞未回位,踩下制动踏板即有制动主缸与活塞碰击响声,则应检查主缸的活塞复位弹簧是否过软;主缸的皮碗是否破裂。

(3)连续踩几次制动踏板时,踏板高度低而软,则应检查制动主缸的进油孔或储液室的通气孔是否堵塞。

(4)一脚踩下制动踏板时,踏板高度过低;连续几脚踩下制动踏板时,踏板高度稍有增高,并有弹性感。则应检查系统内是否存有气体。

(5)一脚踩下制动踏板时,踏板高度较低;连续几脚踩下制动踏板时,踏板高度随之增高且制动效能好转,则应检查制动踏板的自由行程及制动器的间隙。

(6)维持制动踏板高度时,若缓慢或迅速下降,则应检查制动管路是否破裂、管接头是否密封不良;主缸、轮缸皮皮碗或皮圈密封是否良好。

提示:可踩下制动踏板,观察制动管路是否有制动液渗漏;制动主缸的推杆防尘套处是否有制动液渗漏;轮缸防尘套周围是否有制动液渗漏。

(7)安装真空增压器或助力器的车辆,踩下制动踏板时,若踏板高度适当但太硬,且制动不灵,则应检查增压器或助力器的工作情况;检查制动系油管是否有老化、凹瘪、制动液黏度太大。

(8)踩制动踏板时,若踏板有向上反弹、顶脚的感觉,且制动力不足,则应检查增压器的辅助缸活塞磨损是否过度;辅助缸活塞、皮碗是否密封不良;辅助缸单向球阀是否密封不良。

(9)路试车辆时,观察各车轮的制动情况。若个别车轮制动不良,则应检查该车轮的制动软管是否老化;摩擦片与制动鼓间的间隙是否不当;摩擦片是否有硬化、油污、钉外露现象;制动鼓内壁是否磨损成沟槽;摩擦片与制动鼓的接触面积是否过小。

5.6.3 制动跑偏

5.6.3.1 故障现象

(1)汽车行驶制动时,行驶方向发生偏斜。

(2)紧急制动时,方向急转或车辆甩尾。

5.6.3.2 故障原因

(1)左右车轮轮胎气压、花纹或磨损程度不一致。

(2)左右车轮轮毂轴承松紧不一、个别轴承破损。

(3)左右车轮的制动蹄摩擦衬片材料不一或新旧程度不一。

(4)左右车轮制动蹄摩擦片与制动鼓的接触面积、位置不一样或制动间隙不等。

(5)左右车轮轮缸的技术状况不一,造成起作用时间或张力大小不相等。

(6)左右车轮制动鼓的厚度、直径、工作中的变形程度和工作面的粗糙度不一。

(7)单边制动管路凹瘪、阻塞或漏油,单边制动管路或轮缸内有气阻。

(8)单边制动蹄与支承销配合过紧或锈蚀。

(9)一侧悬架弹簧折断或弹力过低。

(10)一侧减振器漏油或失效。

(11)前轮定位失准。

(12)转向传动机构松旷。

(13)车架、车桥在水平平面内弯曲、车架两边的轴距不等。

(14)感载比例阀故障。

总结:制动跑偏的根本原因是左右车轮的制动力不等。一些不属于制动系的零件,其技术状况不良时,即影响到车辆正常行驶时的跑偏,也影响到了制动时的跑偏。

5.6.3.3 诊断与排除

(1)若车辆正常行驶时亦有跑偏现象,则首先做以下外观检查:检查左右车轮轮胎气压、花纹和磨损程度是否一致;检查各减振器是否漏油或失效;检查悬架弹簧是否折断或弹力是否一致。

(2)支起车轮,用手转动和轴向推拉车轮轮胎。若一侧车轮有松旷或过紧感觉,应重新调整轴承的预紧度;若转动车轮有发卡或异响,应检查该轮轮毂轴承是否破损或毁坏。

(3)对汽车进行路试。制动后,若汽车向一侧跑偏,则为另一侧的车轮制动不良。

首先对该车轮制动器进行放气,若无制动液喷出,说明该轮制动管路堵塞,应予以更换。若放出的制动液中有空气,说明该轮制动管路中混入空气,应予以排放。

观察该轮制动器间隙,若制动器间隙过大,说明制动蹄摩擦片磨损严重或制动自调装置失效,应更换。

上述检查正常,应拆检该轮制动器。检查制动盘或制动鼓是否磨损严重或有沟槽,若磨损严重,应更换;若有严重沟槽,应车削或镗削;检查制动蹄摩擦片(摩擦衬块)是否有油污或水湿及磨损严重,若摩擦片(衬片)有油污或水湿,应查明原因并清理;若摩擦片磨损严重,应更换;检查制动轮缸或制动钳活塞,若有漏油或发卡现象,应更换。

(4)若制动时,出现忽左忽右跑偏现象,则应检查前轮定位是否符合要求,若前轮定位不正确,应调整;检查转向传动机构是否松旷,若松旷,应紧固、调整或更换。

(5)若在制动时,车辆出现甩尾现象,应检查感载比例阀是否有故障。

5.6.4 制动拖滞

5.6.4.1 故障现象

抬起制动踏板后,全部或个别车轮的制动作用不能立即完全解除,以致影响了车辆重新起步、加速行驶或滑行。

5.6.4.2 故障原因

(1)制动踏板无自由行程,制动踏板拉杆系统不能回位。

(2)制动总泵复位弹簧折断或失效。

(3)制动总泵回油孔被污物堵塞,密封圈发胀或发黏与泵体卡死。

(4)通往分泵的油管凹瘪或堵塞。

(5)制动盘摆差过大。

(6)前制动器密封圈损坏,造成活塞不能正常复位。

(7)前、后制动器分泵密封圈发胀或发粘与泵体卡死。

(8)鼓式制动器制动蹄复位弹簧折断或过软。

(9)鼓式制动器制动蹄摩擦片破裂或铆钉松动。

(10)鼓式制动器制动鼓严重失圆。

5.6.4.3 诊断与排除

(1)将汽车支撑起,在未踩制动踏板的情况下,用手转动车轮。若某一车轮转不动,说明该轮制动器拖滞;若全部车轮转不动,说明全部车轮制动器拖滞。

(2)若为个别车轮制动器拖滞,首先旋松该轮制动轮缸的放气螺钉,若制动液急速喷出,随即车轮能旋转自如,说明该轮制动管路堵塞,轮缸未能回油,应更换。若车轮仍转不动,则拆下车轮,解体检查制动器。

(3)若全部车轮制动器拖滞,则首先检查制动踏板自由行程是否符合要求,若自由行程过小,应进行调整;然后检查制动踏板的复位情况,用力将制动踏板踩到底并迅速抬起,若制动踏板复位缓慢,说明制动踏板复位弹簧失效或踏板轴发卡,应更换或修复。再检查制动主缸的工作情况,打开制动液储液室盖,由一人连续踩制动踏板,另一人观察制动主缸的回油情况。若不回油,说明制动主缸回油孔堵塞,应清洗、疏通;若回油缓慢,说明制动液过脏或变质,应更换。

5.6.5 驻车制动不良

5.6.5.1 故障现象

(1)拉紧驻车制动器操纵杆,汽车很容易起步。

(2)在坡道上停车时,拉紧驻车制动器操纵杆,汽车不能停止而发生溜车现象。

5.6.5.2 故障原因

(1)驻车制动操纵杆的自由行程过大。

(2)驻车制动操纵杆系或绳索断裂或松脱、发卡等。

(3)驻车制动器制动部件间间隙过大。

(4)驻车制动器摩擦片磨损过度或有油污。

(5)驻车制动鼓磨损过度、失圆或有沟槽。

(6)驻车制动蹄运动发卡。

(7)驻车制动蹄摩擦片与制动鼓的接触面积太小。

5.6.5.3 诊断与排除

(1)将汽车停放在平坦的地面上,拉紧驻车制动器操纵杆,挂入低速挡起步,若汽车很容易起步而发动机不熄火,说明驻车制动不良。

(2)从驻车制动器操纵杆放松位置往上拉,直至拉不动为止。检查制动器操纵杆的行程,若行程过大,说明操纵杆的自由行程过大,应调整。检查拉动操纵杆的阻力,若感觉没有阻力或阻力很小,说明操纵杆或绳索断裂或松脱,应更换或修复;若感觉很沉,说明操纵杆或绳索及制动器发卡,应拆检修复。

(3)从检视孔检查中央驻车制动器(东风 EQ1092、解放 CA1092 汽车)或后轮制动器(奥迪、桑塔纳等轿车)的间隙是否符合要求,若制动器间隙过大,应调整。

(4)经上述检查均正常,应拆检驻车制动器。检查制动蹄摩擦片是否磨损严重或有油污;检查制动鼓是否磨损严重、失圆或有沟槽;检查制动蹄运动是否发卡,若有发卡现象,应修复或润滑;检查制动蹄摩擦片与制动鼓的接触面积是否符合要求,若接触面积过小,应更换或修整。

学习情境6　ABS防抱死系统不工作及故障灯常亮的故障诊断与修复

学习目标

1. 了解ABS防抱死系统的功用；
2. 掌握ABS防抱死系统的基本组成；
3. 熟悉ABS防抱死系统的工作原理；
4. 掌握ABS防抱死系统中轮速传感器、油泵的基本结构及功用；
5. 掌握轮速传感器、油泵的检修；
6. 掌握ABS防抱死系统常见故障的诊断与排除；
7. 掌握ABS防抱死系统维护的内容和方法。

学习重点和难点

1. ABS防抱死系统功用、组成、结构、工作原理；
2. ABS防抱死系统基本组成和零部件认识；
3. ABS防抱死系统中轮速传感器、油泵的功用、结构及原理；
4. 轮速传感器、油泵的检修；
5. 给出ABS防抱死系统的故障现象能够运用所学的知识和技能排除故障；
6. ABS防抱死系统的维护。

注：本部分以上海大众桑塔纳轿车的ABS防抱死系统为例进行讲述。

6.1　ABS系统组成与原理

6.1.1　ABS系统的基本组成

ABS系统能够防止车轮抱死，具有制动时方向稳定性好、制动时仍有转向能力、缩短制动距离等优点。桑塔纳2000Gsi型轿车采用的是美国ITT公司MK20-Ⅰ型ABS系统，是三通道的ABS调节回路，前轮单独调节，后轮则以两轮中地面附着系数低的一侧为依据统一调节。ABS系统主要由ABS控制器（包括电子控制单元、液压单元、液压泵等）、四个车轮转速传感器、ABS故障警告灯、制动警告灯等组成，如图6-1所示。

ABS系统的基本工作原理是：汽车在制动过程中，车轮转速传感器不断把各个车轮的转速信号及时输送给ABS电子控制单元(ECU)，ABS ECU根据设定的控制逻辑对4个转速传感器输入的信号进行处理，计算汽车的参考车速、各车轮速度和减速度，确定各车轮的滑移率。如果某个车轮的滑移率超过设定值，ABS ECU就发出指令控制液压控制单元，使该车轮制动轮缸中的制动压力减小;如果某个车轮的滑移率还没达到设定值,ABS ECU 就控制液压单元,使该车轮的制动压力增大;如果某个车轮的滑移率接近于设定值时,ABS ECU 就控制液压控制单元,使该车轮制动压力保持一定。从而使各个车轮的滑移率保持在理想的范围之内,防止4 个车轮完全抱死。

在制动过程中,如果车轮没有抱死趋势,ABS 系统将不参与制动压力控制,此时制动过程与常规制动系统相同。如果 ABS 出现故障,电子控制单元将不再对液压单元进行控制,并将仪表板上的 ABS 故障警告灯点亮,向驾驶员发出警告信号,此时 ABS 不起作用,制动过程将与没有 ABS 的常规制动系统的工作情况相同。

6.1.2 ABS 系统主要部件结构与工作原理

6.1.2.1 车轮转速传感器

车轮转速传感器的作用是将车轮的转速信号传给 ABS 电子控制单元。MK20-Ⅰ型 ABS 系统共有 4 个车轮转速传感器,前轮的齿圈(43 齿)安装在传动轴上,转速传感器安装在转向节上,如图 6-2 所示。后轮的齿圈(43 齿)安装在后轮毂上,转速传感器则安装在固定支架上,如图 6-3 所示。

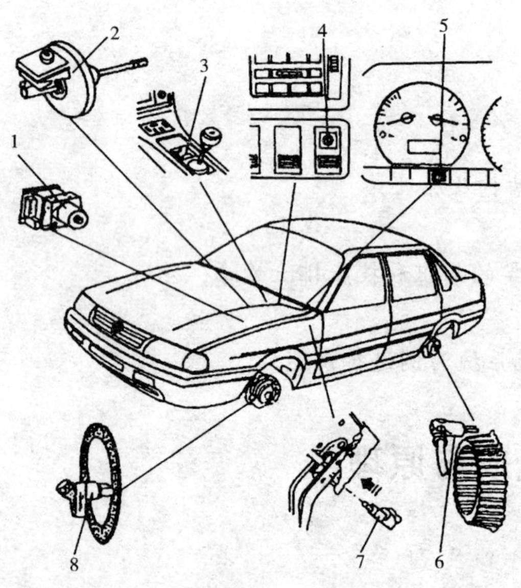

图 6-1 ABS 系统组件在车上的安装位置
1-ABS 控制器;2-制动主缸和真空助力器;3-自诊断插口;4-ABS 警告灯(K47);5-制动警告灯(K118);6-后轮转速传感器(G44/G46);7-制动灯开关(F);8-前轮转速传感器(G45/G47)

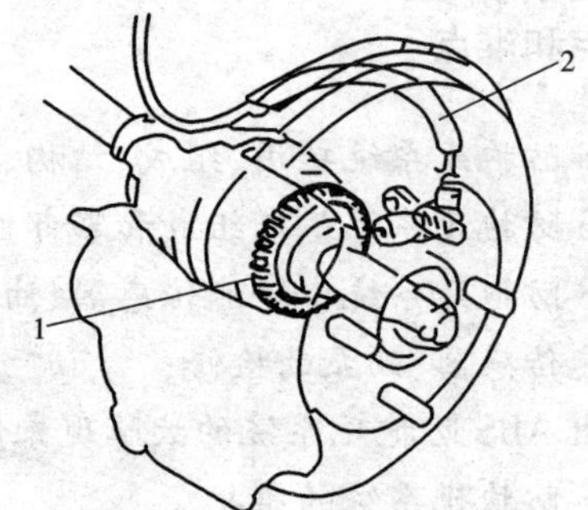

图 6-2 前车轮转速传感器(G45/G47)安装位置
1-齿圈;2-前轮转速传感器

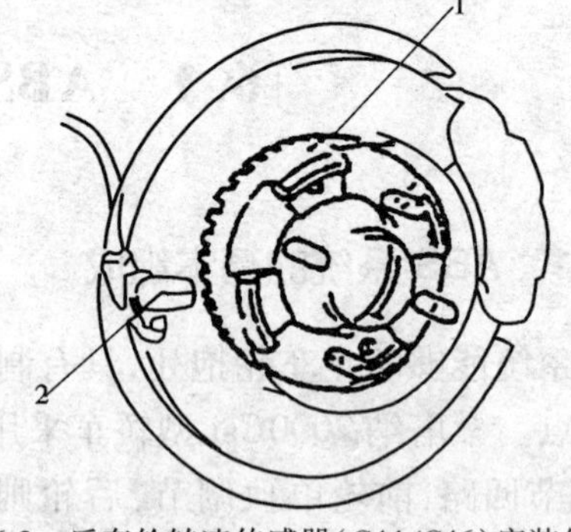

图 6-3 后车轮转速传感器(G44/G46)安装位置
1-齿圈;2-后轮转速传感器

传感器由电磁感应式传感头和磁性齿圈组成。传感头由永久磁芯和感应线圈组成,齿圈由铁磁性材料制成。当齿圈旋转时,齿顶与齿隙轮流交替对向磁芯,当齿圈转到齿顶与传感头磁芯相对时,传感头磁芯与齿圈之间的间隙最小,由永久磁芯产生的磁力线就容易通过齿圈,感应线圈周围的磁场就强,如图 6-4a)所示。而当齿圈转动到齿隙与传感磁芯相对时,传感头磁芯与齿圈之间的间隙最大,由永久磁芯产生的磁力线就不容易通过齿圈,感应线圈周围的磁场就弱,如图 6-4b)所示。此时,磁通迅速交替变化,在感应线圈中就会产生交变电压,交变电压的频率将随车轮转速成正比例变化。电子控制单元可以通过转速传感器输入的电压脉冲频率进行处理来确定车轮的转速、汽车的参考速度等。

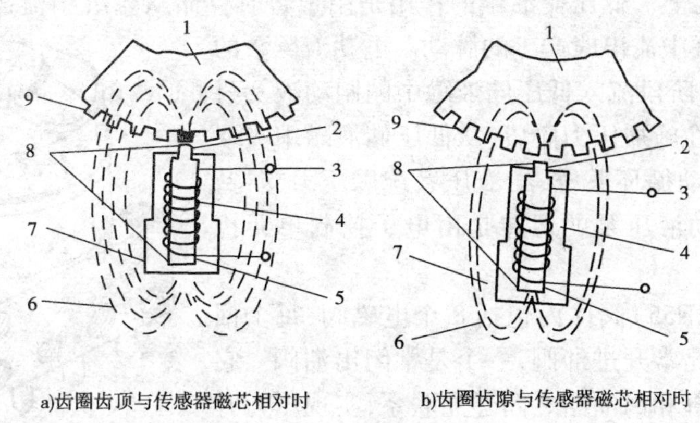

图 6-4　传感器的工作原理

1-齿圈;2-磁芯端部齿;3-感应线圈端子;4-感应线圈;5-磁芯套;6-磁力线;7-磁场;8-磁芯;9-齿顶

6.1.2.2　ABS 控制器

ABS 控制器由 ABS 电子控制单元(J104)、液压控制单元(N55)、液压泵(V64)等组成。

1)电子控制单元

电子控制单元是 ABS 系统的控制中心,它实际上是一个微型计算机,所以又常称为 ABS(ECU)电脑。ABS ECU 由输入电路、数字控制器、输出电路和警告电路组成。主要任务是连续监测接受 4 个车轮转速传感器送来的脉冲信号,并进行测量比较、分析放大和判别处理,计算出车轮转速、车轮减速度以及制动滑移率,再进行逻辑比较分析 4 个车轮的制动情况,一旦判断出车轮将要抱死,它立刻进入防抱死控制状态,通过电子控制单元向液压单元发出指令,以控制制动轮缸油路上电磁阀的通断和液压泵的工作来调节制动压力,防止车轮抱死。

ABS ECU 还不断地对自身工作进行监控。由于 ABS ECU 中有两个完全相同的微处理器,它们按照同样的程序对输入信号进行处理,并将其产生的中间结果与最终结果进行比较,一旦发现结果不一致,即判定自身存在故障,它会自动关闭 ABS 系统。此外 ABS ECU 还不断监视 ABS 系统中其他部件的工作情况,一旦 ABS 系统出现故障,如车轮速度信号消失,液压压力降低等,ABS ECU 会发出指令而关闭 ABS 系统,并使常规制动系统工作,同时将故障信息存储记忆,并将仪表板上的 ABS 故障灯点亮,向驾驶员发出警示信号,此时应及时检查修理。

当点火开关接通时,ABS ECU 就开始进行自检程序,对系统进行自检,此时 ABS 故障灯点亮。如果自检以后发现 ABS 系统存在影响其正常工作的故障,它将关闭 ABS 系统,恢复常规制动系统,仪表板上 ABS 故障灯一直点亮,警告驾驶员 ABS 系统存在故障。自检结束后,ABS 故障灯就熄灭,表明系统工作正常。由于自检过程大约需要 2s,因此在正常情况下,当点火开关接通时,ABS 故障灯点亮 2s,然后再自动熄灭,是正常的。反之如果点火开关接通时,ABS

故障灯不亮，说明 ABS 故障灯或其线路存在故障，应对其进行检修。

2）液压控制单元和液压泵

液压控制单元装在制动主缸与制动轮缸之间，采用整体式结构图 6-5。主要任务是转换执行 ABS ECU 的指令，自动调节制动器中的液压压力。低压储液罐与电动液压泵合为一体装于液压控制单元上。低压储油罐的作用是用于暂时存储从轮缸中流出的制动液，以缓和制动液从制动轮缸中流出时产生的脉动。电动液压泵的作用是将在制动压力阶段流入低压储液罐中的制动液及时送至制动主缸，同时在施加压力阶段，从低压储液罐中吸取剩余制动力，泵入制动循环系统，给液压系统以压力支持，增加制动效能。电动液压泵的运转是由电子控制单元控制的。

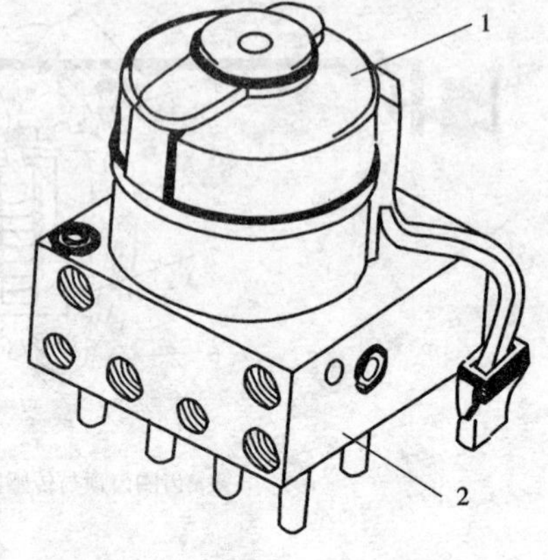

图 6-5　液压控制单元结构

1-带低压储液罐的电动液压泵；2-液压单元

液压控制单元（N55）阀体内包括 8 个电磁阀，每个回路各一对，其中一个是常开进油阀，一个是常闭出油阀。它在制动主缸、制动轮缸和回油路之间建立联系，实现压力升高、压力保持和压力降低的功能，防止车轮抱死，其工作原理如下。

（1）开始制动阶段（系统油压建立）。开始制动时，驾驶员踩制动踏板，制动压力由制动主缸产生，经常开的不带电压的进油阀作用到车轮制动轮缸上，此时，不带电压的出油阀依然关闭，ABS 系统没有参与控制，整个过程和常规液压制动系统相同，制动压力不断上升，如图 6-6 所示。

（2）油压保持。当驾驶员继续踩制动踏板，油压继续升高到车轮出现抱死趋势时，ABS 电子控制单元发出指令使进油阀通电并关闭阀门，出油阀依然不带电压仍保持关闭，系统油压保持不变，如图 6-7 所示。

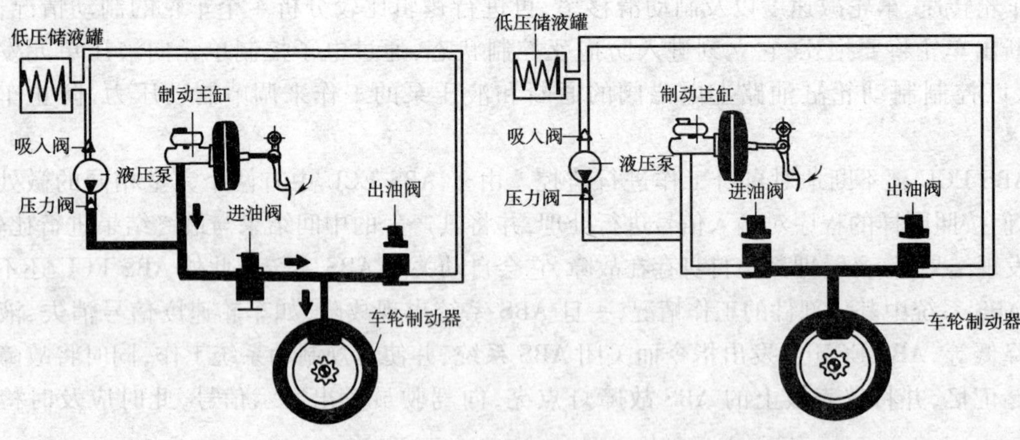

图 6-6　系统油压的建立　　　　图 6-7　油压保持

（3）油压降低。若制动压力保持不变，车轮有抱死趋势时，ABS ECU 给出油阀通电打开出油阀，系统油压通过低压储液罐降低油压，此时进油阀继续通电保持关闭状态，有抱死趋势的车轮被释放，车轮转速开始上升。与此同时，电动液压泵开始起动，将制动液由低压储液罐送至制动主缸，如图 6-8 所示。

(4)油压增加。为了使制动最优化,当车轮转速增加到一定值后,电子控制单元给出油阀断电,关闭此阀门,进油阀同样也不带电而打开,电动液压泵继续工作从低压储液罐中吸取制动液泵入液压制动系统,如图6-9所示。随着制动压力的增加,车轮转速又降低。这样反复循环地控制(工作频率为5~6次/s),将车轮的滑移率始终控制在20%左右。

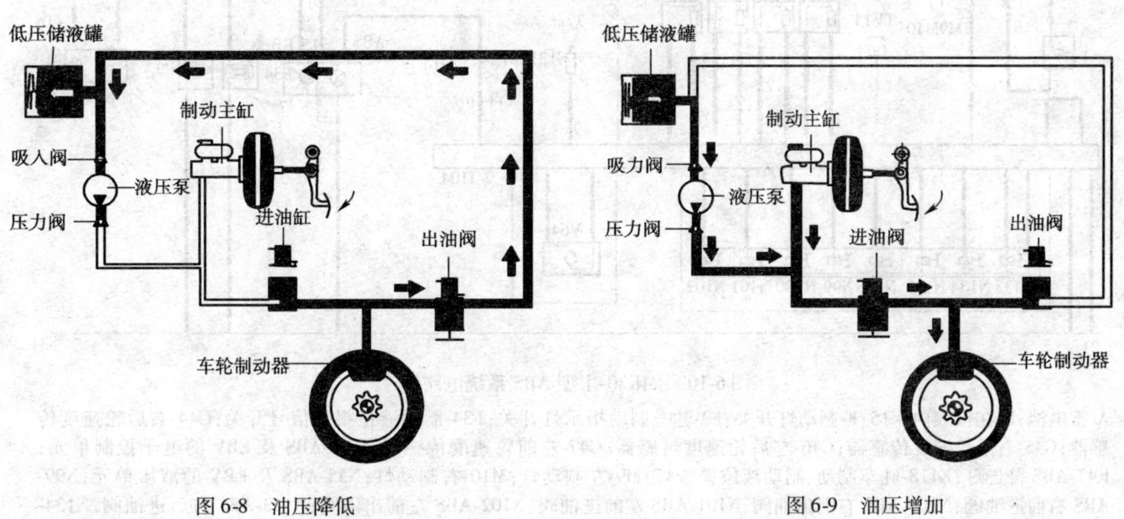

图6-8 油压降低　　图6-9 油压增加

如果ABS系统出现故障,进油阀始终常开,出油阀始终常闭,使常规液压制动系统继续工作而ABS系统不工作,直到ABS系统故障排除为止。

6.1.2.3 故障警告灯

ABS系统在仪表板及仪表板附加部件上装有两个故障警告灯,一个是ABS警告灯(K47),另一个是制动装置警告灯(K118)。

两个故障警告灯正常点亮的情况是:当点火开关打开起动至自检结束(大约2s);在拉紧驻车制动装置时警告灯(K118)点亮。如果上述情况灯不亮,说明故障警告灯本身或线路有故障。

如果ABS故障灯常亮,说明ABS系统出现故障;如果制动装置警告灯常亮,说明制动液缺乏。

引起ABS故障灯亮起的原因概括下来有以下几种:

(1)ABS车速传感器感应部分被泥土、泥浆等其他污染源覆盖,影响传感器感应相应的车速信号,使ABS电脑无法判别车速,不能断定车轮的滑移率,进而不能发出相应动作指令来调节制动。此时只要清洁车速传感器上的脏物,调整好车速传感器与信号齿圈的间隙,即可恢复正常。但是一些维修公司常常要求车主更换车速传感器,车主最好不要立即同意。当然车速传感器的损坏在引起ABS灯亮的原因中也是最常见的,这时必须更换了。

(2)由于系统线路之间连接松懈,ABS继电器接触不良等引起信号不良而使系统故障。最常见的是车速传感器线插松脱而引起故障,这种情况在ABS电脑中的故障记忆中一样会显示车速传感器信号不良。但这并不意味着车速传感器坏了,经验丰富的维修技师一般在更换传感器前会先检查这些简单的部位。

MK20-Ⅰ型 ABS 系统的电路图如图 6-10 所示。

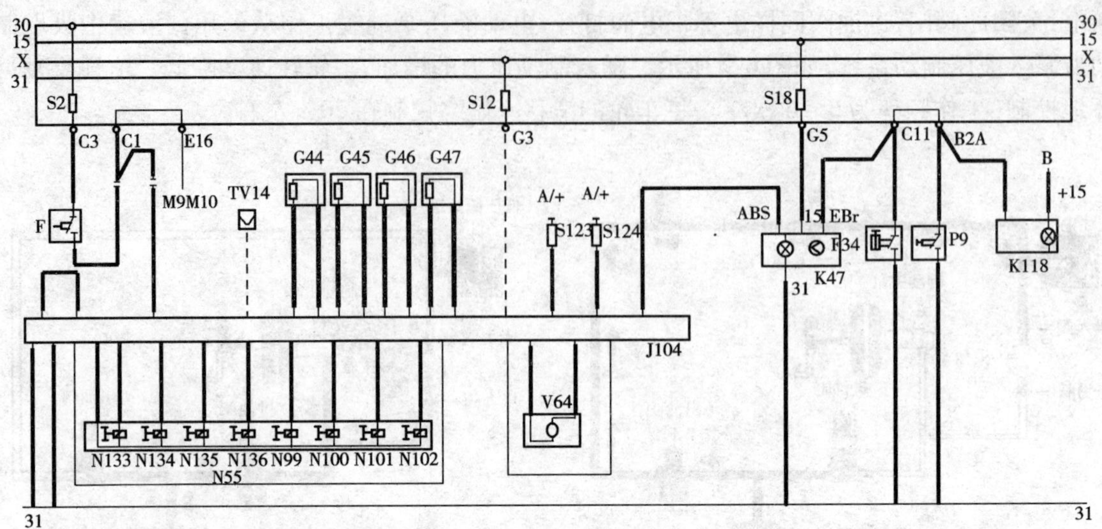

图 6-10 MK20-Ⅰ型 ABS 系统电路图

A-蓄电池；B-在仪表内 +15；F-制动灯开关；F9-驻车制动指示灯开关；F34-制动液位报警信号开关；G44-右后轮速度传感器；G45-右前轮速度传感器；G46-左后轮速度传感器；G47-左前轮速度传感器；J104-ABS 及 EBV 的电子控制单元；K47-ABS 警告灯；K118-驻车制动、制动液位警告灯；M9-左制动灯；M10-右制动灯；N55-ABS 及 EBV 的液压单元；N99-ABS 右前进油阀；N100-ABS 右前出油阀；N101-ABS 左前进油阀；N102-ABS 左前出油阀；N133-ABS 右后进油阀；N134-ABS 右后出油阀；N135-ABS 左后进油阀；N136-ABS 左后出油阀；S2-熔断丝（10A）；S12-熔断丝（15A）；S18-熔断丝（10A）；S123-液压泵熔断丝（30A）；S124-电磁阀熔断丝（30A）；TV14-诊断插口；V64-ABS 液压泵

6.2 ABS 系统组件的检修

6.2.1 ABS 控制器的检修

ABS 控制器如图 6-11 所示。

6.2.1.1 ABS 控制器的拆卸

（1）关闭点火开关，拆下蓄电池及支架。

（2）从 ABS ECU 上拔下 25 针插头，如图 6-12 所示。

（3）踩下踏板，并用踏板架定位，如图 6-13 所示。

（4）在 ABS 控制器下垫一块布，用来吸干从开口处流出的制动液，如图 6-14 所示。

（5）拆下制动主缸到液压控制单元的制动油管 A 和 B（图 6-15），并做上记号，立即用密封塞将开口部塞住。

（6）用软铅丝把制动油管 A 和 B 扎在一起，挂到高处，使开口处高于制动储液罐的油平面。

（7）拆下液压控制单元通到各轮的制动油管，并做上记号，立即用密封塞将开口部塞住，如图 6-16 所示。在操作过程中必须特别小心，不能使制动液渗入到 ABS ECU 壳体中去。如果制动液渗漏到控制器中去，会使触点腐蚀，损坏系统。如果壳体脏，可用压缩空气吹净。

（8）把 ABS 控制器从支架上拆下来。

6.2.1.2 ABS 控制器的分解

（1）压下接头侧的锁止扣，拔下控制单元上液压泵（V64）电线插头。

（2）用专用套筒扳手拆下 ABS ECU 与液压控制单元的四个连接螺栓（图 6-17）。

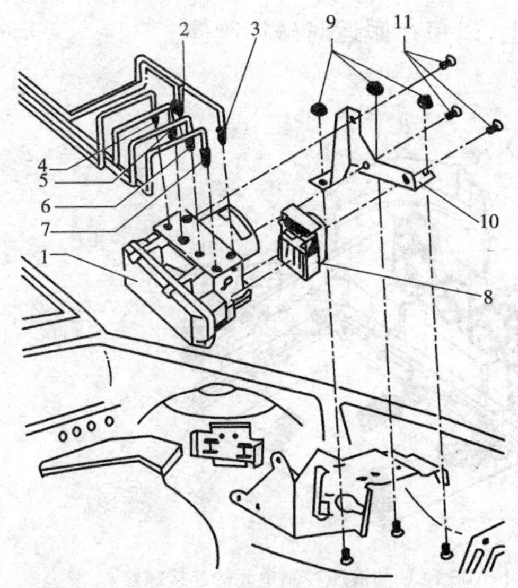

图 6-11　ABS 控制器及其附件分解图

1-ABS 控制器;2-制动主缸后活塞与液压控制单元的制动管接头(拧紧力矩 15N·m);3-制动主缸前活塞与液压控制单元的制动管接头(拧紧力矩 15N·m);4-液压控制单元与右前制动轮缸的制动管接头(拧紧力矩 15N·m);5-液压控制单元与左后制动轮缸的制动管接头(拧紧力矩 15N·m);6-液压控制单元与右后制动轮缸制动管接头(拧紧力矩 15N·m);7-液压控制单元与左前制动轮缸的制动管接头(拧紧力矩 15N·m);8-ABS 控制器线束插头(25 针插头);9-ABS 控制器支架紧固螺栓(拧紧力矩 20N·m);10-ABS 控制器支架;11-ABS 控制器安装螺栓(拧紧力矩 10N·m)

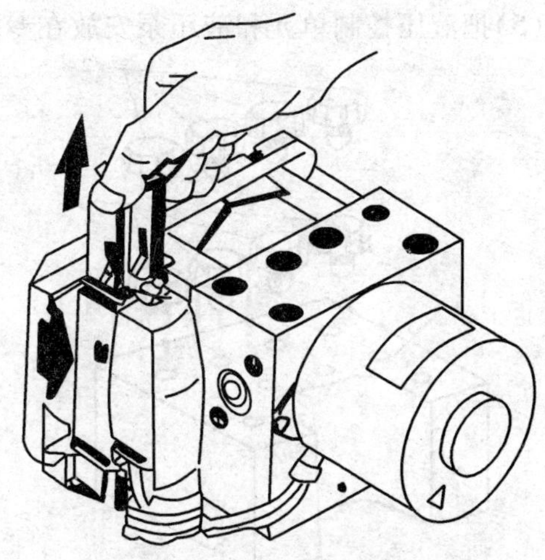

图 6-12　拔下 ABS ECU 25 针插头

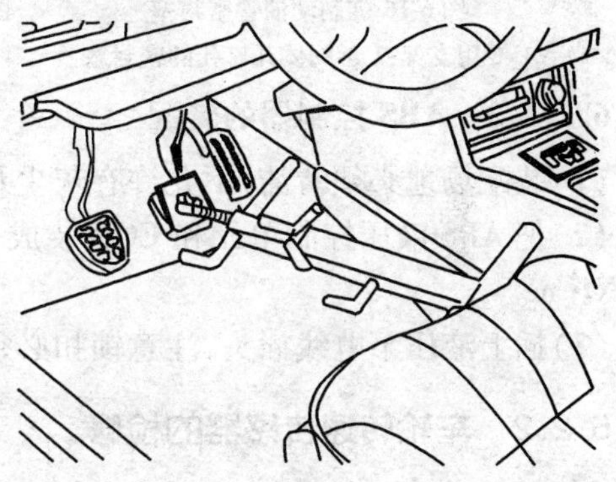

图 6-13　用踏板架固定制动踏板

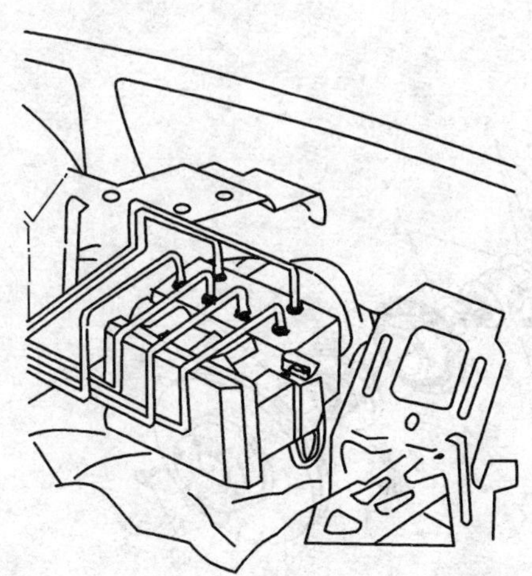

图 6-14　在 ABS 控制器下垫一块布

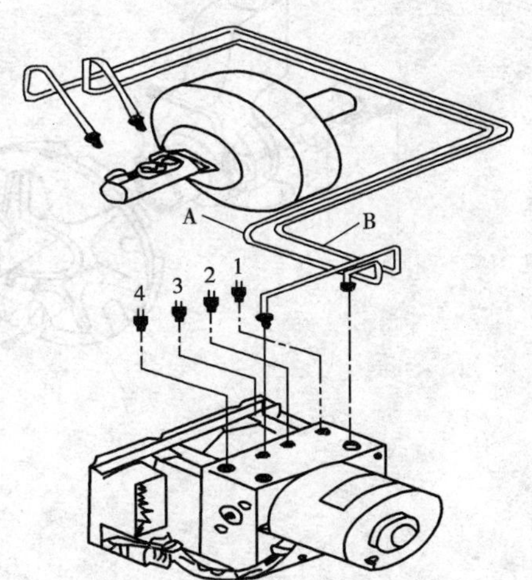

图 6-15　拆下制动油管 A 和 B

1 ~4-油管

(3)将液压控制单元与电子控制单元分离。

注意:拆下液压控制单元时要直拉,别碰坏阀体。

(4)在 ABS ECU 的电磁阀上盖一块不起毛的布。

(5)把液压控制单元和液压泵安放在专用支架上,以免在搬运时碰坏阀体。

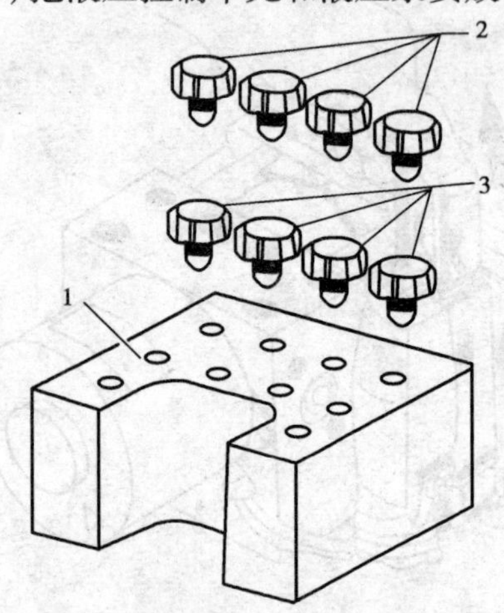

图 6-16　制动油管密封塞

1-专用支架;2、3-阀体开口孔的密封塞

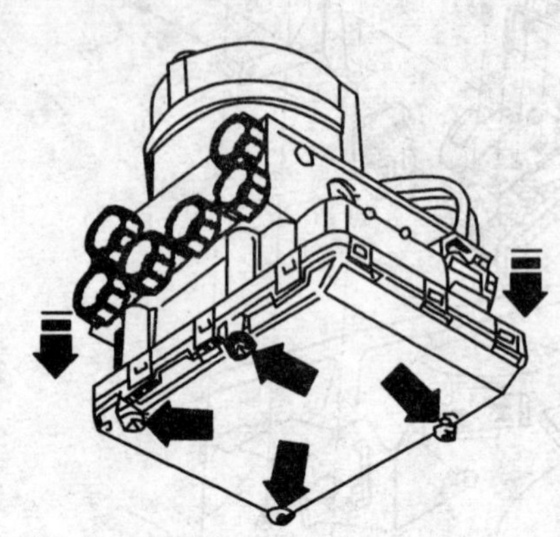

图 6-17　拆下 ABS ECU 与液压控制单元的连接螺栓

6.2.1.3　ABS 控制器的装配

(1)装配场地必须清洁,不允许有灰尘及脏物。

(2)把 ABS 液压控制单元和 ECU 装成一体,用专用套筒扳手拧紧新的螺栓,扭矩不得超过 4N·m。

(3)插上液压泵电线插头,注意锁扣必须到位。

6.2.2　车轮转速传感器的检修

6.2.2.1　前轮转速传感器的检修(图 6-18)

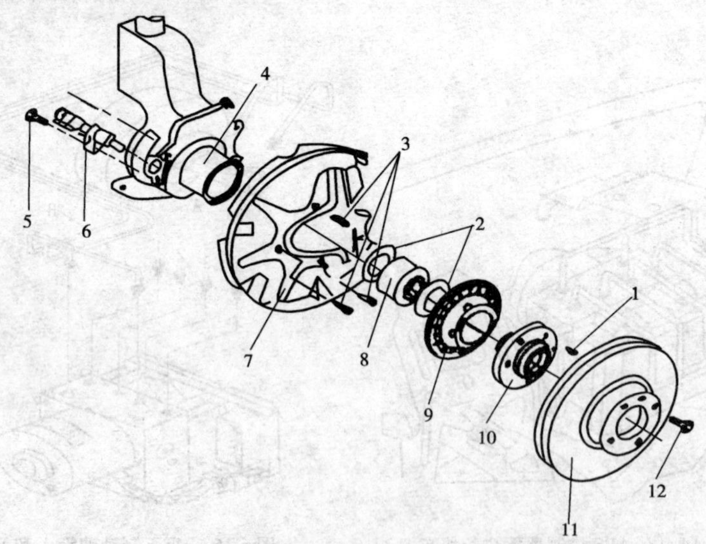

图 6-18　前轮转速传感器和前轮轴承的安装位置

1-固定齿圈螺钉套;2-前轮轴承弹性挡圈;3-防尘板紧固螺栓(拧紧力矩 10N·m);4-前轮轴承壳;5-转速传感器紧固螺栓(拧紧力矩 10N·m);6-转速传感器(右前 G45/左前 G47);7-防尘板;8-前轮轴承;9-齿圈;10-轮毂;11-制动盘;12-十字槽螺栓

1)前轮毂及齿圈的拆卸

(1)如图 6-19 所示,拆卸带齿圈的前轮毂,用 200mm 拉具 1 的两个活动臂先钩住前轮轴

承壳中的两边(只有一个位置才能钩住)。

(2)在前轮毂要压出的中心放一块专用压块(图6-19)。

(3)转动顶尖,使拉具顶住专用压块,将前轮毂连同齿圈一起顶出。

(4)拆下齿圈的十字槽固定螺栓。

2)前轮转速传感器的拆装

前轮转速传感器左、右不能互换,零件也不同。

(1)先拔下传感器导线插头,再拧下内六角紧固螺栓,拆下前轮转速传感器,如图6-20所示。

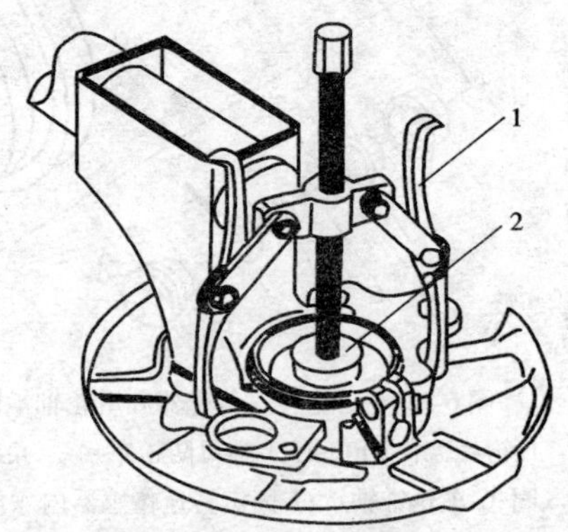

图6-19 拆卸前轮毂及齿圈

1-拉具;2-专用压块

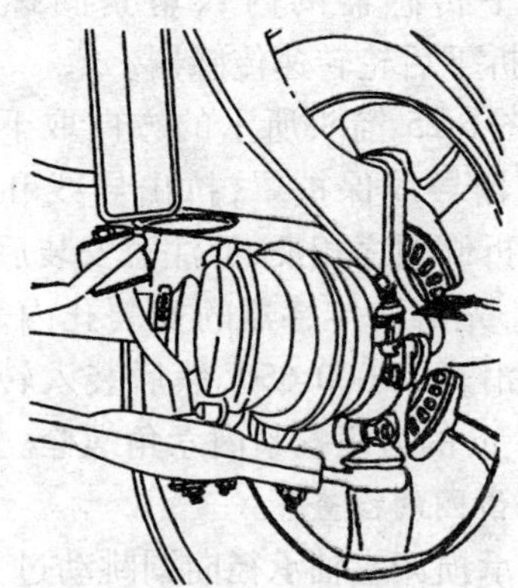

图6-20 拆卸前轮转速传感器

(2)安装前轮转速传感器之前,先清洁传感器的安装孔内表面,并涂上固体润滑膏G 000 650,然后装入转速传感器,以10N·m的力矩拧紧内六角紧固螺栓,最后插上导线插头。

3)前轮齿圈的检查

(1)前轮轴承损坏或轴承轴向间隙过大时,会影响前轮传感器的间隙。举升起前轮,使之离地,用双手转动前轮感觉前轮摆动是否异常。若轴承轴向间隙过大,则要检查齿圈轴向摆差(图6-21)。轴向摆差应不大于0.3mm。

(2)若前轮轴承损坏或轴向间隙过大时,则应更换轴承。

(3)若出现齿圈轴向摆差过大而引起传感器与齿圈擦碰,造成齿圈变形或齿数残缺不全,则应更换前轮齿圈。

(4)若前轮齿圈完好无损,但被泥泞或脏物堵塞,应清除齿圈空隙中的脏物。

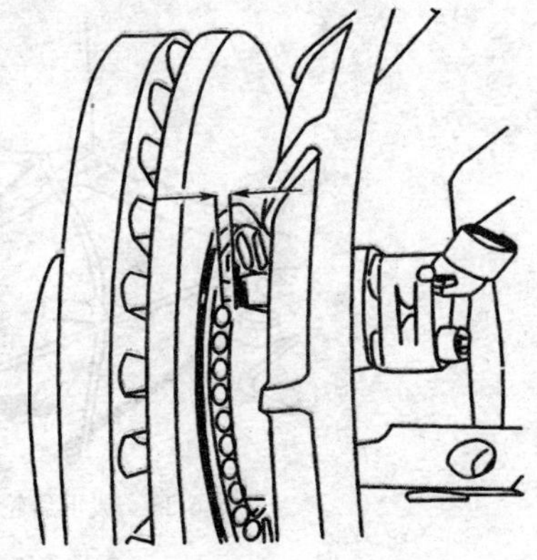

图6-21 检查齿圈轴向摆差

4)检查前轮转速传感器输出电压的检查

(1) 检查前轮转速传感器与齿圈之间的间隙是否符合规定,标准值为1.10~1.97mm。

(2)顶起前轮,松开驻车制动。

(3)拆下ABS电线束,在线束插接器处测量。

(4) 以30r/min的转速转动前轮,用万用表或示波器测量输出电压。左前轮接线柱为4和11,右前轮接线柱为3和18。用万用表测量时,前轮转速传感器输出电压应为70~310mV;用示波器测量时,输出电压应为3.4~14.8mV。

(5)若输出电压不符合规定时,检查传感器是否有故障;检查传感器电阻值(1.0~1.3kΩ);在齿圈上取四点检查齿圈与车轮转速传感器之间的间隙是否过大;检查电线束安装是否有误差。

6.2.2.2　后轮转速传感器的检修(图 6-22)

1)后轮转速传感器的拆装

后轮转速传感器左、右能互换,零件号也相同。

(1)先翻起汽车后坐垫,拔下后轮转速传感器的连接插头,如图 6-23 所示。

(2)拧下传感器的内六角紧固螺栓(图 6-24),然后拆下后轮转速传感器。

(3)按图 6-25 箭头所示的方向取下后梁上的转速传感器导线保护罩,拉出导线和导线插头。安装与拆卸顺序相反,但注意安装后轮转速传感器之前,先清洁传感器的安装孔内表面,并涂上固体润滑膏 G 000 650,然后装入转速传感器,以 10N · m 的力矩拧紧内六角螺栓。

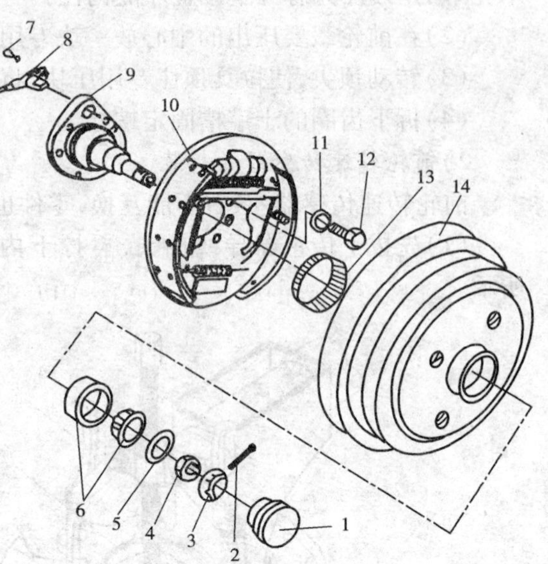

图 6-22　后轮转速传感器和后轮轴承的安装位置

1-轮毂盖;2-开口销;3-螺母防松罩;4-六角螺母;5-止推垫圈;6-车轮锥轴承;7-固定转速传感器内六角螺栓(拧紧力矩 10N · m);8-转速传感器(右后 G44/左后 G46);9-车轮支承短轴;10-后轮制动器总成;11-弹簧垫圈;12-六角螺栓(拧紧力矩 60N · m);13-转速传感器齿圈;14-制动鼓

2)后轮齿圈的检查

后轮轴承损坏或轴承径向圆跳动过大时,会影响后轮传感器的间隙。

(1)举升起后轮,使之离地,用双手转动后轮感觉后轮摆动是否异常。若后轮摆动过大,则要检查后轮轴承的径向圆跳动(图 6-26),径向圆跳动标准值为≤0.05mm。

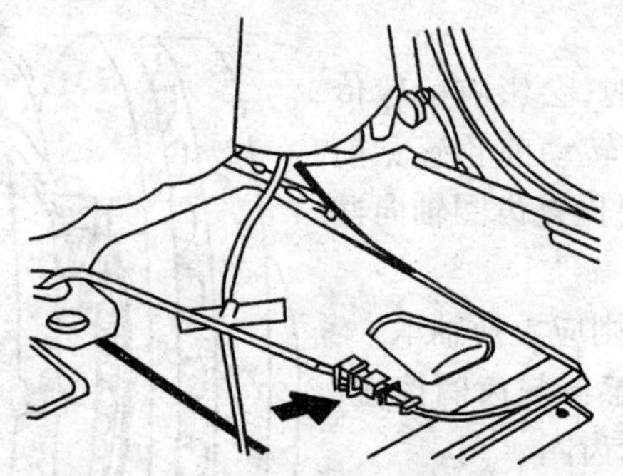
图 6-23　拔下后轮传感器连接插头

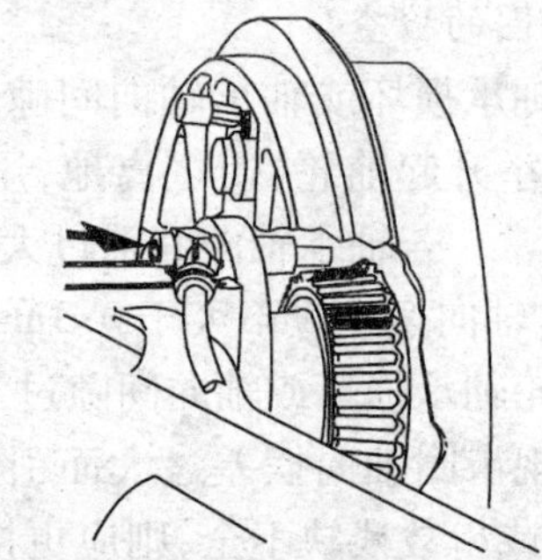
图 6-24　拆下传感器紧固螺栓

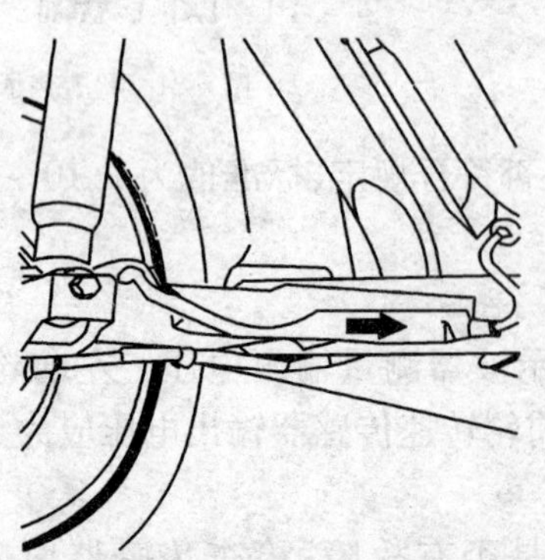
图 6-25　取下转速传感器导线保护罩

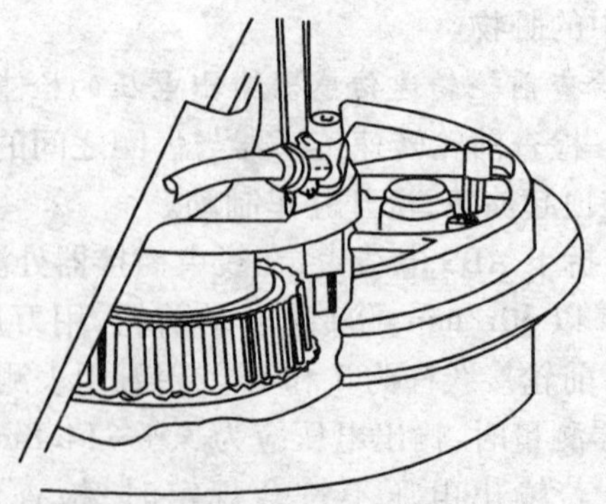
图 6-26　检查后轮齿圈

(2)若后轮轴承径向圆跳动过大,则需要调整螺母调节后轴承的间隙,或者更换后轴承。

(3)若齿圈变形、或有严重磨损痕迹或齿数残缺不全,则应更换后轮齿圈。

(4)若后轮齿圈完好无损,但被脏物堵塞,应清除齿圈空隙中的脏物。

3)后轮转速传感器输出电压的检查

(1)检查后轮转速传感器与齿圈之间的间隙是否符合规定,标准值为0.42~0.80mm。

(2) 顶起前轮,松开驻车制动。

(3)拆下 ABS 电线束,在线束插接器处测量。

(4)以 30r/min 的转速转动后轮,用万用表或示波器测量输出电压。左后轮接线柱为 2 和 10,右后轮接线柱为 1 和 17。用万用表测量时,后轮转速传感器输出电压应大于 260mV;用示波器测量时,输出电压应大于 12.2mV。若输出电压不符合规定时,检查传感器是否有故障;检查传感器电阻值(1.0~1.3kΩ);在齿圈上取四点检查齿圈与车轮转速传感器之间的间隙是否过大;检查电线束安装是否有误差。

附录　学生任务工单

<table>
<tr><td>学习情境 1</td><td colspan="3">汽车行驶时方向跑偏故障检修</td><td>班级</td></tr>
<tr><td>学时</td><td>12</td><td>实训场地</td><td></td><td>学生姓名</td></tr>
<tr><td rowspan="2">实训设备</td><td colspan="3" rowspan="2">底盘实训台架 4 台，常用工具 4 套，专用工具 4 套，维修资料 1 套。</td><td>学生学号</td></tr>
<tr><td>组别</td></tr>
<tr><td>任务描述</td><td colspan="4">1. 本学习情境应完成任务
（1）熟悉减振器、螺旋弹簧的更换、检查和调整；
（2）根据悬架系统及系统各元件工作原理和结构特点，按照工艺要求和职业资格标准进行转向节、车轮外倾角检查调整。
2. 学习与工作要求
（1）通过教师的引导和自学、查找资料等方式，了解汽车行驶时对悬架要求和影响行驶稳定性的因素；
（2）以小组协作形式完成故障排除及修复，并要求维修质量。
3. 已具备资料
（1）底盘维修手册；
（2）学生手册；
（3）汽车行驶系统维修 PPT。</td></tr>
</table>

【资　　讯】

1. 前轮定位包括__________、__________、__________和__________四个内容。

2. 悬架一般由__________、__________和__________三部分组成。

3. 上海桑塔纳轿车的车架类型是__________。

4. 前轮前束：______________________________。

5. 主销后倾：______________________________。

6. 前轮外倾：______________________________。

7. 非独立悬架：______________________________。

8. 图 1 所示悬架是何种类型？分析其结构特点。

______________________________。

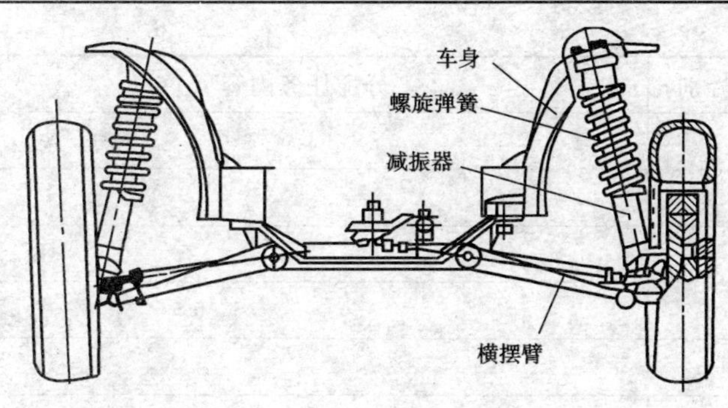

图1

9. 影响汽车跑偏的因素有哪些？____

____

____。

【决策与计划】

请根据故障现象和任务要求，确定所需要的检测仪器、工具，并对小组成员进行合理分工，制订详细的诊断和修复计划。

1. 分小组讨论，各小组成员对任务进行分析讨论，并阐述各自的思路和诊断修复方案。

工作与学习任务决策单

<table>
<tr><td>学习领域</td><td colspan="2"></td><td>班级</td><td></td></tr>
<tr><td>学习情境</td><td colspan="2"></td><td>姓名</td><td></td></tr>
<tr><td rowspan="2">完成任务
思考方案</td><td colspan="4"></td></tr>
<tr><td>填写时间</td><td colspan="3"></td></tr>
</table>

2. 小组成员分工，根据讨论情况落实小组成员任务。

工作与学习任务分配单

<table>
<tr><td colspan="2">学习领域</td><td colspan="2"></td><td>班级</td><td></td></tr>
<tr><td colspan="2">学习情境</td><td colspan="2"></td><td>学时</td><td></td></tr>
<tr><td>序号</td><td>姓名</td><td>性别</td><td colspan="2">分配任务内容</td><td>备注</td></tr>
<tr><td></td><td></td><td></td><td colspan="2"></td><td></td></tr>
</table>

续上表

序号	姓名	性别	分配任务内容	备注
组长			日期	

3. 根据任务分工和讨论制作工作与学习计划表,并交教师指导修改后定稿。(每小组一张,见附表1-1)

【实　　施】

任务一　减振器的检查与更换

1. 减振器的检查

(1)减振器减振力检查:在车前、车后通过上下晃动车身确定减振器的________________大小,并且检查车身停止晃动的时间长短。

(2)减振器外观:检查减振器是否有______________、是否有______________,检查防尘套是否有______________或损坏。

2. 图2为双向作用筒式减振器的基本组成,请写出各个元件的名称。

1-______________;2-______________;

3-______________;4-______________;

5-______________;6-______________;

7-______________;8-______________;

9-______________;10-______________;

11-______________

11 1 2 10 3 9 8 4 7 6 5

图2

3. 减振器安装在______________,其作用是______________________________。

4. 通过上述检查,怎样判断减振器的好坏?

____

____

____

____

____

____

____

____

5. 更换减振器的步骤是:

(1)____。

(2)____。

(3)____。

(4)____。

任务二　螺旋弹簧的检查与更换

1. 螺旋弹簧的组成如图3所示，请写出各个字母代表的含义。

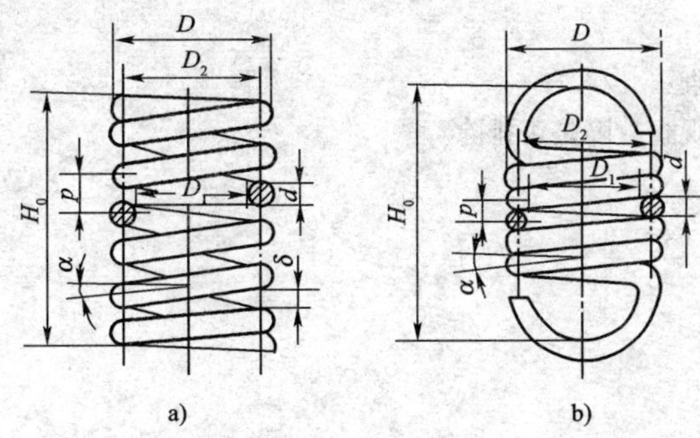

图3

D-__________；H_0-__________；P-__________；D_2-__________；d-__________；D_1-__________

2. 弹簧的功用

(1)____。

(2)____。

(3)____。

(4)____。

3. 测量螺旋弹簧的自由长度，其值为__________mm。

4. 弹力的检查方法为：

(1)____。

(2)____。

(3)____。

(4)____。

任务三　悬架定位参数的调整(车轮外倾角)

1. 水准仪的安装方法(图4)

(1)____。

(2)____。

2. 调整方法

(1)松开下摇臂球销接头的固定螺母。

(2)把外倾调整杆40-200插于图5中箭头所示的孔中。

调整左侧时，从后面插入调整杆；调整右侧时，应从前面插入调整杆。

(3)横向移动球销接头，直至达到外倾角值。

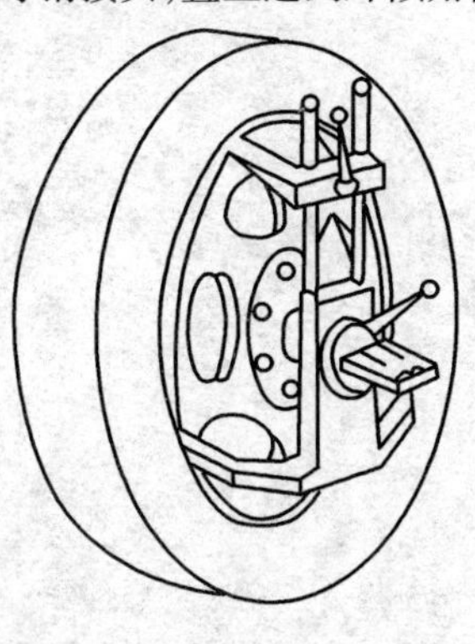

图4

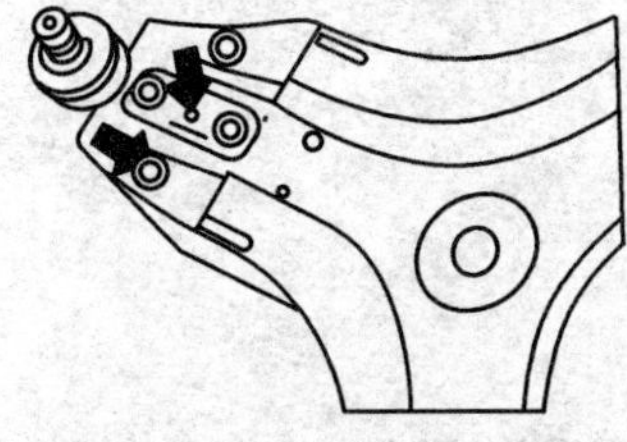

图5

【检　　查】

故障排除后,进行如下检查:

1. 起动发动机,按照要求观察故障是否排除。

2. 工作学习场所如何处理?

3. 现场实施与工作计划的差异是什么?

4. 工作学习中遇到的问题及解决问题的方法是什么?

5. 填写工作任务自查单(附表1-2)。

【评　价】

1. 请根据自己任务完成的情况,对自己的工作进行自我评估,并提出改进意见。

2. 教师对小组工作情况进行评估,并进行点评。

3. 填写工作任务自查单(附表1-3)。

工作与学习计划单 附表 1-1

学习领域				班级	
学习情境				组别	
实施步骤	序号	实施内容	工具	时间	备注
实施计划其他说明					

组长		日期		指导教师		日期	

工作任务自查单 附表1-2

<table>
<tr><td colspan="2" rowspan="2">工作任务自查单</td><td>学习领域</td><td colspan="3"></td></tr>
<tr><td>学习情境</td><td colspan="3"></td></tr>
<tr><td>班级</td><td></td><td>姓名</td><td></td><td>组别</td><td></td></tr>
<tr><td colspan="4">检查内容</td><td>是</td><td>否</td></tr>
<tr><td rowspan="3">咨询</td><td colspan="3">1. 正确进行信息采集</td><td>□</td><td>□</td></tr>
<tr><td colspan="3">2. 正确进行技术分析</td><td>□</td><td>□</td></tr>
<tr><td colspan="3">3. 正确执行标准规范</td><td>□</td><td>□</td></tr>
<tr><td rowspan="4">决策计划</td><td colspan="3">4. 计划合理</td><td>□</td><td>□</td></tr>
<tr><td colspan="3">5. 具备成本意识</td><td>□</td><td>□</td></tr>
<tr><td colspan="3">6. 正确进行分工规划</td><td>□</td><td>□</td></tr>
<tr><td colspan="3">7. 工作计划有特色</td><td>□</td><td>□</td></tr>
<tr><td rowspan="6">实施</td><td colspan="3">8. 工作态度端正</td><td>□</td><td>□</td></tr>
<tr><td colspan="3">9. 具备协作精神</td><td>□</td><td>□</td></tr>
<tr><td colspan="3">10. 找到故障点并正确解决问题，强调工作质量</td><td>□</td><td>□</td></tr>
<tr><td colspan="3">11. 具备安全意识，操作规范</td><td>□</td><td>□</td></tr>
<tr><td colspan="3">12. 正确使用工具、仪器、设备</td><td>□</td><td>□</td></tr>
<tr><td colspan="3">13. 按正确的方法、工艺进行故障诊断和修复</td><td>□</td><td>□</td></tr>
<tr><td colspan="6">简要描述本项目的整个工作过程：</td></tr>
<tr><td colspan="6">教师审核：

教师签名：
年　月　日</td></tr>
</table>

工作任务评价单 附表 1-3

工作任务评价单	学习领域				
	学习情境				
	姓名				
	总分				
评分内容		标准分值	自我评价（20%）	小组评价（30%）	教师评价（50%）
计划：					
是否制订了行动方案		5			
行动方案是否合理		10			
决策计划：					
是否确定了问题和解决问题方案		5			
是否考虑了安全和劳动保护措施		5			
是否考虑了环保因素		5			
实施：					
设计步骤是否正确		10			
是否设计规范		10			
是否独立完成		5			
是否在规定的时间内完成		10			
检查：					
检查方法是否正确		5			
节温器工作是否正常		5			
是否能如实填报检查单		5			
PPT 汇报是否清楚明白		5			
评价：					
描述本项目的优点：		5			
有待改进之处：		5			
改进方法：		5			
总分		100			
教师评语：					

<table>
<tr><td>学习情境2</td><td colspan="3">汽车前轮轮胎异常磨损检修</td><td>班级</td><td></td></tr>
<tr><td>学时</td><td>10</td><td>实训场地</td><td></td><td>学生姓名</td><td></td></tr>
<tr><td rowspan="2">实训设备</td><td colspan="3" rowspan="2">底盘实训台架4台，常用工具4套，专用工具4套，维修资料1套。</td><td>学生学号</td><td></td></tr>
<tr><td>组别</td><td></td></tr>
<tr><td>任务描述</td><td colspan="5">1. 本学习情境应完成任务
(1)熟悉轮胎、轮毂的更换、检查和调整；
(2)根据车轮系统及系统各元件工作原理和结构特点，按照工艺要求和职业资格标准进行轮胎、轮毂及动平衡检查调整。
2. 学习与工作要求
(1)通过教师的引导和自学、查找资料等方式，了解汽车行驶时对车轮要求和影响轮胎异常磨损的因素；
(2)以小组协作形式完成故障排除及修复，并要求维修质量。
3. 已具备资料
(1)底盘维修手册；
(2)学生手册；
(3)汽车行驶系统维修PPT。</td></tr>
</table>

【资　　讯】

1. 车轮是由车轮和轮胎两大部分组成，是汽车行驶系的重要部件。其主要功用是：

(1)支承________________质量。

(2)缓和由________________传递来的冲击载荷。

(3)通过轮胎和路面之间的附着作用为汽车提供________________和________________。

(4)产生平衡汽车转向离心力的侧向力，以便顺利转向，并通过轮胎产生的自动回正力矩，使车轮具有保持________________行驶的能力。

2. 根据车轮结构图(图1)，请标出：

1-__________；2-__________；3-__________；

4-__________；5-__________；6-__________

3. 按轮辐结构的不同，车轮可以分为两种形式：

__________式车轮和__________式车轮。

4. 轮辋用于安装和固定轮胎。按其结构不同，轮辋的常见结构形式有：

________式轮辋、________式轮辋和________式轮辋。

5. 现代汽车都采用充气式轮胎，轮胎安装在轮辋上，直接与路面接触，它的功用是：

(1)支承汽车的质量，承受路面传来的各种________的作用。

(2)和汽车悬架共同来缓和汽车行驶中所受到的冲击，并衰减由此而产生的振动，以保证汽车有良好的乘坐__________和行驶平顺性。

(3)保证车轮和路面有良好的__________性，以提高汽车的动力性、制动性和通过性。

总结：概括起来，轮胎的功用可以简记为支承、缓冲、减振和提高附着性。

图1

6. 轮胎的类型

(1)按轮胎内空气压力的大小,轮胎分为__________压胎(0.5~0.7MPa)、__________压胎(0.2~0.5MPa)和__________压胎(0.2MPa以下)三种。低压胎弹性好、减振性能强、壁薄散热性好、与地面接触面积大附着性好,因而广泛用于轿车。超低压胎在松软路面上具有良好的通过能力,多用于越野汽车及部分高级轿车。

(2)按轮胎有无内胎,轮胎分为__________内胎轮胎和__________内胎轮胎(俗称真空胎)两种。目前轿车上普遍采用无内胎轮胎。

(3)按胎体帘布层结构的不同,轮胎分为__________轮胎和__________轮胎。目前,子午线轮胎在汽车上广泛应用。

7. 外胎的结构由__________、__________层、__________层和__________组成。

【决策与计划】

请根据故障现象和任务要求,确定所需要的检测仪器、工具,并对小组成员进行合理分工,制订详细的诊断和修复计划。

1. 分小组讨论,各小组成员对任务进行分析讨论,并阐述各自的思路和诊断修复方案。

工作与学习任务决策单

学习领域		班级	
学习情境		姓名	
完成任务思考方案			
	填写时间		

2. 小组成员分工,根据讨论情况落实小组成员任务。

工作与学习任务分配单

学习领域				班级	
学习情境				学时	
序号	姓名	性别	分配任务内容		备注
组长			日期		

3. 根据任务分工和讨论制作工作与学习计划表，并交教师指导修改后定稿。(每小组一张，见附表 2-1)

【实　施】

任务一　轮胎胎面与气压的检查

1. 轮胎的检查主要是检查轮胎的____________程度和轮胎____________，轮胎的磨损程度的检查包括胎面花纹____________的检查和轮胎____________的检查。

注意：

(1) 轿车轮胎胎冠上花纹磨损至花纹深度小于 1.6mm(磨损标志)，载货汽车转向轮胎冠上的花纹深度小于 3.2mm，其余轮胎胎冠花纹深度小于 1.6mm 时，应停止使用。

(2) 一般桑塔纳 2000 轿车前轮的胎压为 0.18MPa，后轮的胎压为 0.22MPa，即平时我们所说的前轮 1.8 个大气压，后轮 2.2 个大气压。

2. 气压与轮胎磨损的关系如图 2 所示集中在胎肩上或胎面中间的磨损，主要是由于未能正确保持充气压力所致。如果轮胎充气压力过低，轮胎的____________便会凹入，将载荷转移到胎肩上，使胎肩磨损快于胎面____________。另一方面，如果充气压力过高，轮胎____________便会凸出，承受了较大的载荷，使轮胎____________磨损快于胎肩。

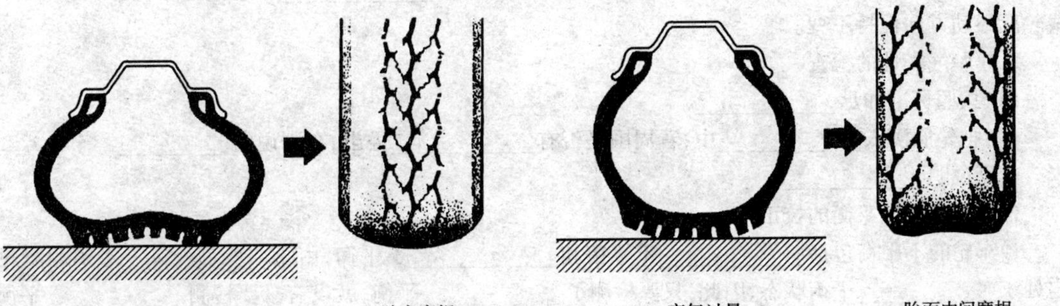

充气不足　胎肩磨损　充气过量　胎面中间磨损

图 2

3. 胎肩或胎面中间磨损的排除方法：

(1) 检查是否超载。

(2) 检查充气压力。如果充气过量或充气不足，应____________充气压力。

(3) 调换____________位置。

4. 内侧或外侧磨损的故障排除步骤：

(1) 询问驾驶员是否高速转弯，如果是则要避免。

(2) 检查悬架部件。如松动，则将其__________；如变形和磨损，应__________或__________。

(3) 检查外倾角。如不正常，应____________。

(4) 调换轮胎位置。

5. 如何排除前束和后束磨损(羽状磨损)、前端和后端磨损？

____

____

____

____

____。

任务二　轮胎的拆卸、修补,气门嘴密封性的检查与修复(图 3)

1. 轮胎解体检查:

(1)胎冠、胎肩、胎侧及胎内有无内伤、脱层、起鼓和变形等现象。

(2)内胎、垫带有无咬伤、折皱现象,__________、气门芯是否完好。

(3)轮辋、挡圈和锁圈有无__________、锈蚀,并视情涂漆。

2. 轮胎的拆装:

(1)拆装轮胎要在清洁、干燥、无油污的地面上进行。

(2)拆装轮胎要用专用工具,不允许用大锤敲击或其他__________的用具拆卸轮胎。

(3)外胎、内胎、垫带、轮辋必须符合规格要求,才能组装。要特别注意子午线轮胎__________部分的完好。

(4)内胎装入外胎前,须紧固气门嘴,以防漏气,并在外胎内部和垫带上涂上__________粉。

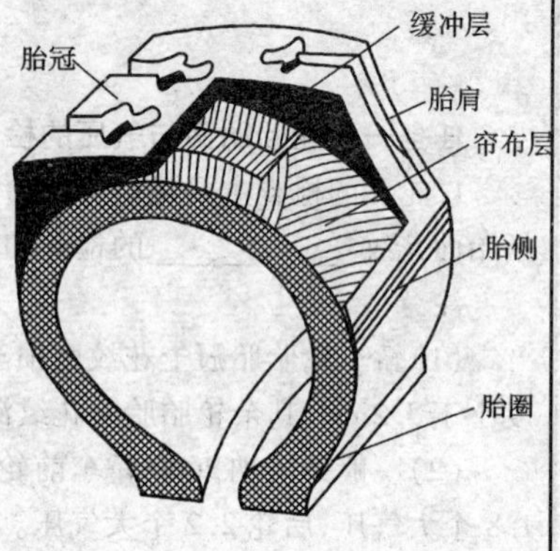

缓冲层
胎冠
胎肩
帘布层
胎侧
胎圈

图 3

(5)气门嘴的位置应装在轮辋气门嘴孔中。胎侧有平衡标记(彩色胶片)的,标记应在与气门嘴相对的位置上,以便于平衡。轮辋上有平衡块的,应用动平衡机进行__________调整。

(6)安装有向花纹的轮胎,应注意滚动方向的标记。拆装__________胎应做记号,使安装后的子午线轮胎滚动方向保持不变。

3. 轮胎气密性的检查

(1)按照标准加足__________。

(2)把轮胎沉入__________中,看周围是否有__________溢出,有则说明__________;无则说明__________。

任务三　轮胎平衡的校正

1. 车轮的不平衡包括__________不平衡和__________不平衡,由于__________平衡的车轮一定处于__________平衡状态,因此,只要检测了__________平衡,就没有必要检测__________平衡。

2. 离车式车轮动平衡机主要由__________装置、__________与__________装置、__________与__________装置、__________装置及__________组成。

3. 离车式车轮动平衡机(图 4)

1-__________;2-__________;

3-__________;4-__________

4. 离车式车轮动平衡机的使用方法

(1)对被测车轮进行清洗,去掉泥土、砂石,拆掉旧______块。

(2)检查轮胎气压,并充气至__________气压值。

(3)根据轮辋__________孔的大小选择锥体,将车轮安装于平衡机上。

(4)打开电源开关,检查__________是否指示正确。

(5)键入轮辋__________、宽度,测出轮辋边缘到__________之间的距离并键入。

(6)放下防护罩,按下__________键,开始测量。

(7)当车轮自动停转后,从指示装置读出车轮________、外动不平衡量和__________。

(8)抬起车轮防护罩,用手慢慢旋转车轮,当动平衡机指示装置发出信号时,停止转动车轮。

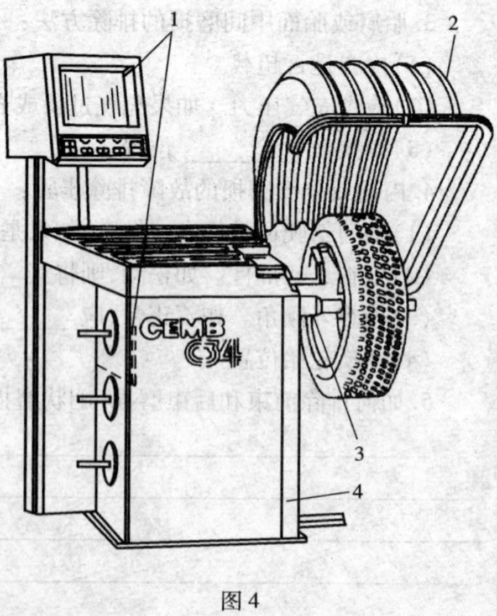

1
2
CEMB
3
4

图 4

(9)根据动平衡机显示的动不平衡量，在轮辋内侧或外侧的上部（时钟十二点位置）的边缘加装平衡块。内、外侧要分别进行＿＿＿＿＿＿＿要装卡牢固。

(10)重新起动动平衡机，进行动平衡试验，直至动不平衡量＿＿＿＿＿＿＿5g，机器显示“00”或“OK”时为止。

(11)取下车轮，关闭电源，测试结束。

5. 车轮不平衡的危害和原因有哪些？

(1)＿＿。

(2)＿＿。

(3)＿＿。

(4)＿＿。

【检　　查】

故障排除后，进行如下检查：

1. 起动发动机，按照要求观察故障是否排除。

2. 工作学习场所如何处理？

3. 现场实施与工作计划的差异是什么？

4. 工作学习中遇到的问题及解决问题的方法是什么？

5. 填写工作任务自查单(附表 2-2)。

【评　价】

1. 请根据自己任务完成的情况,对自己的工作进行自我评估,并提出改进意见。

2. 教师对小组工作情况进行评估,并进行点评。

3. 填写工作任务自查单(附表 2-3)。

工作与学习计划单 附表 2-1

学习领域				班级	
学习情境				组别	
实施步骤	序号	实施内容	工具	时间	备注
实施计划其他说明					

组长		日期		指导教师		日期	

工作任务自查单 附表 2-2

<table>
<tr><td colspan="2" rowspan="2">工作任务自查单</td><td>学习领域</td><td colspan="3"></td></tr>
<tr><td>学习情境</td><td colspan="3"></td></tr>
<tr><td>班级</td><td></td><td>姓名</td><td></td><td>组别</td><td></td></tr>
<tr><td colspan="4">检查内容</td><td>是</td><td>否</td></tr>
<tr><td rowspan="3">咨询</td><td colspan="3">1. 正确进行信息采集</td><td>□</td><td>□</td></tr>
<tr><td colspan="3">2. 正确进行技术分析</td><td>□</td><td>□</td></tr>
<tr><td colspan="3">3. 正确进行标准规范</td><td>□</td><td>□</td></tr>
<tr><td rowspan="4">决策计划</td><td colspan="3">4. 计划合理</td><td>□</td><td>□</td></tr>
<tr><td colspan="3">5. 具备成本意识</td><td>□</td><td>□</td></tr>
<tr><td colspan="3">6. 正确进行分工规划</td><td>□</td><td>□</td></tr>
<tr><td colspan="3">7. 工作计划有特色</td><td>□</td><td>□</td></tr>
<tr><td rowspan="6">实施</td><td colspan="3">8. 工作态度端正</td><td>□</td><td>□</td></tr>
<tr><td colspan="3">9. 具备协作精神</td><td>□</td><td>□</td></tr>
<tr><td colspan="3">10. 找到故障点并正确解决问题,强调工作质量</td><td>□</td><td>□</td></tr>
<tr><td colspan="3">11. 具备安全意识,操作规范</td><td>□</td><td>□</td></tr>
<tr><td colspan="3">12. 正确使用工具、仪器、设备</td><td>□</td><td>□</td></tr>
<tr><td colspan="3">13. 按正确的方法、工艺进行故障诊断和修复</td><td>□</td><td>□</td></tr>
<tr><td colspan="6">简要描述本项目的整个工作过程:</td></tr>
<tr><td colspan="6">教师审核:

教师签名:
年 月 日</td></tr>
</table>

工作任务评价单　　附表 2-3

<table>
<tr><td rowspan="4">工作任务评价单</td><td>学习领域</td><td colspan="4"></td></tr>
<tr><td>学习情境</td><td colspan="4"></td></tr>
<tr><td>姓名</td><td colspan="4"></td></tr>
<tr><td>总分</td><td colspan="4"></td></tr>
<tr><td colspan="2">评分内容</td><td>标准分值</td><td>自我评价（20%）</td><td>小组评价（30%）</td><td>教师评价（50%）</td></tr>
<tr><td colspan="6">计划：</td></tr>
<tr><td colspan="2">是否制订了行动方案</td><td>5</td><td></td><td></td><td></td></tr>
<tr><td colspan="2">行动方案是否合理</td><td>10</td><td></td><td></td><td></td></tr>
<tr><td colspan="6">决策计划：</td></tr>
<tr><td colspan="2">是否确定了问题和解决问题方案</td><td>5</td><td></td><td></td><td></td></tr>
<tr><td colspan="2">是否考虑了安全和劳动保护措施</td><td>5</td><td></td><td></td><td></td></tr>
<tr><td colspan="2">是否考虑了环保因素</td><td>5</td><td></td><td></td><td></td></tr>
<tr><td colspan="6">实施：</td></tr>
<tr><td colspan="2">设计步骤是否正确</td><td>10</td><td></td><td></td><td></td></tr>
<tr><td colspan="2">是否设计规范</td><td>10</td><td></td><td></td><td></td></tr>
<tr><td colspan="2">是否独立完成</td><td>5</td><td></td><td></td><td></td></tr>
<tr><td colspan="2">是否在规定的时间内完成</td><td>10</td><td></td><td></td><td></td></tr>
<tr><td colspan="6">检查：</td></tr>
<tr><td colspan="2">检查方法是否正确</td><td>5</td><td></td><td></td><td></td></tr>
<tr><td colspan="2">节温器工作是否正常</td><td>5</td><td></td><td></td><td></td></tr>
<tr><td colspan="2">是否能如实填报检查单</td><td>5</td><td></td><td></td><td></td></tr>
<tr><td colspan="2">PPT 汇报是否清楚明白</td><td>5</td><td></td><td></td><td></td></tr>
<tr><td colspan="6">评价：</td></tr>
<tr><td colspan="2">描述本项目的优点：</td><td>5</td><td></td><td></td><td></td></tr>
<tr><td colspan="2">有待改进之处：</td><td>5</td><td></td><td></td><td></td></tr>
<tr><td colspan="2">改进方法：</td><td>5</td><td></td><td></td><td></td></tr>
<tr><td colspan="2">总分</td><td>100</td><td></td><td></td><td></td></tr>
<tr><td colspan="6">教师评语：</td></tr>
</table>

<table>
<tr><td>**学习情境 3**</td><td colspan="3">**转向不灵敏操纵不稳定的检修**</td><td>班级</td><td></td></tr>
<tr><td>学时</td><td>12</td><td>实训场地</td><td></td><td>学生姓名</td><td></td></tr>
<tr><td rowspan="2">实训设备</td><td colspan="3" rowspan="2">底盘实训台架 4 台,常用工具 4 套,专用工具 4 套,维修资料 1 套。</td><td>学生学号</td><td></td></tr>
<tr><td>组别</td><td></td></tr>
<tr><td>任务描述</td><td colspan="5">1. 本学习情境应完成任务
(1)熟悉轮胎、轮毂的更换、检查和调整;
(2)根据车轮系统及系统各元件工作原理和结构特点,按照工艺要求和职业资格标准进行轮胎、轮毂及动平衡检查调整。
2. 学习与工作要求
(1)通过教师的引导和自学、查找资料等方式,了解汽车行驶时对车轮要求和影响轮胎异常磨损的因素;
(2)以小组协作形式完成故障排除及修复,并要求维修质量;
3. 已具备资料
(1)底盘维修手册;
(2)学生手册;
(3)汽车行驶系统维修 PPT。</td></tr>
</table>

【资　　讯】

1. 转向系是指由驾驶员操纵,能实现转向轮__________和__________的一套机构。当汽车需要改变行驶方向时,必须使转向轮绕主销轴线偏转一定__________,直到新的行驶方向符合驾驶员的要求时,再将转向轮恢复到__________行驶的位置。

2. 转向系的功用是按照驾驶员的意愿改变汽车的________和保持汽车稳定的________行驶。

3. 汽车机械转向系由__________、__________和__________三大部分组成。

4. 转向操纵机构包括__________、__________、__________、__________。

5. 机械转向器有多种类型,轿车上常采用__________转向器;转向传动机构包括__________、__________、__________、__________、__________等。

6. 写出图 1 中各元件的名称。

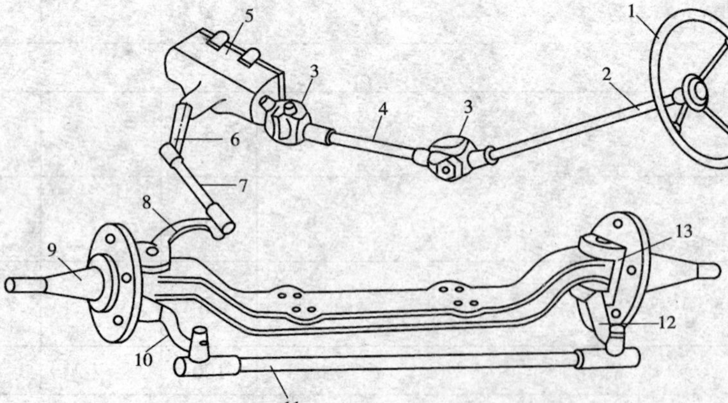

图 1

1-________; 2-________;3-________;4-________;5-________;6-________;7-________;

8-________ ;9-________ ;10-________ ;11-________ ;12 -________ ;13-________

7. 转向盘的自由行程是____，这主要是由于转向系各传动件之间的装配间隙和弹性变形所引起的。

8. 转向系角传动比是____的比值，一般用 i_{ω} 表示。

【决策与计划】

请根据故障现象和任务要求，确定所需要的检测仪器、工具，并对小组成员进行合理分工，制订详细的诊断和修复计划。

1. 分小组讨论，各小组成员对任务进行分析讨论，并阐述各自的思路和诊断修复方案。

工作与学习任务决策单

学习领域		班级	
学习情境		姓名	
完成任务思考方案			
	填写时间		

2. 小组成员分工，根据讨论情况落实小组成员任务。

工作与学习任务分配单

学习领域				班级	
学习情境				学时	
序号	姓名	性别	分配任务内容		备注
组长			日期		

3. 根据任务分工和讨论制作工作与学习计划表，并交教师指导修改后定稿。（每小组一张，见附表 3-1）

【实　施】

任务一　转向操纵机构的拆装与检查

1. 转向操纵机构的功用是________________________，同时具有一定的________________________。

2. 转向操纵机构要将驾驶员操纵转向盘的力传给转向器，同时为了驾驶员的舒适驾驶，还要求转向操纵机构可以进行__________，以满足不同驾驶员的需求；为了防止车辆撞击后对驾驶员的损伤，还要求转向操纵机构具有一定的__________装置。

3. 汽车转向操纵机构如图 2 所示，写出其主要部分名称。

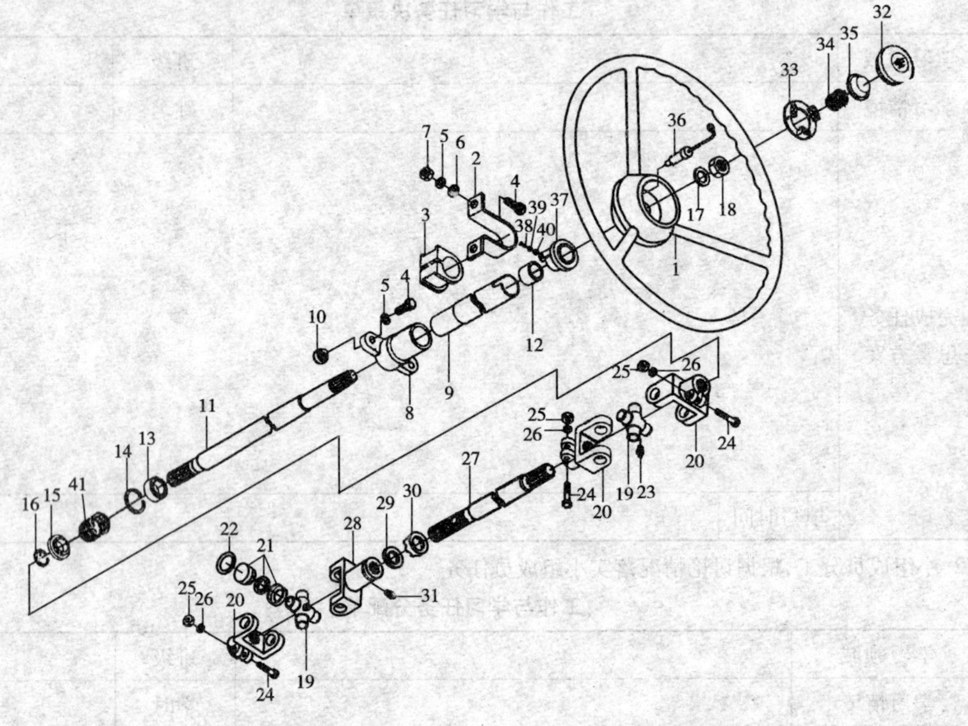

图 2

1-________；2-________；8-________；9-________；15-________；19-________；20-________；27-________；28-________；30-________；33-________；32-________；13-________

任务二　安全转向柱的性能检验与修复

1. 为了保证__________的安全，同时也为了更加舒适、可靠地操纵转向系，现代汽车（特别是轿车）通常在转向操纵机构上增设相应的__________、__________装置。这些装置主要反映在转向轴和转向柱管的结构上。为了叙述方便，将转向轴和转向柱管统称为转向柱。

2. 安全式转向柱有__________式安全操纵机构和__________式转向操纵机构。

3. 上海桑塔纳轿车采用了可分离式安全转向操纵机构。图 3 为转向操纵机构的正常工作位置。此类转向操纵机构的转向轴分为上下两段，用安全联轴节连接，上转向轴 2 下部弯曲并在端面上焊接有______________8，盘上装有两个驱动销 7，与下转向轴 1 上端凸缘 6 压装尼龙衬套和橡胶圈的孔相配合，形成安全联轴节。一旦发生撞车事故，驾驶员因惯性而以胸部扑向转向盘 5 时，迫使转向柱管 3 压缩位于转向柱上方的____________4 而向下移动，使两个____________7 迅速从下转向轴凸缘 6 的孔中退出，从而形成缓冲而减少对驾驶员的伤害。图 4 为转向盘受撞击时,安全元件被折叠、压缩和安全联轴节脱开使转向柱产生轴向移动的情形。

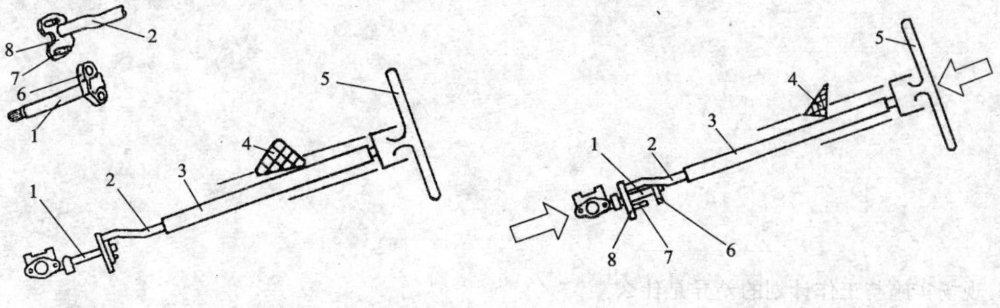

图 3　　　　图 4

任务三　齿轮齿条及循环球式转向机的检修(图 5)

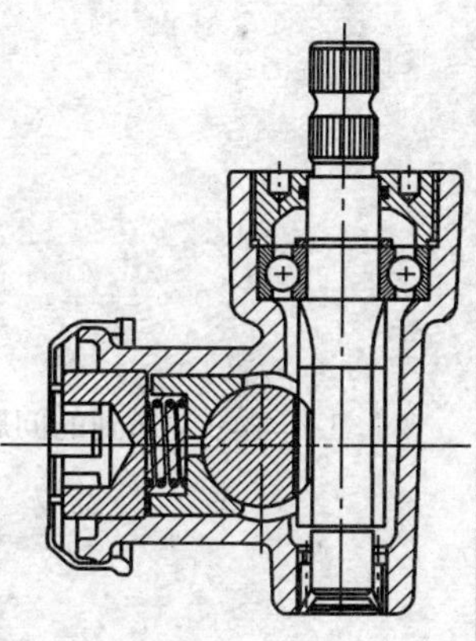

图 5

1. 齿轮齿条式转向器的特点:__________、__________,也便于__________悬架的布置;同时,由于齿轮齿条直接啮合,转向__________、轻便。所以在各类型汽车上的应用越来越多。

2. 检修

1)零件出现__________应更换,转向横拉杆、转向齿条在总成修理时应进行隐伤检验。

2)转向齿条的直线度误差不得大于__________mm。

3)齿面上应无疲劳剥蚀及严重磨损,若出现左右大转角时转向__________,且又无法调整时应更换。

3. 预紧力的调整步骤是:先不装弹簧以及盖之间的垫片,进行 x 值的调整,使转向齿轮轴上的转动力矩为__________N · m;然后用厚薄规测量 x 值;在 x 值上加__________mm,此值就是应加垫片的厚度,也就是转向齿条和转向齿轮合格的啮合间隙所要求的垫片厚度。

【检　　查】

故障排除后,进行如下检查:

1. 起动发动机,按照要求观察故障是否排除。

2. 工作学习场所如何处理?

3. 现场实施与工作计划的差异是什么?

4. 工作学习中遇到的问题及解决问题的方法是什么?

5. 填写工作任务自查单(附表3-2)。

【评　　价】

1. 请根据自己任务完成的情况，对自己的工作进行自我评估，并提出改进意见。

2. 教师对小组工作情况进行评估，并进行点评。

3. 填写工作任务自查单(附表3-3)。

工作与学习计划单 附表 3-1

<table>
<tr><td>学习领域</td><td colspan="3"></td><td>班级</td><td></td></tr>
<tr><td>学习情境</td><td colspan="3"></td><td>组别</td><td></td></tr>
<tr><td rowspan="21">实施
步骤</td><td>序号</td><td>实施内容</td><td>工具</td><td>时间</td><td>备注</td></tr>
<tr><td></td><td></td><td></td><td></td><td></td></tr>
<tr><td></td><td></td><td></td><td></td><td></td></tr>
<tr><td></td><td></td><td></td><td></td><td></td></tr>
<tr><td></td><td></td><td></td><td></td><td></td></tr>
<tr><td></td><td></td><td></td><td></td><td></td></tr>
<tr><td></td><td></td><td></td><td></td><td></td></tr>
<tr><td></td><td></td><td></td><td></td><td></td></tr>
<tr><td></td><td></td><td></td><td></td><td></td></tr>
<tr><td></td><td></td><td></td><td></td><td></td></tr>
<tr><td></td><td></td><td></td><td></td><td></td></tr>
<tr><td></td><td></td><td></td><td></td><td></td></tr>
<tr><td></td><td></td><td></td><td></td><td></td></tr>
<tr><td></td><td></td><td></td><td></td><td></td></tr>
<tr><td></td><td></td><td></td><td></td><td></td></tr>
<tr><td></td><td></td><td></td><td></td><td></td></tr>
<tr><td></td><td></td><td></td><td></td><td></td></tr>
<tr><td></td><td></td><td></td><td></td><td></td></tr>
<tr><td></td><td></td><td></td><td></td><td></td></tr>
<tr><td></td><td></td><td></td><td></td><td></td></tr>
<tr><td></td><td></td><td></td><td></td><td></td></tr>
<tr><td>实施计划
其他说明</td><td colspan="5"></td></tr>
</table>

组长		日期		指导教师		日期	

工作任务自查单 附表 3-2

<table>
<tr><td colspan="2" rowspan="2">工作任务自查单</td><td>学习领域</td><td colspan="3"></td></tr>
<tr><td>学习情境</td><td colspan="3"></td></tr>
<tr><td>班级</td><td></td><td>姓名</td><td></td><td>组别</td><td></td></tr>
<tr><td colspan="4">检查内容</td><td>是</td><td>否</td></tr>
<tr><td rowspan="3">咨询</td><td colspan="3">1. 正确进行信息采集</td><td>□</td><td>□</td></tr>
<tr><td colspan="3">2. 正确进行技术分析</td><td>□</td><td>□</td></tr>
<tr><td colspan="3">3. 正确进行标准规范</td><td>□</td><td>□</td></tr>
<tr><td rowspan="4">决策计划</td><td colspan="3">4. 计划合理</td><td>□</td><td>□</td></tr>
<tr><td colspan="3">5. 具备成本意识</td><td>□</td><td>□</td></tr>
<tr><td colspan="3">6. 正确进行分工规划</td><td>□</td><td>□</td></tr>
<tr><td colspan="3">7. 工作计划有特色</td><td>□</td><td>□</td></tr>
<tr><td rowspan="6">实施</td><td colspan="3">8. 工作态度端正</td><td>□</td><td>□</td></tr>
<tr><td colspan="3">9. 具备协作精神</td><td>□</td><td>□</td></tr>
<tr><td colspan="3">10. 找到故障点并正确解决问题，强调工作质量</td><td>□</td><td>□</td></tr>
<tr><td colspan="3">11. 具备安全意识，操作规范</td><td>□</td><td>□</td></tr>
<tr><td colspan="3">12. 正确使用工具、仪器、设备</td><td>□</td><td>□</td></tr>
<tr><td colspan="3">13. 按正确的方法、工艺进行故障诊断和修复</td><td>□</td><td>□</td></tr>
<tr><td colspan="6">简要描述本项目的整个工作过程：</td></tr>
<tr><td colspan="6">教师审核：

教师签名：
年　　月　　日</td></tr>
</table>

工作任务评价单 附表 3-3

<table>
<tr><td colspan="2" rowspan="4">工作任务评价单</td><td>学习领域</td><td colspan="3"></td></tr>
<tr><td>学习情境</td><td colspan="3"></td></tr>
<tr><td>姓名</td><td colspan="3"></td></tr>
<tr><td>总分</td><td colspan="3"></td></tr>
<tr><td colspan="2">评分内容</td><td>标准分值</td><td>自我评价（20%）</td><td>小组评价（30%）</td><td>教师评价（50%）</td></tr>
<tr><td colspan="6">计划：</td></tr>
<tr><td colspan="2">是否制订了行动方案</td><td>5</td><td></td><td></td><td></td></tr>
<tr><td colspan="2">行动方案是否合理</td><td>10</td><td></td><td></td><td></td></tr>
<tr><td colspan="6">决策计划：</td></tr>
<tr><td colspan="2">是否确定了问题和解决问题方案</td><td>5</td><td></td><td></td><td></td></tr>
<tr><td colspan="2">是否考虑了安全和劳动保护措施</td><td>5</td><td></td><td></td><td></td></tr>
<tr><td colspan="2">是否考虑了环保因素</td><td>5</td><td></td><td></td><td></td></tr>
<tr><td colspan="6">实施：</td></tr>
<tr><td colspan="2">设计步骤是否正确</td><td>10</td><td></td><td></td><td></td></tr>
<tr><td colspan="2">是否设计规范</td><td>10</td><td></td><td></td><td></td></tr>
<tr><td colspan="2">是否独立完成</td><td>5</td><td></td><td></td><td></td></tr>
<tr><td colspan="2">是否在规定的时间内完成</td><td>10</td><td></td><td></td><td></td></tr>
<tr><td colspan="6">检查：</td></tr>
<tr><td colspan="2">检查方法是否正确</td><td>5</td><td></td><td></td><td></td></tr>
<tr><td colspan="2">节温器工作是否正常</td><td>5</td><td></td><td></td><td></td></tr>
<tr><td colspan="2">是否能如实填报检查单</td><td>5</td><td></td><td></td><td></td></tr>
<tr><td colspan="2">PPT 汇报是否清楚明白</td><td>5</td><td></td><td></td><td></td></tr>
<tr><td colspan="6">评价：</td></tr>
<tr><td colspan="2">描述本项目的优点：</td><td>5</td><td></td><td></td><td></td></tr>
<tr><td colspan="2">有待改进之处：</td><td>5</td><td></td><td></td><td></td></tr>
<tr><td colspan="2">改进方法：</td><td>5</td><td></td><td></td><td></td></tr>
<tr><td colspan="2">总分</td><td>100</td><td></td><td></td><td></td></tr>
<tr><td colspan="6">教师评语：</td></tr>
</table>

学习情境4	汽车转向沉重故障检修			班级	
学时	10	实训场地		学生姓名	
实训设备	底盘实训台架4台,常用工具4套,专用工具4套,维修资料1套。			学生学号	
				组别	
任务描述	1. 本学习情境应完成任务 (1)熟悉转向助力油、转向泵的更换、检查和调整; (2)根据动力系统及系统各元件工作原理和结构特点,按照工艺要求和职业资格标准进行故障码、控制单元检查与设定。 2. 学习与工作要求 (1)通过教师的引导和自学、查找资料等方式,了解汽车行驶时对车轮要求和影响汽车转向沉重故障的因素; (2)以小组协作形式完成故障排除及修复,并要求维修质量; 3. 已具备资料 (1)底盘维修手册; (2)学生手册; (3)汽车行驶系统维修 PPT。				

【资　　讯】

1. 动力转向系是利用一定的____________助力方式,对转向器施加作用力以____________驾驶员转动转向盘的操纵力、减轻驾驶____________的转向系统。

2. 动力转向系按动力介质的不同分为____________式、____________式和____________式三类。

3. 液压常流滑阀式动力转向装置的基本组成主要包括转向________、转向________、转向________、转向________等。

4. 对照图1写出液压动力转向系各部件的名称。

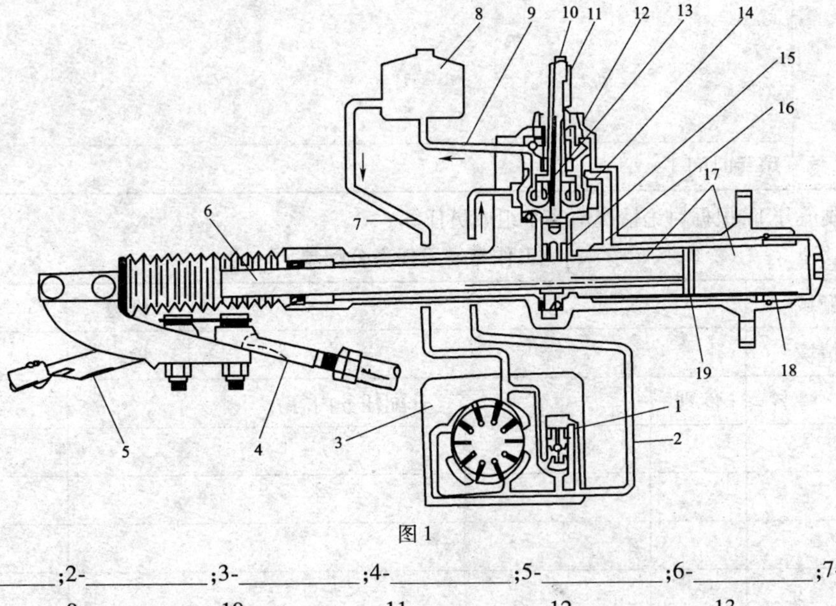

图1

1-________;2-________;3-________;4-________;5-________;6-________;7-________;
8-________;9-________;10-________;11-________;12-________;13-________;

14-__________;15-__________;16-__________;17-__________;18-__________;19-__________

5. 对照实物或图片说明液压常流滑阀式动力转向系的工作原理。

____。

6. 对照实物或图片说明液压常流转阀式动力转向系的工作原理。

____。

【决策与计划】

请根据故障现象和任务要求，确定所需要的检测仪器、工具，并对小组成员进行合理分工，制订详细的诊断和修复计划。

1. 分小组讨论，各小组成员对任务进行分析讨论，并阐述各自的思路和诊断修复方案。

工作与学习任务决策单

学习领域		班级	
学习情境		姓名	
完成任务思考方案			
	填写时间		

2. 小组成员分工，根据讨论情况落实小组成员任务。

工作与学习任务分配单

学习领域				班级	
学习情境				学时	
序号	姓名	性别	分配任务内容	备注	

续上表

序号	姓名	性别	分配任务内容	备注
组长			日期	

3. 根据任务分工和讨论制作工作与学习计划表，并交教师指导修改后定稿。（每小组一张，见附表4-1）

【实　　施】

任务一　动力转向液的检查与更换

1. 转向储油罐液面的检查

(1)将车辆停放在平坦的地面上，使前轮处于＿＿＿＿＿＿位置。

(2)起动发动机，并使其达到正常的工作温度。

(3)使发动机怠速运转大约＿＿＿＿＿＿min，左、右转动几次转向盘，使油温达到＿＿＿＿＿＿℃，关闭发动机。

(4)观察储油罐的液面，此时液面应处于"＿＿＿＿＿＿"（上限）与"＿＿＿＿＿＿"（下限）之间，液面低于"＿＿＿＿＿＿"时，应加至"＿＿＿＿＿＿"，如图2所示。

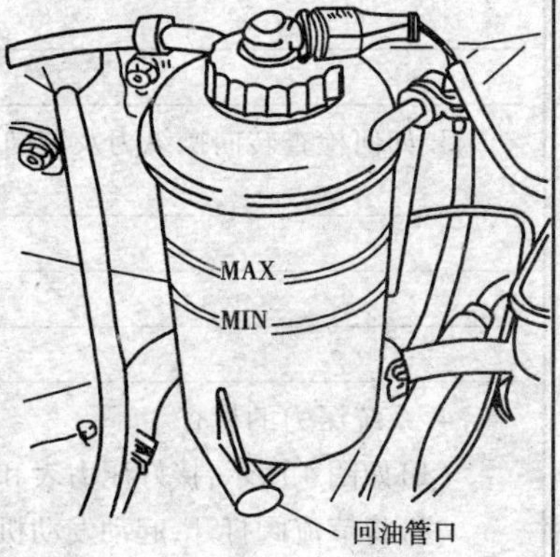

图2

(5)对于用油尺检查的汽车：拧下带油尺的封盖，用布将油位标尺擦净，将带油尺的封盖插入储油罐内拧好，然后重新拧出，观察油尺上的标记，应处于"MAX"与"MIN"之间，必要时将转向油加至"MAX"处。

2. 转向油液的更换

1)放油

(1)支起汽车前部，使两＿＿＿＿＿＿离开地面。

(2)拧下转向储油罐盖，拆下转向油泵回油管，然后将转向油放入容器中。

(3)发动机怠速运转，在放转向油的同时，＿＿＿＿＿＿转动转向盘。

2)加油与排气

(1)向转向储油罐内加注符合规定的转向油（桑塔纳2000转向油型号为PENPOSIN CHF 11S（PL－VW521 46），奥迪轿车转向油型号为G 002 000）。

(2)停止发动机工作，支起汽车前部，并用支架支撑，连续从左到右转动转向盘若干次，将转向系统中多余空气排出。

(3)检查转向储油罐中油面高度，视需要加至"＿＿＿＿＿＿"标记处。

(4)降下汽车前部，起动发动机怠速运转，连续转动转向盘，注意油面高度的变化，当油面下降时就应不断加注转向油，直到油面停留在"MAX"处，并在转动转向盘后，储油罐中不再出现＿＿＿＿＿＿为止。

任务二　动力转向泵的性能检查与更换

1. 皮带张紧力的检查

方法一：汽车停在干燥路面上，运转发动机使油液上升到正常温度，左右转动转向盘，此时驱动皮带负荷最大，如果皮带打滑，说明皮带张紧度不够或油泵内有机械损伤。这种方法为快速经验法。

方法二:关闭发动机,用手以约 100N 的力从皮带的中间位置按下,皮带应有约 10mm 挠度为合适,否则必须调整。

方法三:有条件时可使用如图 3 所示的皮带紧度测量仪。将测量仪安装在驱动皮带上,然后测量皮带产生标准变形量时所需力的大小。各种尺寸的皮带的张紧度要求见下表。

各种尺寸的皮带的张紧度

皮带宽度 皮带状态	皮带宽度(mm)		
	8.0	9.5	12.0
新皮带	最大 350N	最大 620N	最大 750N
旧皮带	最大 200N	最大 300N	最大 400N
带齿皮带	最大 250N		

2. 根据实际操作情况简述调整皮带张紧力的操作方法。

____

____

____

____。

3. 如何检查转向操纵力及转向盘回位情况是否正常?

____

____

____

____。

4. 系统压力的检查

(1)如图 4 所示,接好压力表和节流阀。

(2)将节流阀打开,起动发动机并以怠速运转,使转向盘向左、右旋转到极限位置,同时读出压力表上的压力,额定值为____________MPa。

(3)如果向左或向右的额定值达不到要求,就要修理转向器或更换总成。

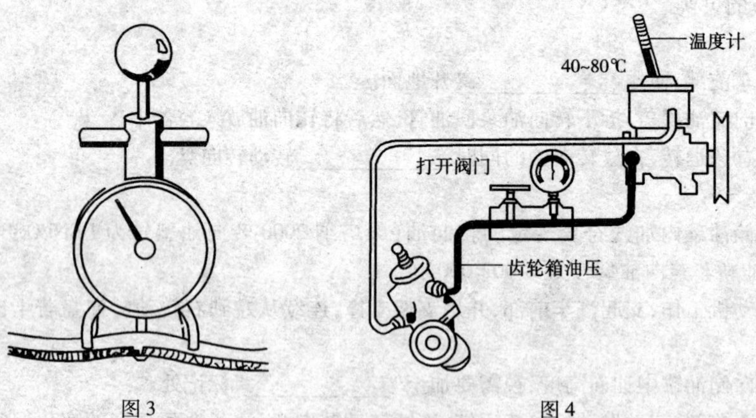

图 3　　图 4

任务三　电子转向系统的故障诊断与修理

1. 电动动力转向系通常由__________、____________、____________、____________、____________、____________等组成。

2. 电动动力转向系的工作原理

当操纵转向盘时，装在转向轴上的____________不断测出转向轴上的转矩，并由此产生一个____________信号。该信号与车速信号同时输入电子控制单元，电子控制单元根据这些输入信号进行运算处理，确定助力转矩的____________和____________，即选定电动机的电流和转向，调整转向的助力。电动机的转矩由电磁离合器通过____________减速增矩后，加在汽车的转向机构上，使之得到一个与工况相适应的转向作用力。

3. 转矩传感器的检查

(1)检测转矩传感器线圈电阻：从转向器总成上拔下转矩传感器插接器，测量转矩传感器3号与5号端子之间、8号与10号端子之间的电阻，其标准值应为__________kΩ。若不符合要求，则应更换转矩传感器。

(2)检测转矩传感器电压：用万用表直流电压挡测量上述各端子之间的电压，将转向盘置于中间位置，测得电压约2.5V为良好，____________V以上为断路，____________V以下为短路。

4. 电控液力式动力转向系具有三种控制状态。电子控制单元(ECU)根据车速传感器信号判断出车辆__________、____________状态与____________状态，控制电磁阀通电电流。

5. 故障警告灯的检查

当点火开关处于ON位置时，故障警告灯应点亮，发动机起动后警告灯熄灭为正常。警告灯不亮时，应检查灯泡是否损坏，____________和____________是否断路。若发动机起动后，警告灯仍亮时，首先应考虑系统是否处于____________状态(只有常规转向工作，无电动助力)，然后进行自诊断操作。

6. 简述自诊断的基本操作过程。

____
____
____
____
____
____。

7. 如何进行控制单元的初始设定？

____
____
____
____。

【检　　查】

故障排除后，进行如下检查：

1. 起动发动机，按照要求观察故障是否排除。

2. 工作学习场所如何处理？

3. 现场实施与工作计划的差异是什么？

4. 工作学习中遇到的问题及解决问题的方法是什么？

5. 填写工作任务自查单（附表 4-2）。

【评　　价】

1. 请根据自己任务完成的情况，对自己的工作进行自我评估，并提出改进意见。

2. 教师对小组工作情况进行评估，并进行点评。

3. 填写工作任务自查单(附表 4-3)。

工作与学习计划单 附表 4-1

学习领域				班级	
学习情境				组别	
实施步骤	序号	实施内容	工具	时间	备注
实施计划其他说明					

组长		日期		指导教师		日期	

工作任务自查单　　　　附表 4-2

<table>
<tr><td colspan="2" rowspan="2">工作任务自查单</td><td>学习领域</td><td colspan="3"></td></tr>
<tr><td>学习情境</td><td colspan="3"></td></tr>
<tr><td>班级</td><td></td><td>姓名</td><td></td><td>组别</td><td></td></tr>
<tr><td colspan="4">检查内容</td><td>是</td><td>否</td></tr>
<tr><td rowspan="3">咨询</td><td colspan="3">1. 正确进行信息采集</td><td>□</td><td>□</td></tr>
<tr><td colspan="3">2. 正确进行技术分析</td><td>□</td><td>□</td></tr>
<tr><td colspan="3">3. 正确进行标准规范</td><td>□</td><td>□</td></tr>
<tr><td rowspan="4">决策计划</td><td colspan="3">4. 计划合理</td><td>□</td><td>□</td></tr>
<tr><td colspan="3">5. 具备成本意识</td><td>□</td><td>□</td></tr>
<tr><td colspan="3">6. 正确进行分工规划</td><td>□</td><td>□</td></tr>
<tr><td colspan="3">7. 工作计划有特色</td><td>□</td><td>□</td></tr>
<tr><td rowspan="6">实施</td><td colspan="3">8. 工作态度端正</td><td>□</td><td>□</td></tr>
<tr><td colspan="3">9. 具备协作精神</td><td>□</td><td>□</td></tr>
<tr><td colspan="3">10. 找到故障点并正确解决问题,强调工作质量</td><td>□</td><td>□</td></tr>
<tr><td colspan="3">11. 具备安全意识,操作规范</td><td>□</td><td>□</td></tr>
<tr><td colspan="3">12. 正确使用工具、仪器、设备</td><td>□</td><td>□</td></tr>
<tr><td colspan="3">13. 按正确的方法、工艺进行故障诊断和修复</td><td>□</td><td>□</td></tr>
<tr><td colspan="6">简要描述本项目的整个工作过程:</td></tr>
<tr><td colspan="6">教师审核:

教师签名:
年　　月　　日</td></tr>
</table>

工作任务评价单　　　　附表 4-3

工作任务评价单	学习领域			
	学习情境			
	姓名			
	总分			

评分内容	标准分值	自我评价（20%）	小组评价（30%）	教师评价（50%）
计划：				
是否制订了行动方案	5			
行动方案是否合理	10			
决策计划：				
是否确定了问题和解决问题方案	5			
是否考虑了安全和劳动保护措施	5			
是否考虑了环保因素	5			
实施：				
设计步骤是否正确	10			
是否设计规范	10			
是否独立完成	5			
是否在规定的时间内完成	10			
检查：				
检查方法是否正确	5			
节温器工作是否正常	5			
是否能如实填报检查单	5			
PPT 汇报是否清楚明白	5			
评价：				
描述本项目的优点：	5			
有待改进之处：	5			
改进方法：	5			
总分	100			
教师评语：				

<table>
<tr><td>学习情境5</td><td colspan="3">汽车行驶中制动力不足故障诊断与修复</td><td>班级</td><td></td></tr>
<tr><td>学时</td><td>10</td><td>实训场地</td><td></td><td>学生姓名</td><td></td></tr>
<tr><td rowspan="2">实训设备</td><td colspan="3" rowspan="2">底盘实训台架4台,常用工具4套,专用工具4套,维修资料1套。</td><td>学生学号</td><td></td></tr>
<tr><td>组别</td><td></td></tr>
<tr><td>任务描述</td><td colspan="5">1. 本学习情境应完成任务
(1)熟悉制动液、制动摩擦片及手制动器的更换、检查和调整;
(2)根据制动系统及系统中各元件工作原理和结构特点,按照工艺要求和职业资格标准进行检查、拆装、修理与更换。
2. 学习与工作要求
(1)通过教师的引导和自学、查找资料等方式,了解汽车行驶时对车轮要求和影响汽车制动力不足故障的因素;
(2)以小组协作形式完成故障排除及修复,并要求维修质量。
3. 已具备资料
(1)底盘维修手册;
(2)学生手册;
(3)汽车制动系统维修PPT。</td></tr>
</table>

【资　　讯】

1. 汽车制动系的功用是:按照需要使汽车____________________;下坡行驶时保持车速稳定;使停驶的汽车可靠驻停。

2. 制动系按功能的不同可以分为:__________制动系、__________制动系以及应急制动、安全制动系和__________制动系。

3. 行车制动系:____。

4. 驻车制动系:____。

5. 应急制动、安全制动和辅助制动系:____。

6. 按照制动能源分类,汽车制动系又可以分为__________制动系、__________制动系和__________制动系。

7. 较为完善的制动系还包括制动力__________装置以及__________装置、__________装置等。

8. 为保证汽车能在安全的条件下发挥出高速行驶的能力,制动系必须满足下列要求。

(1)____。

(2)____。

(3)____。

(4)____。

(5)____。

(6)____。

9. 写出右图1所示各元件的名称。

1-__________;2-__________;

3-__________;4-__________;

5-__________;6-__________;

7-__________;8-__________;

9-__________;10-__________;

11-__________;12-__________;

13-__________;14-__________。

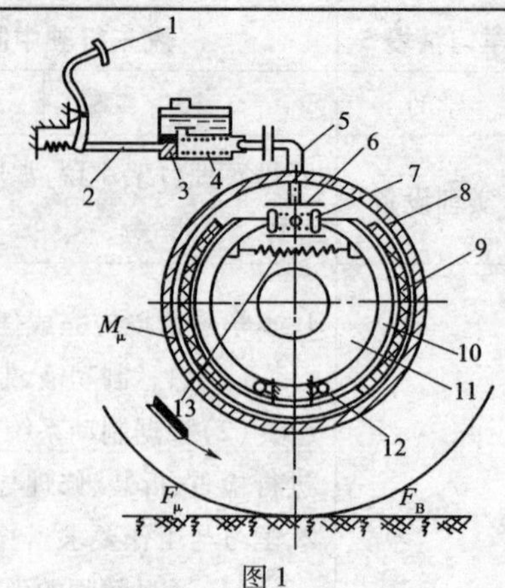

图1

【决策与计划】

请根据故障现象和任务要求,确定所需要的检测仪器、工具,并对小组成员进行合理分工,制订详细的诊断和修复计划。

1. 分小组讨论,各小组成员对任务进行分析讨论,并阐述各自的思路和诊断修复方案。

工作与学习任务决策单

学习领域		班级	
学习情境		姓名	
完成任务思考方案			
	填写时间		

2. 小组成员分工,根据讨论情况落实小组成员任务。

工作与学习任务分配单

学习领域				班级	
学习情境				学时	
序号	姓名	性别	分配任务内容		备注
组长			日期		

3. 根据任务分工和讨论制作工作与学习计划表，并交教师指导修改后定稿。（每小组一张，见附表5-1）

【实　　施】

任务一　制动盘的检查与更换

1. 盘式制动器的有如下优点：

（1）散热能力强，热稳定性好。受热后，制动盘只在__________向膨胀，不会影响制动间隙。

（2）抗水衰退能力强。受水浸后，在离心力作用下被很快甩干，摩擦衬片上的剩水也由于压力高而容易挤出，一般仅需要一到__________次制动后即可恢复正常。

（3）制动时的平顺性好。

（4）结构__________，维修方便。

（5）制动间隙小，便于__________。

2. 盘式制动器的不足之处是：

（1）制动时无助势作用，故要求管路液压较__________。

（2）防污性差，制动衬片磨损较__________。

3. 制动盘厚度的检查

桑塔纳轿车前制动盘标准厚度为__________mm，使用极限为__________mm，超过极限尺寸时应及时予以更换。

4. 制动盘端面圆跳动的检查（图2）

轴向跳动量应不大于__________mm。不符合要求可进行机加工修复（加工后的厚度不得小于8mm）或更换。

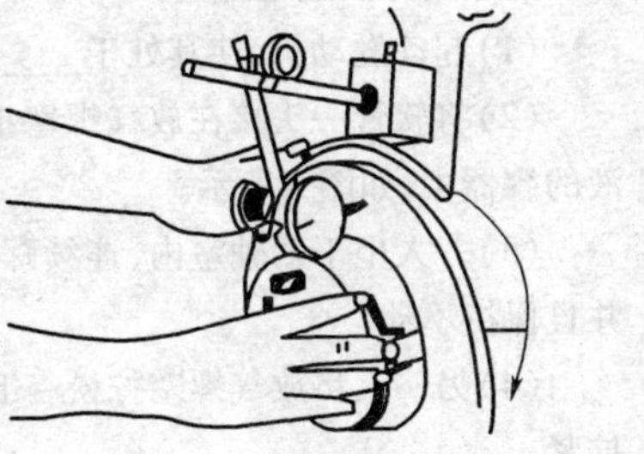

5. 若制动块已拆下，可直接用游标卡尺测量。制动块摩擦片的厚度为__________mm（不包括底板），使用极限为__________mm。若车轮未拆下，对外侧的摩擦片，可通过轮辐上的检视孔，用手电筒目测检查。内侧摩擦片，利用反光镜进行目测。

图2

6. 简单的鼓式车轮制动器由__________部分、__________部分、__________装置和定位调整机构组成。

7. 鼓式车轮制动器按其制动蹄促动装置的形式可分为__________式车轮制动器和__________式车轮制动器。

8. 根据制动时两制动蹄对制动鼓的径向作用力之间的关系，鼓式制动器可分为：简单__________式、__________式和自增力式。

9. 写出图3所示各元件的名称。

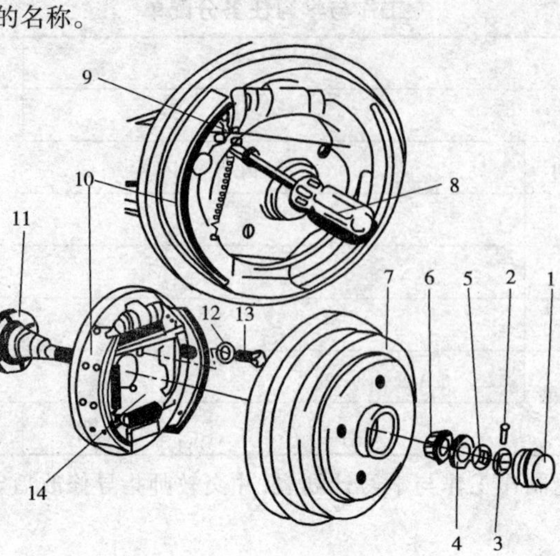

图3

1-__________;2-__________;3-__________;4-__________;5-__________;6-__________;7-__________;

8-__________;9-__________;10-__________;11-__________;12-__________;13-__________;14-__________

10. 用游标卡尺测量制动蹄片的厚度,标准值为__________mm 使用极限为__________mm. 其铆钉与摩擦片的表面深度不得小于__________mm,以免铆钉头刮伤制动鼓内表面。

11. 制动鼓内孔磨损及尺寸的检查:首先检查制动鼓1内孔有无烧损、刮痕和凹陷,若不能修磨应更换新件;检查制动鼓内孔尺寸及圆度误差时,用游标卡尺检查内孔尺寸,标准值为 ϕ __________mm,使用极限为 ϕ __________mm。用工具测量制动鼓内孔的圆度误差,使用极限为__________mm,超过极限应更换新件。

任务二　制动分泵的检查与更换及制动系统的排气

1. 液压式制动传动装置由__________、__________、__________、__________、__________、油管、制动灯开关、__________、__________等组成。

2. 在制动轮缸的检修时,测出轮缸内孔孔径 B,活塞外圆直径 C,并计算出内孔与活塞的间隙值,标准值为 0.04 ~ 0.106mm,使用极限为__________mm,如图4所示。

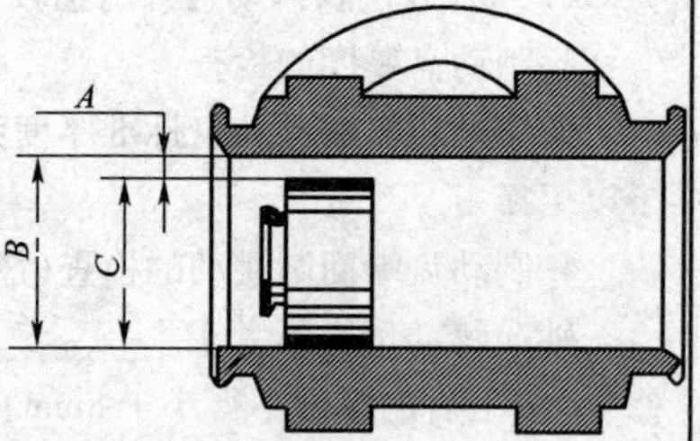

图4

3. 通用方法进行排气:

(1)起动发动机,使其处于__________运转状态。

(2)将软管一头接在放气螺塞上,另一头插在一个盛有部分制动液的容器中,如图5所示。

(3)一人坐于驾驶室内,连续踩下制动踏板,直到踩不下去为止,并且保持不动。

(4)另一人将放气螺塞拧松一下,此时,制动液连同空气一起从胶管喷入瓶中,然后,尽快将__________拧紧。

(5)在排出制动液的同时,踏板高度会逐渐降低,在未拧紧放气螺塞之前,切不可将踏板抬起,以免__________再次侵入。

(6)每个轮缸应反复放气几次,直至将空气完全放出(制动液中无气泡)为止,按照__________轮—__________轮—__________轮—__________轮的顺序逐个放气完毕。

(7)在放气过程中,应及时向储液罐内添加制动液,保持液面的规定高度。

任务三　真空助力器的密封性检查

1. 就车检查真空助力器(图6)

(1)将发动机熄火,首先用力踩几次制动踏板,以消除真空助力器中残余的真空度。用适当的力踩住制动踏板,并保持在一定位置,然后起动发动机,使真空系统重新建立起真空,并观察踏板。

(2)若__________下降,说明真空助力器正常;若踏板位置__________,则说明助力器或真空止回阀损坏。

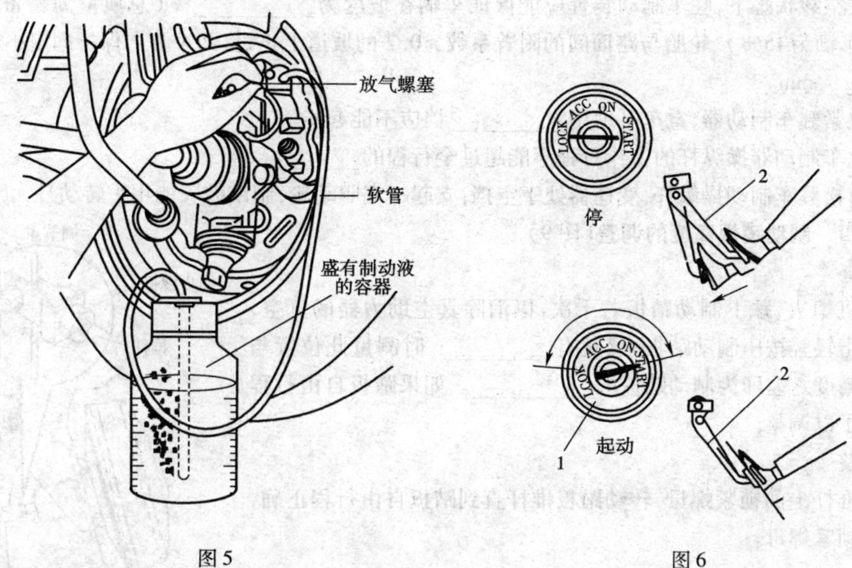

图5　　　　　　　　　　图6

2. 真空助力器就车真空试验

(1)将T型管、真空表、软管及卡紧装置等按图7所示连接好。

(2)起动发动机,怠速运转__________min。

(3)卡紧与进气歧管相连的真空管上的卡紧装置,切断助力器止回阀与进气歧管之间的通路。

(4)将发动机熄火,观察真空表的变化。如果在规定时间内真空度下降过多(BJ2020规定在15s内真空度下降不大于3386.35Pa),说明助力器膜片或真空阀损坏。

3. 真空助力止回阀试验

如图8所示,拆下与止回阀相连的真空管,将手动真空泵软管与止回阀真空源接口相连。扳动__________手柄给止回阀加上__________~67.70kPa的真空度,在正常情况下,真空应保持稳定。如果真空泵指示表上显示出真空度__________,则表明止回阀损坏。

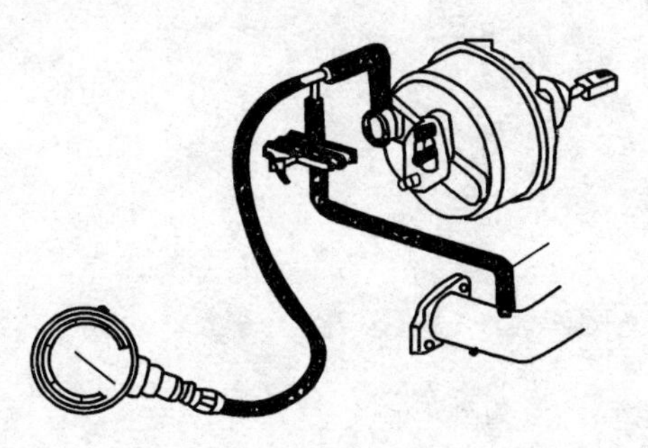

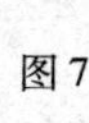

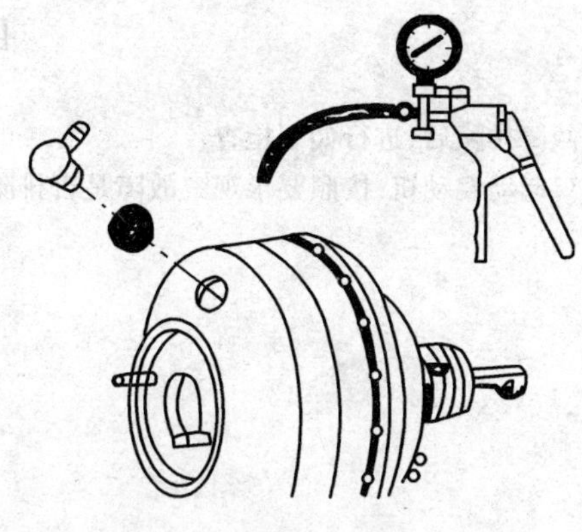

图7　　　　　　　　　　图8

4. 驻车制动器的功用是：

(1)车辆停驶后防止滑溜。

(2)使车辆在坡道上能________。

(3)行车制动系________后临时使用或配合行车制动器进行紧急制动。

5. 制动器性能的检查

汽车每行驶________km左右时,应对驻车制动器的性能进行检查。驻车制动器应满足以下性能。

(1)在空载状态下,驻车制动装置应能保证车辆在坡度为________%(总质量为整备质量的1.2倍以下的车辆为15%)、轮胎与路面间的附着系数≥0.7的坡道上正、反两个方向保持固定不动的时间应≥________min。

(2)拉紧驻车制动器,空车平地用________挡应不能起步。

(3)驻车制动器操纵杆的工作行程不能超过全行程的________。

(4)放松驻车制动操纵杆,变速器处于空挡,支起一支驱动轮,制动鼓应能用手转动且无摩擦声。

任务四　制动踏板高度的调整(图9)

1. 检查

发动机熄火,踩下制动踏板若干次,以消除真空助力器的真空,然后用手指轻轻按压制动踏板,感觉有________时测量此位置与制动踏板高度之差即为制动踏板的________。如果踏板自由行程不符合要予以调整。

2. 调整

松开推杆上的锁紧螺母,转动踏板推杆直到踏板自由行程正确,然后紧固锁紧螺母。

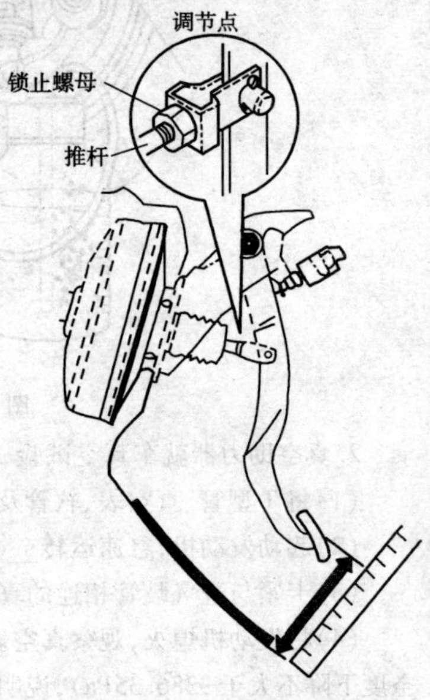

图9

【检　　查】

故障排除后,进行如下检查:

1. 起动发动机,按照要求观察故障是否排除。

2. 工作学习场所如何处理？

3. 现场实施与工作计划的差异是什么？

4. 工作学习中遇到的问题及解决问题的方法是什么？

5. 填写工作任务自查单(附表5-2)。

【评　　价】

1. 请根据自己任务完成的情况,对自己的工作进行自我评估,并提出改进意见。

2. 教师对小组工作情况进行评估,并进行点评。

3. 填写工作任务自查单(附表5-3)。

工作与学习计划单　　附表 5-1

学习领域				班级	
学习情境				组别	
	序号	实施内容	工具	时间	备注
实施步骤					
实施计划其他说明					

组长		日期		指导教师		日期	

工作任务自查单 附表5-2

<table>
<tr><td colspan="2" rowspan="2">工作任务自查单</td><td>学习领域</td><td colspan="3"></td></tr>
<tr><td>学习情境</td><td colspan="3"></td></tr>
<tr><td>班级</td><td></td><td>姓名</td><td></td><td>组别</td><td></td></tr>
<tr><td colspan="4">检查内容</td><td>是</td><td>否</td></tr>
<tr><td rowspan="3">咨询</td><td colspan="3">1. 正确进行信息采集</td><td>□</td><td>□</td></tr>
<tr><td colspan="3">2. 正确进行技术分析</td><td>□</td><td>□</td></tr>
<tr><td colspan="3">3. 正确进行标准规范</td><td>□</td><td>□</td></tr>
<tr><td rowspan="4">决策计划</td><td colspan="3">4. 计划合理</td><td>□</td><td>□</td></tr>
<tr><td colspan="3">5. 具备成本意识</td><td>□</td><td>□</td></tr>
<tr><td colspan="3">6. 正确进行分工规划</td><td>□</td><td>□</td></tr>
<tr><td colspan="3">7. 工作计划有特色</td><td>□</td><td>□</td></tr>
<tr><td rowspan="6">实施</td><td colspan="3">8. 工作态度端正</td><td>□</td><td>□</td></tr>
<tr><td colspan="3">9. 具备协作精神</td><td>□</td><td>□</td></tr>
<tr><td colspan="3">10. 找到故障点并正确解决问题，强调工作质量</td><td>□</td><td>□</td></tr>
<tr><td colspan="3">11. 具备安全意识，操作规范</td><td>□</td><td>□</td></tr>
<tr><td colspan="3">12. 正确使用工具、仪器、设备</td><td>□</td><td>□</td></tr>
<tr><td colspan="3">13. 按正确的方法、工艺进行故障诊断和修复</td><td>□</td><td>□</td></tr>
<tr><td colspan="6">简要描述本项目的整个工作过程：</td></tr>
<tr><td colspan="6">教师审核：

教师签名：
年 月 日</td></tr>
</table>

工作任务评价单 附表5-3

工作任务评价单	学习领域	
	学习情境	
	姓名	
	总分	

评分内容	标准分值	自我评价（20%）	小组评价（30%）	教师评价（50%）
计划：				
是否制订了行动方案	5			
行动方案是否合理	10			
决策计划：				
是否确定了问题和解决问题方案	5			
是否考虑了安全和劳动保护措施	5			
是否考虑了环保因素	5			
实施：				
设计步骤是否正确	10			
是否设计规范	10			
是否独立完成	5			
是否在规定的时间内完成	10			
检查：				
检查方法是否正确	5			
节温器工作是否正常	5			
是否能如实填报检查单	5			
PPT汇报是否清楚明白	5			
评价：				
描述本项目的优点：	5			
有待改进之处：	5			
改进方法：	5			
总分	100			
教师评语：				

<table>
<tr><td>学习情境 6</td><td colspan="3">ABS 防抱死系统不工作及故障灯常亮的故障诊断与修复</td><td>班级</td><td></td></tr>
<tr><td>学时</td><td>10</td><td>实训场地</td><td></td><td>学生姓名</td><td></td></tr>
<tr><td rowspan="2">实训设备</td><td colspan="3" rowspan="2">底盘实训台架 4 台,常用工具 4 套,专用工具 4 套,维修资料 1 套。</td><td>学生学号</td><td></td></tr>
<tr><td>组别</td><td></td></tr>
<tr><td>任务描述</td><td colspan="5">1. 本学习情境应完成任务
(1)熟悉轮速传感器更换、检查和调整,故障码及供电线路的检测;
(2)根据 ABS 防抱死系统及系统各元件工作原理和结构特点,按照工艺要求和职业资格标准进行检查、拆装、修理与更换。
2. 学习与工作要求
(1)通过教师的引导和自学、查找资料等方式,了解汽车行驶时对车轮要求和影响 ABS 防抱死系统不工作及故障灯常亮故障的因素;
(2)以小组协作形式完成故障排除及修复,并要求维修质量。
3. 已具备资料
(1)底盘维修手册;
(2)学生手册;
(3)汽车制动系统维修 PPT。</td></tr>
</table>

【资　　讯】

1. ABS 系统主要由__________、__________、__________、__________和__________等组成。

2. 写出图 1 中 ABS 系统的主要部件的名称。

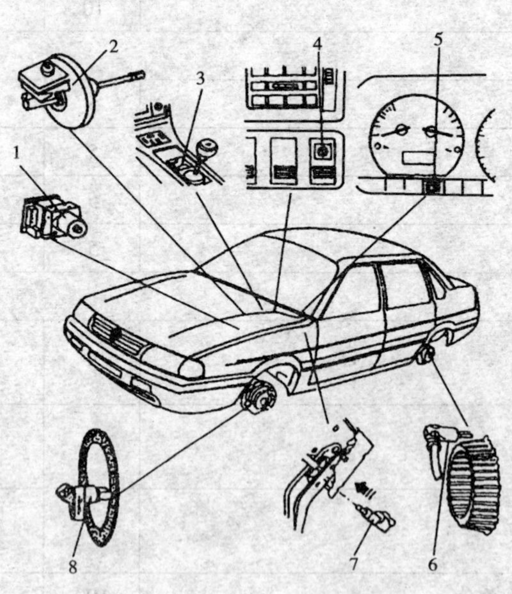

图 1

1-__________;2-__________;3-__________;4-__________;5-__________;6-__________;
7-__________;8-__________

3. 按照控制通道数目的不同，ABS 系统分为____________通道、____________通道、____________通道和单通道四种形式。

4. 独立控制：____。

5. 一同控制：____。

6. 简述 ABS 系统的工作原理。____。

【决策与计划】

请根据故障现象和任务要求，确定所需要的检测仪器、工具，并对小组成员进行合理分工，制订详细的诊断和修复计划。

1. 分小组讨论，各小组成员对任务进行分析讨论，并阐述各自的思路和诊断修复方案。

工作与学习任务决策单

学习领域			班级	
学习情境			姓名	
完成任务思考方案				
	填写时间			

2. 小组成员分工，根据讨论情况落实小组成员任务。

工作与学习任务分配单

学习领域				班级	
学习情境				学时	
序号	姓名	性别	分配任务内容		备注

续上表

序号	姓名	性别	分配任务内容	备注
组长			日期	

3. 根据任务分工和讨论制作工作与学习计划表，并交教师指导修改后定稿。（每小组一张，见附表6-1）。

【实　施】

任务一　轮速传感器的检测与维修：线圈电阻的测量、线圈波形的测量（图2）

1. 检查前轮转速传感器与齿圈之间的间隙是否符合规定，标准值应为＿＿＿＿＿＿mm。

2. 拆下ABS电线束，在线束插接器处测量。以30r/min的转速转动前轮，用万用表或示波器测量输出电压。左前轮接线柱为4和11，右前轮接线柱为3和18。用万用表测量时，前轮转速传感器输出电压应为＿＿＿＿＿＿mV；用示波器测量时，输出电压应为＿＿＿＿＿＿。

3. 若输出电压不符合规定时，检查传感器是否有故障；检查传感器电阻值（＿＿＿＿＿＿kΩ）；在齿圈上取四点检查齿圈与车轮转速传感器之间的间隙是否过大；检查电线束安装是否有误差。

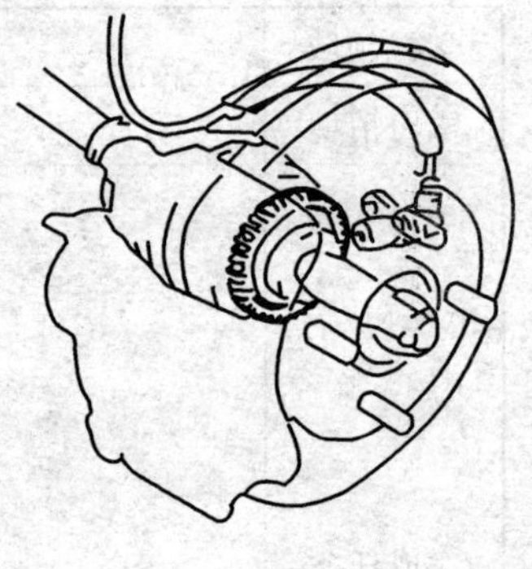

图2

任务二　电控系统的故障自诊断

1. 控制器编码

安装在汽车上的控制单元J104是经过编码的，而来自备件仓库带有ASR的新控制器未经编码，必须在安装之后进行编码。编码必须使用V. A. G1551或其他故障阅读仪输入。

检验过程：

接通故障阅读仪V. A. G1551，在接通点火时，选择制动电子的控制单元（地址命令03）；

从V. A. G1551的显示屏读出控制器单元版本；

按下"→"键；

输入07功能"控制单元编码"并用"Q"确认；

输入"Q"键确认；

输入相应的代码编号并用"Q"键确认；

具有ASR的汽车控制单元J104的代码编号；

按下"→"键；

输出结束。

进行一次试车，这时用最小60km/h的速度行驶30s。提示：如果控制单元编码错误，ASR的信号灯（K86）一直点亮。

2. 诊断流程(图3)。

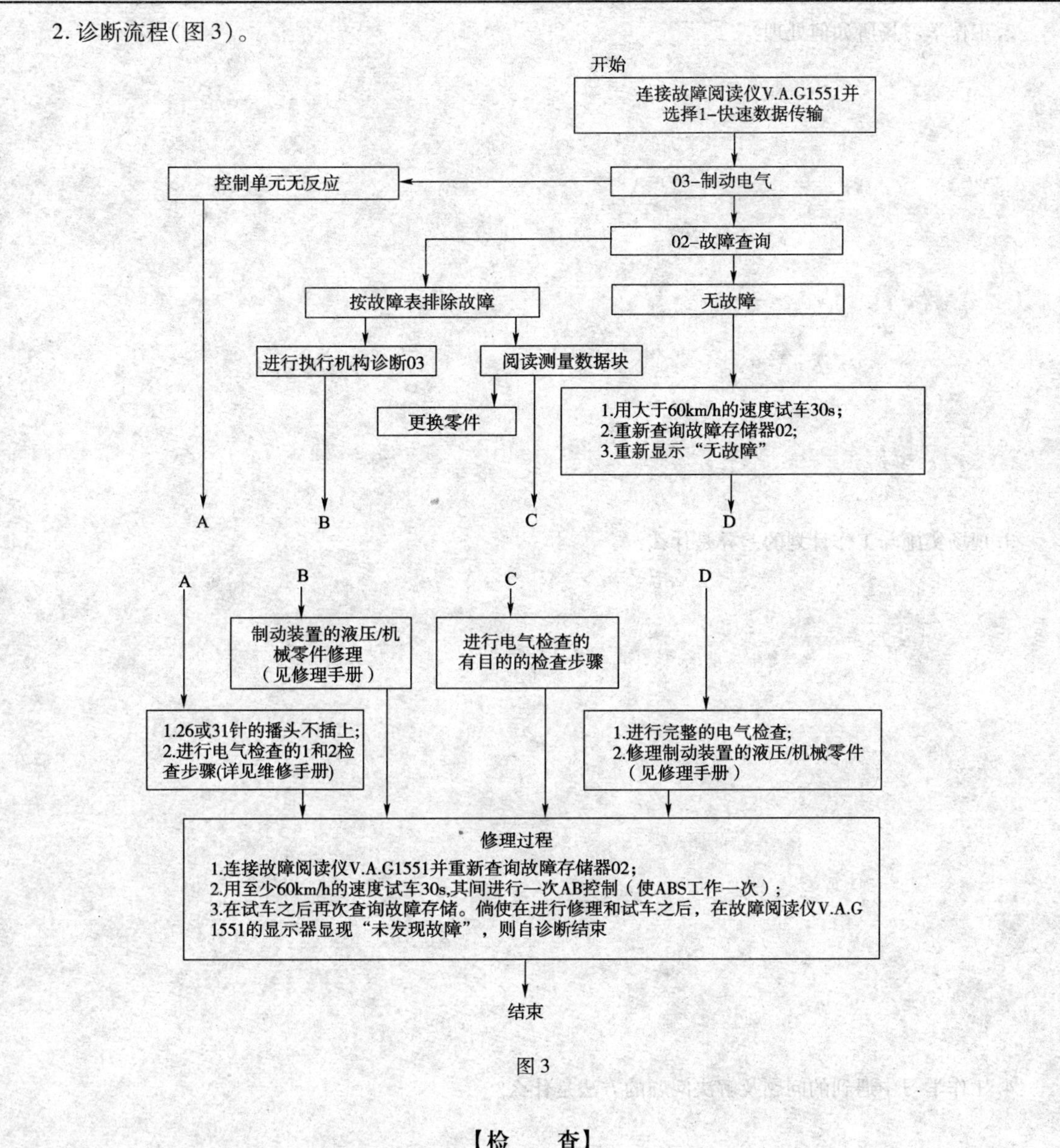

图3

【检　　查】

故障排除后,进行如下检查:

1. 按照要求观察故障是否排除。

2. 工作学习场所如何处理?

3. 现场实施与工作计划的差异是什么?

4. 工作学习中遇到的问题及解决问题的方法是什么?

5. 填写工作任务自查单(附表6-2)。

【评　　价】

1. 请根据自己任务完成的情况,对自己的工作进行自我评估,并提出改进意见。

2. 教师对小组工作情况进行评估,并进行点评。

3. 填写工作任务自查单(附表6-3)。

工作与学习计划单 附表 6-1

<table>
<tr><td>学习领域</td><td colspan="3"></td><td>班级</td><td></td></tr>
<tr><td>学习情境</td><td colspan="3"></td><td>组别</td><td></td></tr>
<tr><td rowspan="21">实施
步骤</td><td>序号</td><td>实施内容</td><td>工具</td><td>时间</td><td>备注</td></tr>
<tr><td></td><td></td><td></td><td></td><td></td></tr>
<tr><td></td><td></td><td></td><td></td><td></td></tr>
<tr><td></td><td></td><td></td><td></td><td></td></tr>
<tr><td></td><td></td><td></td><td></td><td></td></tr>
<tr><td></td><td></td><td></td><td></td><td></td></tr>
<tr><td></td><td></td><td></td><td></td><td></td></tr>
<tr><td></td><td></td><td></td><td></td><td></td></tr>
<tr><td></td><td></td><td></td><td></td><td></td></tr>
<tr><td></td><td></td><td></td><td></td><td></td></tr>
<tr><td></td><td></td><td></td><td></td><td></td></tr>
<tr><td></td><td></td><td></td><td></td><td></td></tr>
<tr><td></td><td></td><td></td><td></td><td></td></tr>
<tr><td></td><td></td><td></td><td></td><td></td></tr>
<tr><td></td><td></td><td></td><td></td><td></td></tr>
<tr><td></td><td></td><td></td><td></td><td></td></tr>
<tr><td></td><td></td><td></td><td></td><td></td></tr>
<tr><td></td><td></td><td></td><td></td><td></td></tr>
<tr><td></td><td></td><td></td><td></td><td></td></tr>
<tr><td></td><td></td><td></td><td></td><td></td></tr>
<tr><td></td><td></td><td></td><td></td><td></td></tr>
<tr><td>实施计划
其他说明</td><td colspan="5"></td></tr>
</table>

<table>
<tr><td>组长</td><td></td><td>日期</td><td></td><td>指导教师</td><td></td><td>日期</td><td></td></tr>
</table>

工作任务自查单 附表 6-2

<table>
<tr><td colspan="2" rowspan="2">工作任务自查单</td><td>学习领域</td><td colspan="3"></td></tr>
<tr><td>学习情境</td><td colspan="3"></td></tr>
<tr><td>班级</td><td></td><td>姓名</td><td></td><td>组别</td><td></td></tr>
<tr><td colspan="4">检查内容</td><td>是</td><td>否</td></tr>
<tr><td rowspan="3">咨询</td><td colspan="3">1. 正确进行信息采集</td><td>□</td><td>□</td></tr>
<tr><td colspan="3">2. 正确进行技术分析</td><td>□</td><td>□</td></tr>
<tr><td colspan="3">3. 正确进行标准规范</td><td>□</td><td>□</td></tr>
<tr><td rowspan="4">决策计划</td><td colspan="3">4. 计划合理</td><td>□</td><td>□</td></tr>
<tr><td colspan="3">5. 具备成本意识</td><td>□</td><td>□</td></tr>
<tr><td colspan="3">6. 正确进行分工规划</td><td>□</td><td>□</td></tr>
<tr><td colspan="3">7. 工作计划有特色</td><td>□</td><td>□</td></tr>
<tr><td rowspan="6">实施</td><td colspan="3">8. 工作态度端正</td><td>□</td><td>□</td></tr>
<tr><td colspan="3">9. 具备协作精神</td><td>□</td><td>□</td></tr>
<tr><td colspan="3">10. 找到故障点并正确解决问题,强调工作质量</td><td>□</td><td>□</td></tr>
<tr><td colspan="3">11. 具备安全意识,操作规范</td><td>□</td><td>□</td></tr>
<tr><td colspan="3">12. 正确使用工具、仪器、设备</td><td>□</td><td>□</td></tr>
<tr><td colspan="3">13. 按正确的方法、工艺进行故障诊断和修复</td><td>□</td><td>□</td></tr>
<tr><td colspan="6">请简练描述你本项目的整个工作过程:</td></tr>
<tr><td colspan="6">教师审核:

教师签名:
年 月 日</td></tr>
</table>

工作任务评价单 附表 6-3

工作任务评价单	学习领域				
	学习情境				
	姓名				
	总分				
评分内容		标准分值	自我评价（20%）	小组评价（30%）	教师评价（50%）
计划：					
是否制订了行动方案		5			
行动方案是否合理		10			
决策计划：					
是否确定了问题和解决问题方案		5			
是否考虑了安全和劳动保护措施		5			
是否考虑了环保因素		5			
实施：					
设计步骤是否正确		10			
是否设计规范		10			
是否独立完成		5			
是否在规定的时间内完成		10			
检查：					
检查方法是否正确		5			
节温器工作是否正常		5			
是否能如实填报检查单		5			
PPT 汇报是否清楚明白		5			
评价：					
描述本项目的优点：		5			
有待改进之处：		5			
改进方法：		5			
总分		100			
教师评语：					

参考文献

[1] 胡宁.现代汽车底盘构造[M].上海:上海交通大学出版社.2003.
[2] 艾若扎维克(美 Erjavec,J.).汽车底盘及其诊断维修[M].北京:电子工业出版社.2005.
[3] 徐石安.汽车构造——底盘工程[M].北京:清华大学出版社.2008.
[4] 林家让.汽车构造:底盘篇.北京:电子工业出版社 2004.
[5] 郑劲,张子成.汽车底盘构造与维修.北京:化学工业出版社.2009.
[6] 张卫红.汽车底盘维修实训.北京:机械工业出版社.2009.
[7] 孔令来.汽车底盘构造与维修.北京:机械工业出版社.2007.
[8] 李栓成,刘志顺.汽车底盘构造与维修.北京:金盾出版社.2008.
[9] 贺大松.汽车底盘构造与维修.北京:机械工业出版社.2009.
[10] 李春明.现代汽车底盘技术.北京:北京理工大学出版社.2009.
[11] 童敏勇,孟杰.汽车底盘构造.科学出版社科学出版社.2009.
[12] 阙广武,信悦,吕玲.图解汽车底盘新技术入门.北京:中国电力出版社.2009.
[13] 尤明福.汽车底盘电控技术.北京:中国劳动社会保障出版社.2008.
[14] 武华.汽车底盘构造与拆装工作页.北京:人民交通出版社.2007.
[15] 吴文琳.图解汽车底盘构造手册.北京:化学工业出版社.2007.
[16] 金加龙.汽车底盘构造与维修(第 2 版).北京:电子工业出版社.2008.
[17] 黎亚洲.汽车底盘构造与维修图解.北京:电子工业出版社.2009.
[18] 马才伏.汽车底盘构造.北京:北京大学出版社.2009.
[19] 刘东亚,王清娟.汽车底盘构造与维修.北京:北京大学出版社.2009.
[20] 姚焕新.汽车底盘电控系统检修人.北京:民邮电出版社.2009.
[21] 沈锦.汽车底盘构造与检修学习工作单.北京:机械工业出版社.2009.
[22] 金加龙.汽车底盘构造与维修.北京:电子工业出版社.2005.
[23] 李春明.现代汽车底盘技术.北京:北京理工大学出版社.2008.
[24] 曾鑫,卫登科,刘景军,等.汽车底盘拆装技能实训.北京:人民邮电出版社.2008.
[25] 张汉斌.汽车底盘理赔知识与实务.北京:机械工业出版社.2008.
[26] 中国汽车维修行业协会.汽车底盘常见维修项目实训教材.北京:人民交通出版社.2009.
[27] 李春明.汽车底盘电控技术.北京:机械工业出版社.2009.
[28] 嵇伟.汽车底盘和车身电控系统常见故障诊断与分析.北京:机械工业出版社.2009.
[29] 孙涛.汽车底盘电控技术实训教程.天津:天津大学出版社.2010.
[30] 丛树林,王峰.汽车底盘维修实训教程.北京:人民交通出版社.2008.
[31] 黄立新,武振跃.汽车底盘总成拆装[M].上海:上海科学技术出版社.2007.